应用技能型院校“十四五”规划教材
立体化校企合作财经教材

U0958392

会计信息化综合实训教程

（第二版）

张　星／主　编
马雪莹　张　盼／副主编

畅捷通 T3 版

立信会计出版社
LIXIN ACCOUNTING PUBLISHING HOUSE

图书在版编目(CIP)数据

会计信息化综合实训教程 / 张星主编. —2 版. —上海：立信会计出版社，2021.8
ISBN 978-7-5429-6908-8

Ⅰ. ①会… Ⅱ. ①张… Ⅲ. ①会计信息-财务管理系统-教材 Ⅳ. ①F232

中国版本图书馆 CIP 数据核字(2021)第 160284 号

策划编辑 王斯龙
责任编辑 王斯龙
封面设计 南房间

会计信息化综合实训教程(第二版)
KUAIJI XINXIHUA ZONGHE SHIXUN JIAOCHENG

出版发行 立信会计出版社
地　　址 上海市中山西路 2230 号　　邮政编码 200235
电　　话 (021)64411389　　传　　真 (021)64411325
网　　址 www.lixinaph.com　　电子邮箱 lixinaph2019@126.com
网上书店 http://lixin.jd.com　　http://lxkjcbs.tmall.com
经　　销 各地新华书店

印　　刷 上海天地海设计印刷有限公司
开　　本 787 毫米×1092 毫米　1/16
印　　张 11.5
字　　数 280 千字
版　　次 2021 年 8 月第 2 版
印　　次 2021 年 8 月第 1 次
印　　数 1—2100
书　　号 ISBN 978-7-5429-6908-8/F
定　　价 39.00 元

第二版前言

为培养数以亿计的具有一定职业特长的“大国工匠”，职业教育越来越得到高度重视。教育部指出，“普通教育有高考，职业教育有大赛”，以赛促教，切实提高职业教育水平，全面提升职业院校学生的专业技能水平，为社会输送更多符合企业需要的毕业生是当前职业教育的重要任务。

“会计信息化”是会计专业学生专业技能中的核心内容，对学生的综合能力要求较高，是会计专业毕业生综合素质的体现形式。在学生完成会计课程以及会计信息化初级内容学习之后，非常有必要进行会计信息化综合实训，既可全面检验学生所学专业知识，也可作为学生入职前的校内综合实训。

畅捷通 T3 版财务软件是中小企业较常用的财务软件，在国内占有较大的市场份额。改革开放以来，我国中小企业异军突起，发展迅猛，成为经济转型的主力军。中小企业是职业院校学生就业的主要去向，职业院校则是中小企业人才的储备库。

本教材以畅捷通 T3 版(营改增)财务软件为操作平台，包含基础设置、系统初始化、总账、固定资产、工资、购销存、财务报表等各系统的业务处理。

怎样才能帮助学生在较短的时间内全面掌握会计信息化操作技能，为学生快速适应会计信息化岗位奠定基础？在学生毕业上岗之前进行全面、系统的岗前综合实训，通过全面、反复的练习，达到熟能生巧的效果，是学生快速适应会计信息化工作的通道。

同类教材通常是按系统分别进行练习，本教材则按业务发生的时间顺序进行处理，更贴近企业实际。学生在操作时需进行综合判断，从而更好地提升综合素质。

本教材在全面“营改增”的基础上，在工资系统中融入了新调整的个人所得税的内容，在业务处理中采用了 2019 年 4 月 1 日起实施的增值税新税率，在财务报表的编制中也是按照最新内容进行处理。本教材的业务处理全面体现了“新个税、新增值税、新报表”的新内容，安排了如采购运费、现金折扣、销售退回、信用减值、资产减值、资产处置等业务操作内容，并在“实训指导”部分和配套资料中的操作视频部分给出了详细指导，方便读者使用。

本教材由张星担任主编,马雪莹、张盼担任副主编,曹清、胡盼、王绪钢参编。张星提出教材的编写大纲,并负责初稿的修改和最终的统稿、定稿。本教材在编写的过程中,得到了石晶、徐慧雨、胡晓云、陈诗洋、余馨雨、王怡倩、郑文骏等同学的全力支持。在此一并致谢!

由于我国会计准则、税法等内容不断更新,会计信息化发展迅猛,加上编者水平有限,本教材难免有错漏之处,敬请广大读者批评指正。

本教材服务邮箱 417916056@qq.com。

张星名师工作室

目录 Contents

项目1 概 述

本教材以中小型制造业常见的典型经济业务为主线，选取非常有代表性的12月份的业务进行处理，通过增加操作员、建立账套、财务分工、基础信息设置、基础档案设置、总账系统初始化设置、工资系统初始化设置、固定资产系统初始化设置、购销存系统初始化设置、日常业务处理、账簿管理、期末处理、自定义转账及报表管理等一系列工作，使学生熟练掌握各项经济业务的处理流程，熟悉畅捷通T3版财务软件(以下简称T3)的操作流程与各系统的功能，明确各个会计工作岗位的职责分工，从而培养学生的职业道德、职业技能和职业素养。

任务1.1 会计信息化综合实训的特色

1. 实训设计的综合性

本教材以一个会计主体一个月的经济业务活动贯穿始终，业务内容前后衔接，不同的经济业务分别在不同的子系统中进行处理，业务处理流程反映了T3各系统之间的逻辑关系。同类教材是按系统分别进行练习的，而本教材则按业务发生的时间顺序进行处理，更贴近企业实际。

2. 备份账套的实用性

本教材按照业务流程，对每一阶段的实训结果都分别提供了一个备用账套供用户使用。这样，读者既可以对照查看自己的实训结果，也可以随时从中引入自己需要的账套数据，开始下一阶段的实训，还可以分别强化某一任务的训练，达到熟能生巧、融会贯通的效果。

3. 实训结果的可检验性

本教材对主要的实训结果给出了报告，如科目汇总表、发生额及余额表、银行存款余额调节表等，供用户参考、对照，使实训结果具有可检验性。

4. 指导方式的多样性

本教材考虑到在一定的教学条件下，用户之间存在较大的个体差异，因此对每个实训的各个方面都作了周密的考虑。“实训指导”针对全部业务作了详尽的工作过程指导；“备份账套”可以查看每一任务的操作结果；“操作视频”有选择地将其他教材上没有涉及的业务处理过程进行动态展示,用户可根据自己的需要反复学习,直至掌握。

5. 适用对象的广泛性

本教材既可以作为财会专业高年级学生的校内综合实训资料,也可以作为T3培训、考试和认证的教材,还可以作为会计电算化教师的参考用书。

任务1.2　会计信息化综合实训的目的与要求

1. 实训目的

通过训练,培养学生对会计业务的综合处理能力,使学生系统地练习T3的基本操作流程和具体操作方法,强化学生对会计信息化基本理论的理解、基本方法的运用和基本技能的训练,最终使学生达到熟练运用财务软件进行业务处理的目的;培养学生认真负责的学习态度、永不言弃的信念、严谨的工作作风和高度的敬业精神;提高财务软件的实际操作能力;形成清晰的工作思路,为今后从事相关工作打下坚实的基础。

2. 实训要求

(1) 实训前,学生应明确会计手工账的业务处理流程,明确期末结转的先后顺序,能自主或者在教师的指导下完成一个月的业务处理。

(2) 实训前,学生应分模块练习过T3,熟悉每个模块的基本操作以及各模块之间的关联。

(3) 学生能在教师的指导下,结合所学的《基础会计》《企业财务会计》《会计电算化》《财经法规与会计职业道德》等知识,逐步掌握相应的解决问题、分析问题的能力。

(4) 实训过程中,学生应养成对遇到的各种问题进行记录的习惯,并记录解决问题的方法、途径,形成自己的实训记录。

(5) 全部实训结束后,学生应写出实训总结,参与汇报实训体会,提高总结分析能力,与其他同学相互交流、共同提高。

任务1.3　会计信息化综合实训的组织

1. 组织形式

会计信息化综合实训可以由一人独立完成,按任务逐一进行训练,分别完成各个模块的业务处理;也可以分小组按岗位分工进行操作,明确各个岗位的职责,并在小组内轮岗练习,使每个学生都熟悉各个岗位的分工和基本操作;还可以将以上两种形式结合进行,以达到更理想的效果。

2. 人员安排

在进行会计信息化综合实训时，大量的工作要由学生根据综合实训的实际情况来完成。实训指导教师是实训顺利进行的组织者、指导者。但教师的力量和精力是有限的，学生的专业知识水平和计算机操作能力也存在明显差异，为了切实提高实训效率，教师可以运用分组的方式，将专业知识水平较高和计算机操作能力较强的学生与专业知识水平较低和计算机操作能力较弱的学生相互搭配，形成强弱组合的模式，在实训中相互帮助，共同完成实训任务。

项目 2　模拟小型制造业案例

任务 2.1　模拟小型制造业概况

2.1.1　模拟小型制造业的基本情况

企业名称：武汉阳光有限责任公司
法人代表：夏海
企业类型：制造业
电话：027-86894588
经营地址：武汉市汉阳区龙阳路 11 号
注册地址：武汉市汉阳区龙阳路 11 号
主营业务：生产销售 A、B 产品
税务登记：一般纳税人，适用《企业会计准则》；增值税税率 13%、9%、6%
纳税人识别号：91420112784675334C
开户银行及账号：中国工商银行武汉汉阳支行，40586681237
财务部人员及其分工如表 2-1 所示。

表 2-1　财务部人员及其分工表

编码	职务	姓名	权　限
01	会计主管	吴　月	具有账套全部权限
02	会 计	朱　茜	总账、固定资产、工资、报表、往来、应收、应付、核算、公用目录设置、采购管理、销售管理、库存管理
03	出 纳	洪　梅	总账(出纳签字)、现金管理

2.1.2　模拟小型制造业内部会计制度

(1) 武汉阳光有限责任公司(此处简称公司)的记账方法采用借贷记账法。

(2) 公司执行新《企业会计准则》《会计基础工作规范》《企业信息化工作规范》。

(3) 公司账务处理程序采用科目汇总表账务处理程序。

(4) 会计凭证的基本规定：①录入或生成“记账凭证”均由指定的会计人员操作，含有“库存现金”和“银行存款”科目的记账凭证均需出纳签字；②采用复式记账凭证，单一凭证格式；③对已记账凭证的修改，只采用红字冲销法；④为保证财务与业务数据的一致性，需要在各业务系统生成的记账凭证均应在各系统生成，不得在总账系统直接录入；⑤根据原始单据生成记账凭证时，除特殊规定外不采用合并制单；⑥出库单与入库单原始凭证以软件系统生成的为准；⑦除指定业务外，在业务发生当日，对收到发票同时支付款项的业务使用现付功能处理，对开出发票同时收到款项的业务使用现结功能处理。

(5) 存货业务的处理：①公司存货主要为购进商品，按存货分类进行存放及项目核算；②各类存货按照实际成本核算，采用永续盘存制；③发出存货成本采用“全月一次平均法(全月一次加权平均法)”按仓库进行核算，采购入库存货对方科目全部使用“在途物资”科目；④同一批出、入库业务生成一张记账凭证；⑤采购、销售若有订单，订单号为合同号，到货必有到货单，发货必有发货单；⑥存货按业务发生日期逐笔记账并制单(本月商品销售出库成本核算和暂估业务除外)；⑦存货核算制单时普通业务不允许勾选“已结算采购入库单自动选择全部结算单上单据，包括入库单、发票、付款单，非本月采购入库按蓝字报销单制单”选项。

(6) 销售业务的处理：对客户销售商品时产生的费用由销售管理子系统处理。

(7) 固定资产业务的处理：①公司固定资产均为在用状态；②采用平均年限法(二)按月计提折旧；③同期增加多个固定资产时，不采用合并制单；④一次增加多个固定资产时，采用合并制单。

(8) 产品成本计算与分配的处理：①产品成本按品种法计算；②公司有一个基本生产车间，生产A、B两种产品；③生产用材料全部外购，直接人工和制造费用按产品生产工时比例分配；④月末完工产品和月末在产品成本按照约当产量法进行分配。

(9) 坏账损失的处理：①除应收账款外，其他的应收款项不计提坏账准备；②每年年末，按应收账款余额百分比法计提坏账准备，提取比例为0.5%(月末视同年末)。

(10) 薪酬业务的处理：①由公司承担并缴纳的养老保险、医疗保险、失业保险、工伤保险、生育保险、住房公积金的计提比例分别是：20%、10%、2%、1%、0.8%、12%；②职工个人承担的养老保险、医疗保险、失业保险、住房公积金的计提比例分别是：8%、2%、1%、12%；③按工资总额的2%计提工会经费，按工资总额的8%计提职工教育经费；④各类社会保险费当月计提，次月缴纳；⑤按照国家有关规定，公司代扣代缴个人所得税，其基本扣除标准(基本减除费用)为5 000元；⑥工资分摊制单合并科目相同、辅助项相同的分录。

(11) 税费的处理：①公司为增值税一般纳税人，执行现行税率，按月缴纳，按当期应交流转税的7%计算城市维护建设税、3%计算教育费附加和2%计算地方教育附加；②企业所得税采用资产负债表债务法(不考虑暂时性差异)，企业所得税的计税依据为应纳税所得额，税率为25%，按月计算，按季预缴，年末汇算清缴；③缴纳税费按银行开具的原始凭证编制记账凭证。

(12) 财产清查的处理：根据盘点结果编制“盘点表”，并与账面数据进行比较，由相关负责人审核后进行处理。

(13) 利润分配：根据公司章程，公司税后利润按以下顺序及规定分配：①弥补亏损；②按10%提取法定盈余公积；③按30%向投资者分配利润。

(14) 损益类账户的结转：每月月末将各损益类账户余额转入“本年利润”账户，结转时按收入和支出分别生成记账凭证。

(15) 利润采用“账结法”计算，每月计算出利润总额。

[提醒]

计算中要求分配率保留 4 位小数，计算结果保留 2 位小数，尾差按业务需要进行调整。

任务 2.2　模拟小型制造业 2019 年的经济业务

1. 模拟小型制造业 2019 年 12 月 1 日的期初余额(见表 2-2)

表 2-2　　2019 年 12 月 1 日的期初余额

金额单位：元

编码	账户名称	辅助核算/账页	币别/计量单位	期初余额	
				借方金额	贷方金额
1001	库存现金	日记账		30 000.00	
1002	银行存款	银行账、日记账		4 561 200.00	
1012	其他货币资金			200 000.00	
101201	银行汇票存款			200 000.00	
1121	应收票据	客户往来/受控系统为应收		2 712 000.00	
1122	应收账款	客户往来/受控系统为应收		1 708 108.00	
1123	预付账款	供应商往来/受控系统为应付		250 000.00	
1221	其他应收款				
122101	个人借款	个人往来			
122102	存出保证金				
1231	坏账准备				8 765.00
1401	材料采购				
1402	在途物资				
1403	原材料			381 500.00	
140301	甲材料	数量核算/数量金额式	千克	37 500.00 1 500	
140302	乙材料	数量核算/数量金额式	千克	344 000.00 4 300	
1405	库存商品	项目核算		1 866 000.00	
1411	周转材料			36 000.00	
141101	包装物			30 000.00	

（续表）

编码	账户名称	辅助核算/账页	币别/计量单位	期初余额	
				借方金额	贷方金额
14110101	包装箱	数量核算/数量金额式	个	30 000.00 3 000	
141102	低值易耗品			6 000.00	
14110201	工作服	数量核算/数量金额式	套	6 000.00 50	
1601	固定资产			1 704 000.00	
1602	累计折旧				126 320.54
1604	在建工程			250 000.00	
1901	待处理财产损溢				
190101	待处理流动资产损溢				
190102	待处理非流动资产损溢				
2001	短期借款				100 000.00
2201	应付票据	供应商往来/受控系统为应付			169 500.00
2202	应付账款	供应商往来/受控系统为应付			84 750.00
220201	应付款	供应商往来/受控系统为应付			84 750.00
220202	暂估应付款	供应商往来			
2203	预收账款	客户往来/受控系统为应收			200 000.00
2241	其他应付款				
224101	存入保证金				
224102	个人社保				
2211	应付职工薪酬				
221101	短期薪酬				
22110101	工资				
22110102	社会保险费				
22110103	住房公积金				
22110104	工会经费				
22110105	职工教育经费				
22110106	职工福利费				
22110107	短期带薪缺勤				
22110108	累积带薪缺勤				
22110109	非累积带薪缺勤				
221102	离职后福利				
22110201	养老保险				

(续表)

编码	账户名称	辅助核算/账页	币别/计量单位	期初余额	
				借方金额	贷方金额
22110202	失业保险				
222101	应交增值税				
22210101	进项税额				
22210102	销项税额				
22210103	进项税额转出				
22210104	转出未交增值税				
22210105	已交税金				
22210106	减免税款				
222102	未交增值税				233 850.00
222103	预交增值税				
222104	待抵扣进项税额				
222105	待认证进项税额				
222106	应交所得税				25 000.00
222107	应交城市维护建设税				16 369.50
222108	应交个人所得税				
222109	应交教育费附加				7 015.50
4001	实收资本				7 000 000.00
4002	资本公积				
400201	资本溢价				
4101	盈余公积				266 864.55
410101	法定盈余公积				266 864.55
4103	本年利润				350 000.00
4104	利润分配				4 158 757.91
410401	未分配利润				5 110 372.91
410402	提取法定盈余公积				
5001	生产成本				
500101	直接材料	项目核算			
500102	直接人工	项目核算			
500103	制造费用	项目核算			
500104	生产成本转出	项目核算			
5101	制造费用				
510101	职工薪酬				
510102	折旧费				

（续表）

编码	账户名称	辅助核算/账页	币别/计量单位	期初余额	
				借方金额	贷方金额
510103	办公费				
510104	水电费				
510105	其他费用				
6001	主营业务收入	项目核算			
6301	营业外收入				
630101	非流动资产处置收益				
6401	主营业务成本	项目核算			
6403	税金及附加				
6601	销售费用				
660101	职工薪酬				
660102	广告费				
660103	水电费				
660104	折旧费				
660105	其他				
6602	管理费用				
660201	职工薪酬	部门核算			
660202	办公费				
660203	差旅费	部门核算			
660204	物料消耗	部门核算			
660205	咨询费				
660206	水电费				
660207	折旧费	部门核算			
660208	其他				
6603	财务费用				
660301	利息支出				
660302	手续费				
660303	现金折扣				
6605	资产处置损益				
6701	资产减值损失				
6702	信用减值损失				
6711	营业外支出				
671101	非流动资产处置损失				
671102	捐赠支出				
	合计			13 563 722.46	13 563 722.46

2. 模拟小型制造业2019年12月份发生的经济业务

(1) 2019年12月,阳光公司发生如下经济业务:

[业务1] 12月1日,签发现金支票,从工商银行提取现金2 000元备用。(总账系统)

[业务2] 12月1日,生产一部生产产品领用甲材料1 200千克、领用乙材料2 300千克。(购销存系统)

[业务3] 12月2日,财务部吴月出差借支2 000元,出纳已用现金支付。(总账系统)

[业务4] 12月2日,开出转账支票,通过红十字会向四川灾区贫困学校捐款20 000元。(总账系统)

[业务5] 12月3日,生产一部购买办公用品,出纳已用现金565元付讫。(总账系统)

[业务6] 12月3日,生产一部A产品完工,入成品一库1 200件。生产二部B产品完工,入成品二库400件。第一张产成品入库单交库单位为"生产一部",仓库为"成品一库";第二张产成品入库单交库单位为"生产二部",仓库为"成品二库"。(购销存系统)

[业务7] 12月4日,向恒安公司销售B产品并开出增值税专用发票,货已发出,款未收。现金折扣条件:"2/10,1/20,n/30"。计算现金折扣时不考虑增值税。(购销存系统)

[业务8] 12月6日,使用银行汇票购入一台经营用微型面包车价值150 000元,增值税额19 500元。预计使用年限5年,预计残值率4%,移交给生产二部使用,多余款项已存入银行。(固定资产系统;收回多余款项在总账系统中完成)

[业务9] 12月8日,财务部吴月出差回来,报销差旅费2 416.5元,出纳已用现金补付416.5元。(总账系统)

[业务10] 12月11日,采购员雪芬从华宇公司购入甲材料4 000千克,不含税单价25元,运输途中发生合理损耗10千克;乙材料1 800件,不含税单价128元。材料验收入库,款项未付,已开具增值税专用发票。(购销存系统)

[业务11] 12月12日,向恒安公司销售A商品并开出增值税专用发票,货已发出,对方开出银行承兑汇票。(购销存系统)

[业务12] 12月13日,企业购入仓库一幢,交由生产一部使用,增值税专用发票上注明价款3 000 000元,增值税额270 000元。(固定资产系统)

[业务13] 12月13日,电汇收款系恒安公司12月4日购货款811 687.50元。(购销存系统)

[业务14] 12月13日,与工商银行龙阳支行签订为期3个月的流动资金借款合同,金额为500 000元,接到开户银行收账通知,借款已转入本公司账户。(总账系统)

[业务15] 12月14日,生产二部生产产品领用甲材料2 400千克、领用乙材料2 000千克。(购销存系统)

［业务16］ 12月15日，开出转账支票，向蕙普公司支付乙材料订金100 000元。(购销存系统)

［业务17］ 12月15日，向伟达公司销售甲材料100千克，每千克不含税售价50元，收到对方开出的电汇凭证结清货款。(购销存系统)

［业务18］ 12月17日，经营用T-6B通用设备已达到预定可使用状态，预计可使用年限10年，验收后交付生产二部使用，结转其全部成本250 000元。(固定资产系统)

［业务19］ 12月19日，开出转账支票，支付武汉正大律师事务所法律顾问咨询费3 180元。(总账系统)

［业务20］ 12月20日，计提并支付本月借款利息。(总账系统)

［业务21］ 12月21日，收到四维公司发出的材料。(购销存系统)

［业务22］ 12月21日，收到工商银行转来供电局付款凭证，支付电费50 500元，增值税额6 565元。(总账系统)

［业务23］ 12月22日，采购员朱伟杰从华宇公司购入甲材料2 500千克，不含税单价30元，乙材料2 000千克，不含税单价82元。材料验收入库，以现金支付运费300元，运费按甲、乙的数量分配，开出3个月期限不带息商业汇票一张支付货款。(购销存系统)

［业务24］ 12月22日，开出转账支票，支付广告费5 000元，已收到广告公司开出发票。(总账系统)

［业务25］ 12月23日，生产一部生产产品领用甲材料2 000千克、领用乙材料1 900千克。(购销存系统)

［业务26］ 12月24日，财务部出售打印机一台，取得现金收入2 000元，该打印机原值5 000元。(固定资产系统；收入在总账系统中完成)

［业务27］ 12月24日，生产一部A产品完工入成品一库1 000件；生产二部B产品完工入成品二库1 000件。(购销存系统)

［业务28］ 12月24日，因发出商品有误，恒安公司将12日购入的A产品退回100件，开出红字发票，款已退。A产品100件，单价308元，价款30 800元，增值税额4 004元。(购销存系统)

［业务29］ 12月25日，向华美公司发出A产品3 000件，并开出增值税专用发票，华美公司签发转账支票结清货款，当日送存工商银行。A产品3 000件，单价310元，价款930 000元，增值税额120 900元 。(购销存系统)

［业务30］ 12月25日，采购员雪芬以现金支付租入包装物押金800元。(总账系统)

［业务31］ 12月25日，企划部领用乙材料200千克。(购销存系统)

［业务32］ 12月26日，财务部申请银行汇票，已将300 000元交存银行，取得银行汇票。(总账系统)

［业务33］ 12月27日，蕙普公司因生产力下降不能销售乙材料，故将我公司支付的订金100 000元退还。(购销存系统)

［业务 34］ 12 月 28 日,因生产需要将财务部的台式电脑 1 移交给生产一部使用。(固定资产系统)

［业务 35］ 12 月 29 日,向振兴公司发出 B 产品 1 800 件,并开出增值税专用发票,预收款结清一部分货款 。(购销存系统)

［业务 36］ 12 月 31 日, 21 日收到的四维公司的材料按期初成本暂估入库。(购销存系统)

［业务 37］ 12 月 31 日,经分管领导批准,将 24 日出售的固定资产作为资产处置损益处理。(总账系统)

［业务 38］ 12 月 31 日,按各部门电费耗用比例填制电费分配表。(总账系统)

［业务 39］ 12 月 31 日,收到振兴公司转账支票,用于支付 29 日购买 B 产品的剩余款 511 900 元。(购销存系统)

［业务 40］ 12 月 31 日,因恒安公司经营出现问题,上月销售给该公司的 200 件 A 产品全部货款及税款合计 69 608 元已经无法收回。经总经理批准,准许将该笔应收账款确认为坏账,予以注销。(总账系统)

［业务 41］ 12 月 31 日,计提本期坏账,按应收账款余额百分比法计提坏账准备,提取比例为 0.5%。(总账系统)

［业务 42］ 12 月 31 日,对库存进行期末盘点并进行期末处理。发现甲材料盘亏 90 千克,经查明盘点损耗的原因为被盗(工作人员无责任),领导已经核实并批准。(购销存系统)

［业务 43］ 12 月 31 日,采用全月一次加权平均法,结转发出材料成本。直接材料的分配按工时比例,其中 A 产品 4 000 小时,B 产品 3 000 小时。(购销存系统)

［业务 44］ 12 月 31 日,以“应发合计”为基数计算并分配工资,其中,生产人员工资按工时比例分配。以“月缴费工资”为基数,计提社会保险费、工会经费和职工教育经费。(工资系统)

［业务 45］ 12 月 31 日,根据工资管理中的“工资表”,以银行存款发放本月职工工资并代扣个人所得税及三险一金。(工资系统;总账系统)

［业务 46］ 12 月 31 日,计提累积带薪缺勤。本公司于 2019 年 12 月 1 日实行累积带薪缺勤制度,公司的管理人员可享受 5 个工作日带薪年休假,未行使的权利只能结转 1 年,超过 1 年未行使的权利将作废。职工离开公司时,未行使的权利不会获得现金补偿,按照后进先出法计算扣除年假的顺序。(工资系统;总账系统)

［业务 47］ 12 月 31 日,计提本月固定资产折旧费。(固定资产系统)

［业务 48］ 12 月 31 日,归集并分配本月的制造费用。(总账系统;自定义结转)

［业务 49］ 12 月 31 日,按约当产量法计算并结转 A 和 B 产品的完工产品成本和月末在产品成本。原材料在开始生产时一次投入,月末在产品完工程度为 60%,A 产品完工产品为 2 200 件,月末在产品为 600 件;B 产品完工产品为 1 400 件,月末在产品为 500 件。(总账系统)

［业务 50］ 12 月 31 日,采用全月一次加权平均法,结转各产品销售成本。(购销存系统)

［业务51］ 12月31日，使用期末自定义公式，计算本月应交增值税并结转本月未交增值税。（总账系统；自定义结转）

［业务52］ 12月31日，计算本月应交纳的城市维护建设税和教育费附加。（总账系统；自定义结转）

［业务53］ 12月31日，结转损益类账户本期发生额。（总账系统；自定义结转）

［业务54］ 12月31日，使用期末自定义公式，计算并结转本月应交所得税。（总账系统；自定义结转）

［业务55］ 12月31日，将本年利润结转到“利润分配——未分配利润”账户。（总账系统；对应结转）

（2）期末业务处理：

12月31日，以“03 洪梅”的身份进行出纳签字。

12月31日，以“01 吴月”的身份将所有记账凭证进行审核并记账。

12月31日，以“01 吴月”的身份在所有系统进行结账处理。

3. 编制财务报表

12月31日，以会计主管“01 吴月”的身份编制资产负债表和利润表，并保存至考生文件夹内。

4. 编制银行存款余额调节表

12月31日，根据银行对账单（见表2-3），以“03 洪梅”的身份编制银行存款余额调节表（见表2-4）。

表2-3 银行对账单

单位：武汉阳光有限责任公司 单位：元

2019年		结算方式		借方	√	贷方	√	余额
月	日	类	号码					
12	1							4 561 200.00
	1	现金支票	26271111	2 000.00				
	2	转账支票	86291073	20 000.00				
	13	转账支票	49917803	3 270 000.00				
	13	5	90428804			811 687.50		
	13	9				500 000.00		
	15	转账支票	00342211	100 000.00				
	15	5	05252761			5 650.00		
	19	转账支票	00342212	3 180.00				
	20	9		1 018.00				
	21	9		57 065.00				

(续表)

2019年		结算方式		借方	√	贷方	√	余额
月	日	类	号码					
	22	转账支票	37398157	5 000.00				
	24	9	90568589	34 804.00				
	25	转账支票	866937			1 050 900.00		
	26	9		300 000.00				
	27	9	30139739			100 000.00		
	31	转账支票	82005809			511 900.00		
	31			96 401.42				
	31							5 570 422.92
	31	转账支票	46546333	2 310.00				
	31	9				125 000.00		

表 2-4　银行存款余额调节表

年　月　日

项　目	余额	项　目	余额
银行存款日记账余额		银行对账单余额	
加：银行已收账，企业未收账 减：银行已付账，企业未付账		加：企业已收账，银行未收账 减：企业已付账，银行未付账	
调整后余额		调整后余额	

制表人：

项目3　会计信息化综合实训操作指导

任务3.1　系统管理和基础信息设置

1. 设置系统操作员(见表3-1)

表3-1　操作员及其权限信息

编码	职务	姓名	权限
01	会计主管	吴　月	具有账套全部权限
02	会计	朱　茜	总账(除出纳签字和审核凭证)、固定资产、工资、报表、往来、应收、应付、核算、公用目录设置、采购管理、销售管理、库存管理
03	出纳	洪　梅	总账(出纳签字)、现金管理

2. 建立账套

账套编码：768

账套名称：武汉阳光有限责任公司

简称：阳光公司

地址：武汉市汉阳区龙阳路11号

法人代表：夏海

电话及传真：027-86894588

邮编：430000

纳税人识别号：91420112784675334C

基础信息：该企业无外币核算、进行经济业务处理时，需对存货进行分类，不需要对客户、供应商进行分类。

编码规则：科目编码 4-2-2-2-2

存货分类编码 1-2-2

货位编码 1-2-2

结算方式编码 1-2

部门编码 1-2-2

收发类别编码 1-1-2

数据精度:单价和数量的小数位均为 2 位。

需立即启用的系统:总账、固定资产、核算、购销存、工资,启用日期为 2019 年 12 月 1 日。

【实训指导】

1. 增加系统操作员

(1) 双击“系统管理”图标,以 admin 的身份登录管理系统。

(2) 选择[权限]→[操作员]命令,打开“操作员管理”窗口。

(3) 单击[增加]按钮,打开“增加操作员”对话框,“编号”输入“01”,“姓名”输入“吴月”,口令设置为空。同理,增加其他两个操作员的资料。增加完毕后,单击[退出]按钮。输入完成后如图 3-1 所示。

视频:增加操作员

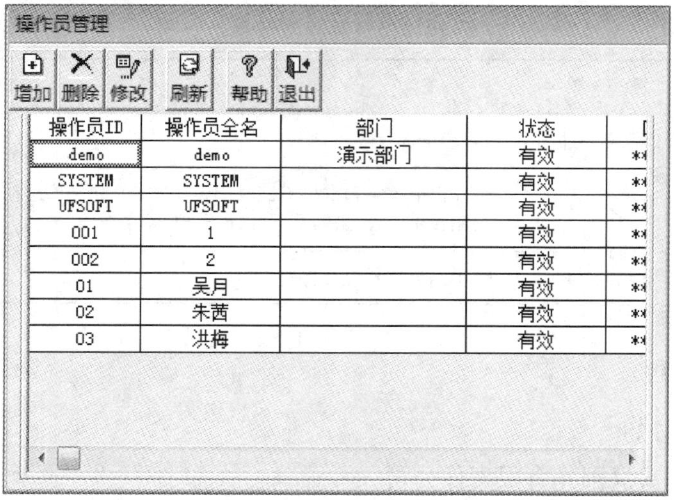

操作员ID	操作员全名	部门	状态	[
demo	demo	演示部门	有效	**
SYSTEM	SYSTEM		有效	**
UFSOFT	UFSOFT		有效	**
001	1		有效	**
002	2		有效	**
01	吴月		有效	**
02	朱茜		有效	**
03	洪梅		有效	**

图 3-1 “操作员管理”窗口

2. 建立企业账套

(1) 选择[账套]→[建立]命令,打开“创建账套—账套信息”窗口。在其中输入账套号、账套名称、账套路径和启用会计期等信息。

(2) 单击[下一步]按钮,打开“创建账套—单位信息”窗口。在其中输入单位信息,如图 3-2 所示。

(3) 单击[下一步]按钮,打开“创建账套—核算类型”窗口。输入企业相关资料,并选择账套主管为“[01]吴月”,如图 3-3 所示。

(4) 单击[下一步]按钮,打开“创建账套—基础信息”窗口。在其中输入相关信息。

(5) 单击[下一步]按钮,打开“创建账套—业务流程”窗口。按照企业要求,采用系

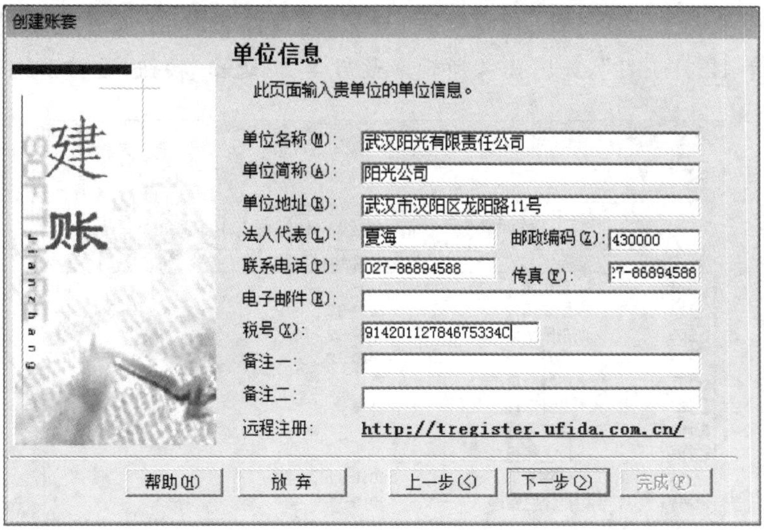

视频：建立账套

图 3-2 “创建账套—单位信息”窗口

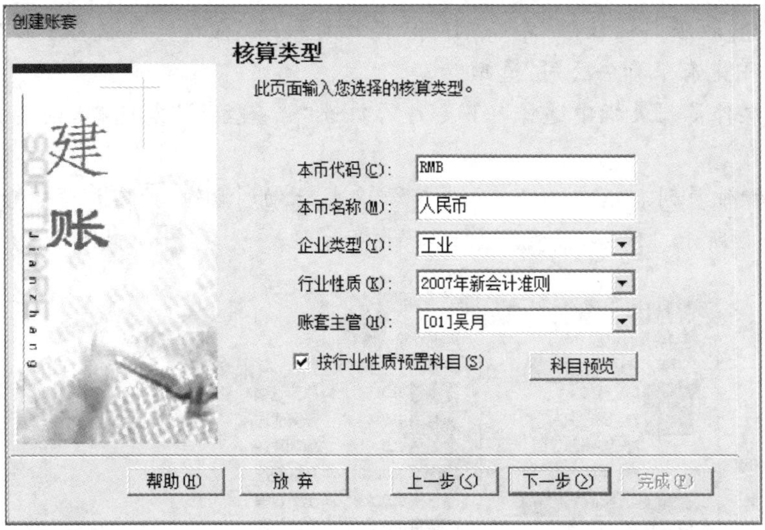

视频：核算类型

图 3-3 “创建账套—核算类型”窗口

统默认设置。单击[完成]按钮，系统弹出提示“可以创建账套了么?”对话框，单击[是]按钮。稍后，系统按输入信息建立账套数据库，完成后打开“分类编码方案”窗口。

(6) 在“分类编码方案”窗口中，按企业要求修改系统默认值。

(7) 单击[确认]按钮，打开“数据精度定义”窗口，采用系统默认设置。

(8) 单击[确认]按钮，系统弹出提示“创建账套{武汉阳光有限责任公司：[768]}成功。”对话框。单击[确认]按钮，系统弹出提示“是否立即启用账套”对话框。单击

[是]按钮,打开"系统启用"窗口。

(9) 按企业要求启用总账、固定资产、核算、购销存管理、工资管理等模块,启用日期为"2019 年 12 月 1 日",如图 3-4 所示。最后单击[退出]按钮,返回系统管理。

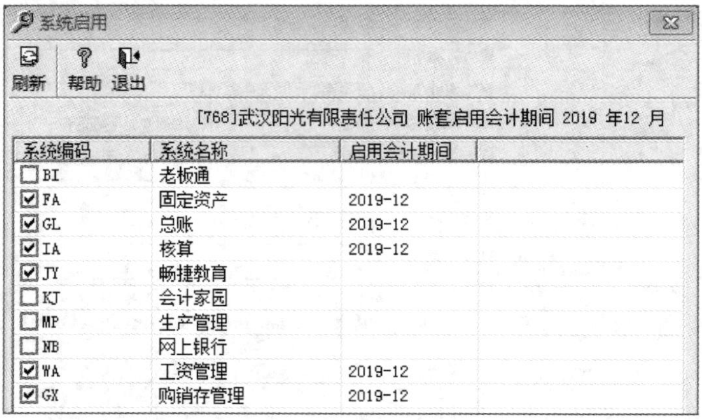

视频:系统启用

图 3-4 "系统启用"窗口

3. 设置操作员权限

(1) 选择[权限]→[权限]命令,打开"操作员权限"窗口。在账套下拉列表中选择"[768]武汉阳光有限责任公司"选项。

(2) 在操作员列表框中选择"01 吴月",勾选"账套主管"复选框,则吴月拥有对账套的所有权限。

(3) 在操作员列表框中选择"02 朱茜",单击[增加]按钮,按实训资料赋予 02 相关权限如图 3-5 所示。同理,设置"03 洪梅"相关权限。

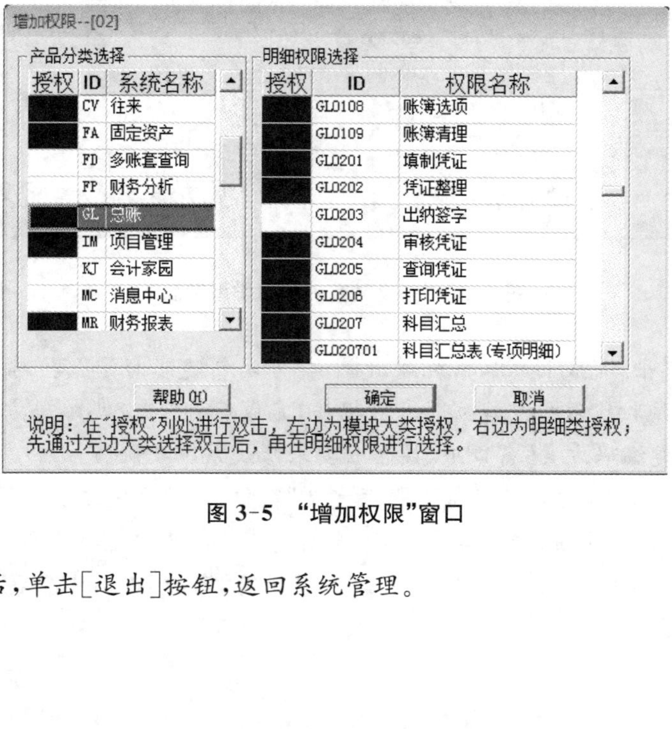

视频:出纳赋权

图 3-5 "增加权限"窗口

(4) 完成后,单击[退出]按钮,返回系统管理。

任务 3.2 基础档案设置

1. 设置部门信息(见表 3-2)

表 3-2 部门档案信息

部门编码	部门名称
1	企划部
2	财务部
3	采购部
4	销售部
5	生产部
501	生产一部
502	生产二部

2. 设置职员档案(见表 3-3)

表 3-3 职员档案信息

人员编码	姓名	所在部门
101	夏 海	企划部
102	刘莹莹	企划部
201	吴 月	财务部
202	朱 茜	财务部
203	洪 梅	财务部
301	雪 芬	采购部
302	朱伟杰	采购部
401	钱 蓉	销售部
402	陈雨桐	销售部
501	杨志亮	生产一部
502	苏 摩	生产二部
503	林 沙	生产一部
504	吴小琴	生产一部
505	阿 潘	生产一部
506	于 样	生产一部
507	杨 达	生产二部
508	周帅帅	生产二部
509	邓 思	生产二部
510	董晓敏	生产二部
511	李颖慧	生产二部

3. 设置客户档案(见表 3-4)

表 3-4　客户档案信息

客户编码	客户名称	客户简称	税号	开户银行	账号
001	方圆公司	方圆公司	914201119897202159	工行武汉华农分行	11015189234987
002	振兴公司	振兴公司	911349429839101258	工行北京中关村支行	22110003234197
003	华成公司	华成公司	914131425670085367	工行武汉新华路支行	22014678956756
004	伟达公司	伟达公司	914200324324293486	工行武汉洪山支行	10210499852895
005	清风公司	清风公司	914201001992553426	工行武汉列电新村分行	01081208501036
006	华美公司	华美公司	914201010152762789	工行武汉花桥支行	01087245630082
007	恒安公司	恒安公司	914201001080625852	工行武汉软件园分行	11410262833683

4. 设置供应商档案(见表 3-5)

表 3-5　供应商档案信息

供应商编号	供应商名称	供应商简称	税号	开户银行	账号
001	华宇公司	华宇公司	914201011010853357	工行武汉华农分行	0105439821994
002	茂源公司	茂源公司	914201011084354153	工行武汉八一路支行	0438289432346
003	四维公司	四维公司	914201011010853759	工行武汉杨家湾支行	0105439821998
004	利达公司	利达公司	911201021108435614	工行北京建外大街支行	0438289432348
005	蕙普公司	蕙普公司	914201068027692530	工行武汉汉阳分行	0103308001868
006	佳明有限公司	佳明公司	914201011002879414	工行武汉奓山分行	0106798526428
007	武汉市供电局	市供电局	914201011062260611	工行武汉汉阳分行	0110520110387

【实训指导】

1. 建立企业部门档案

(1) 以账套主管 01 的身份登录 T3 主窗口。

(2) 选择[基础设置]→[机构设置]→[部门档案]命令,打开“部门档案”窗口。

(3) 单击[增加]按钮,输入部门编码、部门名称,单击[保存]按钮。全部资料输入完成后,如图 3-6 所示。

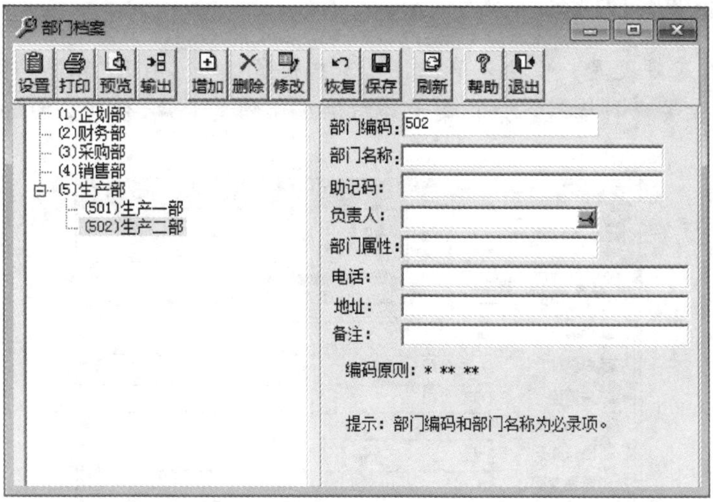

视频:增加部门档案

图 3-6 “部门档案”窗口

2. 输入企业职员档案

(1) 选择[基础设置]→[机构设置]→[职员档案]命令,打开“职员档案”窗口。

(2) 单击[增加]按钮,输入职员信息。全部资料输入完成后,如图 3-7 所示。

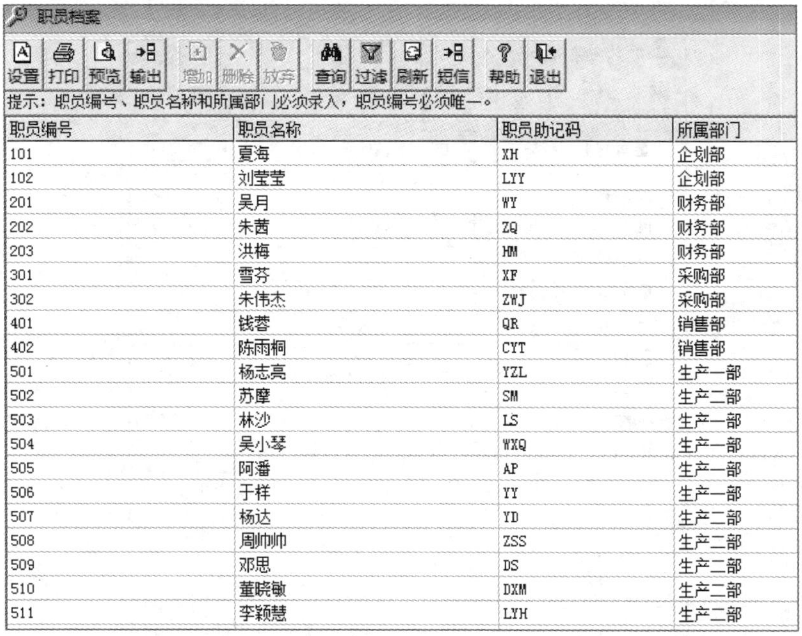

职员编号	职员名称	职员助记码	所属部门
101	夏海	XH	企划部
102	刘莹莹	LYY	企划部
201	吴月	WY	财务部
202	朱茜	ZQ	财务部
203	洪梅	HM	财务部
301	雪芬	XF	采购部
302	朱伟杰	ZWJ	采购部
401	钱蓉	QR	销售部
402	陈雨桐	CYT	销售部
501	杨志高	YZL	生产一部
502	苏摩	SM	生产二部
503	林沙	LS	生产一部
504	吴小琴	WXQ	生产一部
505	阿潘	AP	生产一部
506	于样	YY	生产一部
507	杨达	YD	生产二部
508	周帅帅	ZSS	生产二部
509	邓思	DS	生产二部
510	董晓敏	DXM	生产二部
511	李颖慧	LYH	生产二部

视频:增加职员档案

图 3-7 “职员档案”窗口

3. 输入企业客户档案

(1) 选择[基础设置]→[往来单位]→[客户档案]命令,打开“客户档案”窗口。

(2) 根据相关资料填写客户档案卡片与供应商档案卡片,分别如图 3-8、图 3-9。

视频:增加客户档案

图 3-8 “客户档案卡片”窗口

视频:增加供应商档案

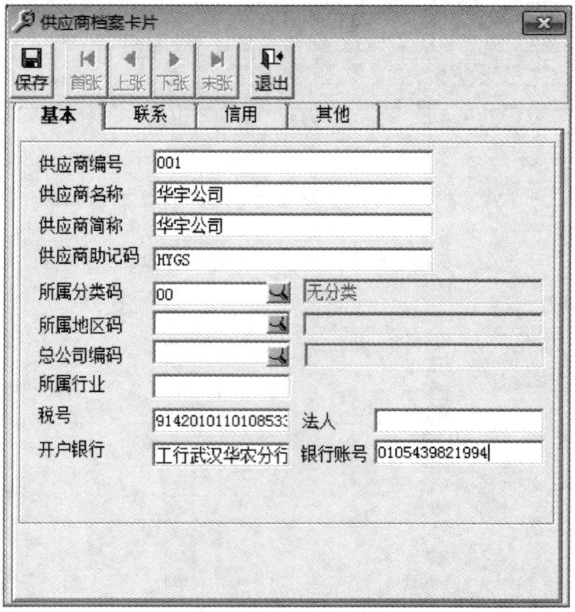

图 3-9 “供应商档案卡片”窗口

(3) 同理,设置其他客户档案信息及供应商档案信息。完成后如图 3-10、图 3-11 所示。

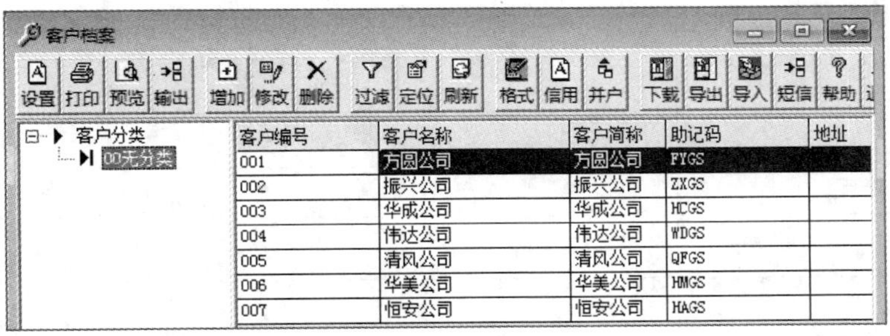

图 3-10 "客户档案"窗口

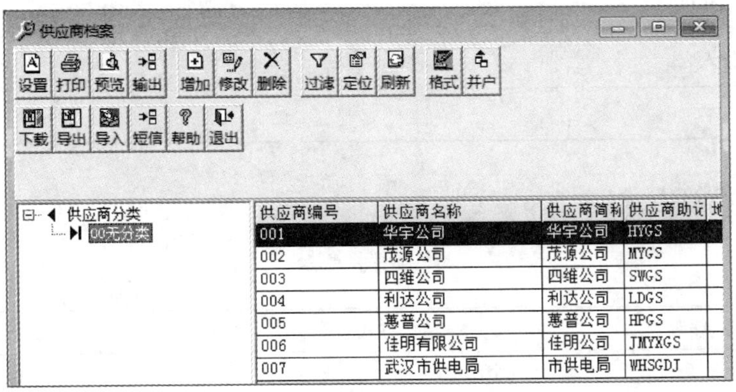

图 3-11 "供应商档案"窗口

任务 3.3 会计科目、凭证类别和结算方式设置

1. 设置会计科目

根据表 2-2,利用增加、修改、删除等功能完成对会计科目的编辑。

2. 指定会计科目

指定"库存现金"为现金总账科目,指定"银行存款"明细科目为银行总账科目。

3. 设置凭证类别

凭证类别为记账凭证。

4. 设置项目目录(见表 3-6)

表 3-6　　　　项目目录信息

项目大类	项目大类：产品	
项目分类		
核算科目	产品	
项目	A产品	B产品
1405 库存商品	是	
500101 直接材料	是	
500102 直接人工	是	
500103 制造费用	是	
500104 生产成本转出	是	
6001 主营业务收入	是	
6401 主营业务成本	是	

5. 设置结算方式(见表 3-7)

表 3-7　　　　结算方式信息

结算方式编码	结算方式名称	票据管理
1	现金结算	否
2	支票结算	否
201	现金支票	是
202	转账支票	是
3	银行汇票	是
4	商业汇票	否
401	商业承兑汇票	是
402	银行承兑汇票	是
5	电汇	否
9	其他	否

6. 设置付款条件(见表 3-8)

表 3-8　　　　企业付款条件信息

付款条件编码	付款条件名称	信用天数	优惠天数 1	优惠率 1	优惠天数 2	优惠率 2
01	2/10，1/20，n/30	30	10	2	20	1

7. 设置开户银行(见表 3-9)

表 3-9　　企业开户银行信息

编号	银行账号	币种	开户银行
001	40586681237	人民币	中国工商银行武汉汉阳支行

【实训指导】

1. 新增会计科目

(1) 选择[基础设置]→[财务]→[会计科目]命令,打开“会计科目”窗口。

(2) 单击[增加]按钮,打开“会计科目—新增”窗口。“科目编码”输入“101201”,“科目中文名称”输入“银行汇票存款”,单击[确定]按钮,如图 3-12 所示。

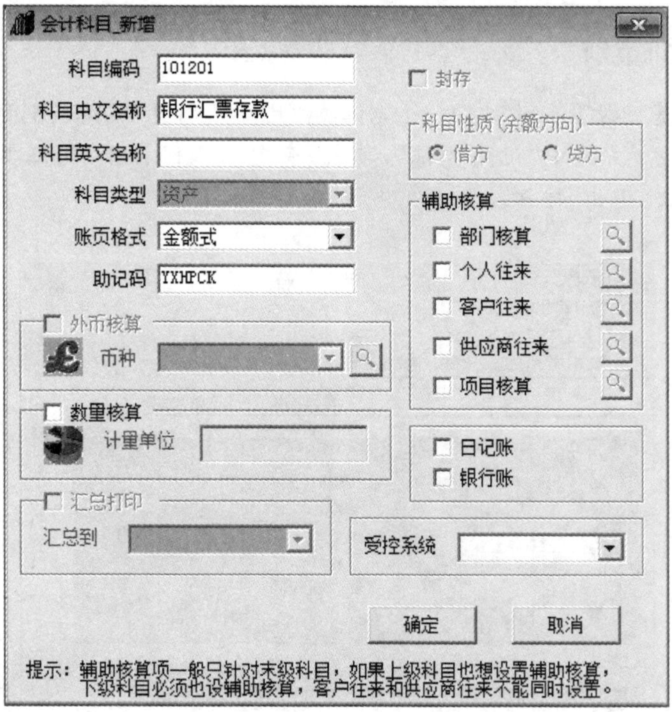

图 3-12　“会计科目—新增”窗口

视频:修改一级科目

视频:新增二级科目及指定科目

(3) 依次修改、增加其他会计科目。

2. 指定会计科目

选择[编辑]→[指定科目]命令,设置库存现金为“现金总账科目”,设置银行存款为“银行总账科目”,如图 3-13 所示。

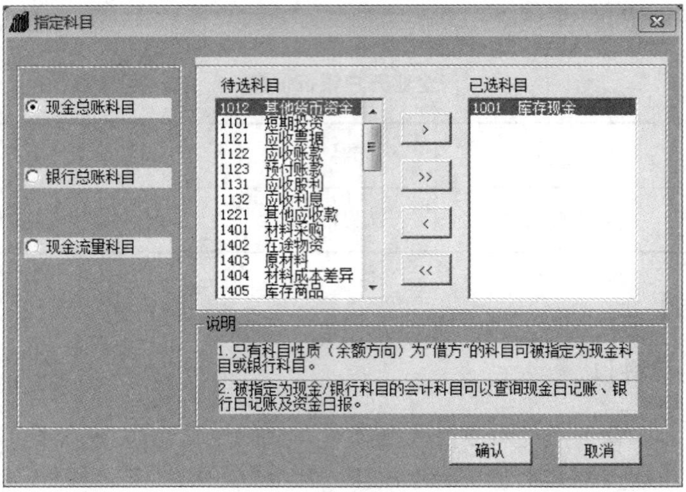

图 3-13 “指定科目”窗口

3. 设置凭证类别

(1) 选择[基础设置]→[财务]→[凭证类别]命令，打开“凭证类别预置”窗口。

(2)“分类方式”选中“记账凭证”，单击[确定]按钮，打开“凭证类别”窗口，如图3-14所示。单击[退出]按钮。

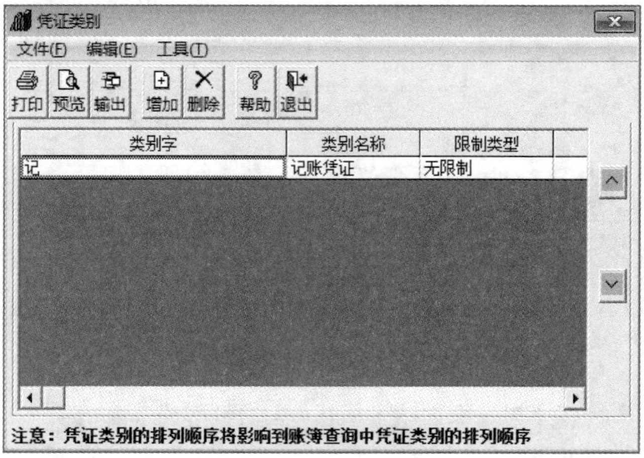

图 3-14 “凭证类别”窗口

4. 设置项目目录

(1) 选择[基础设置]→[财务]→[项目目录]命令，打开“项目档案”窗口。

(2) 单击[增加]按钮，“项目大类”输入“产品”，单击[下一步][下一步][完成]按钮。

(3) 选择左一“核算科目”单选框,单击[︾]按钮,然后单击[确定]按钮,完成后如图3-15所示。

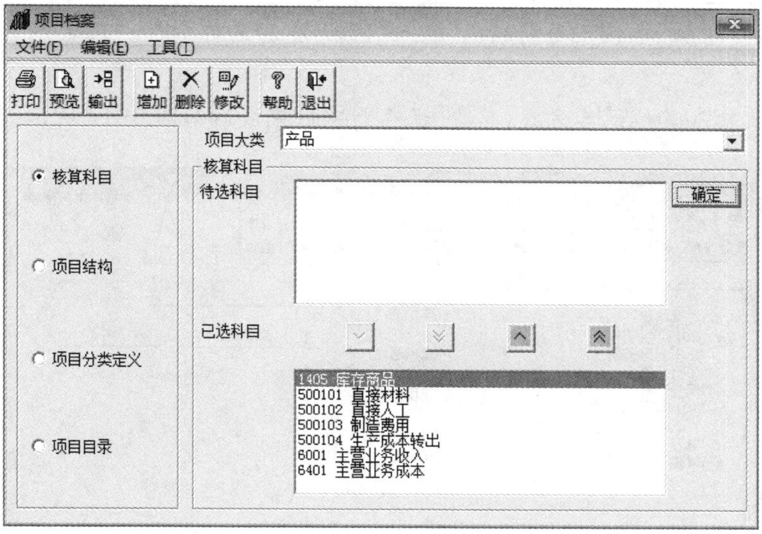

视频:录入项目目录

图 3-15 “项目档案—核算科目”窗口

(4) 选择左三“项目分类定义”单选框,“分类编码”输入“1”,“分类名称”输入“产品”,单击[确定]按钮。

(5) 选择左四“项目目录”单选框,单击右下[维护]按钮,打开“项目目录维护”窗口,单击[增加]按钮,“项目编号”输入“01”,“项目名称”输入“A产品”,“所属分类码”输入“1”。同理,增加B产品,完成后单击[增加]按钮,再单击[退出]按钮,如图3-16所示。

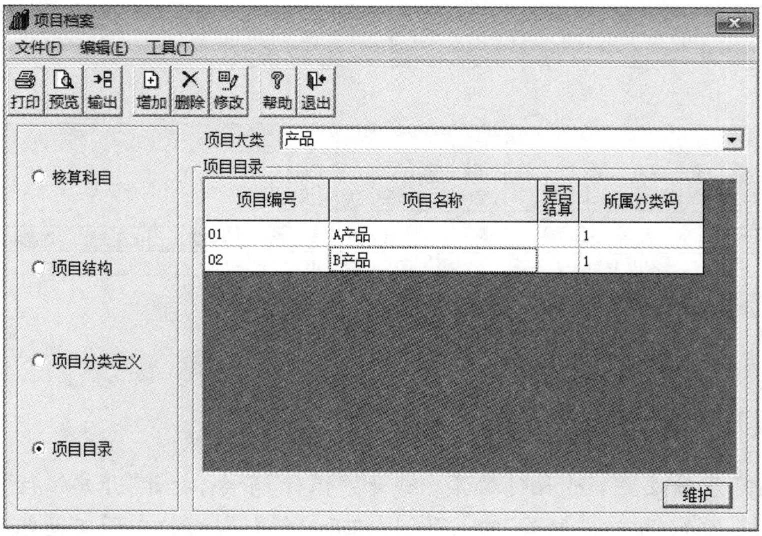

图 3-16 “项目档案—项目目录”窗口

5. 设置结算方式

(1) 选择[基础设置]→[收付结算]→[结算方式]命令,打开“结算方式”窗口。

(2) 单击[增加]按钮,“类别编码”输入“1”,“ 类别名称”输入“现金结算”,单击[保存]按钮。

(3) 依次输入其他结算方式,单击[保存]按钮,完成后如图 3-17 所示。

视频:录入结算方式

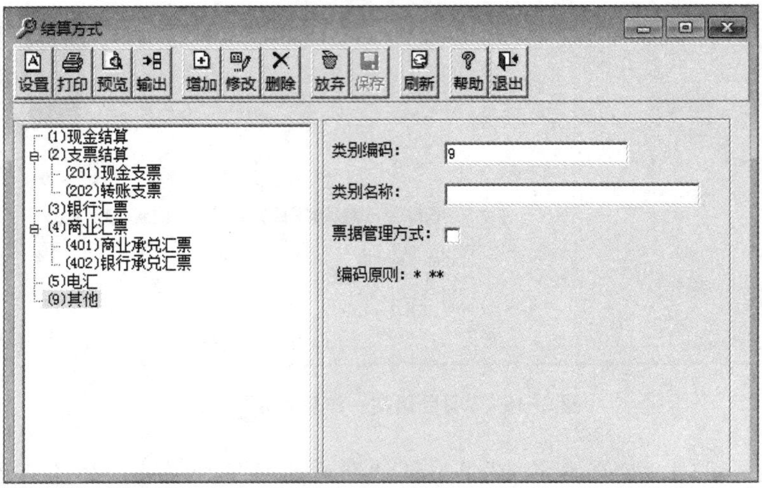

图 3-17 “结算方式”窗口

6. 设置付款条件

(1) 选择[基础设置]→[收付结算]→[付款条件]命令,打开“付款条件”窗口。

(2) 单击[增加]按钮,“付款条件编码”输入“01”,“ 信用天数”输入“30”,“ 优惠天数 1”输入“10”,“ 优惠率 1”输入“2”,“优惠天数 2”输入“20”,“优惠率 2”输入“1”。输入完成后按[回车]键至下一行并刷新,如图 3-18 所示。

视频:录入现金折扣

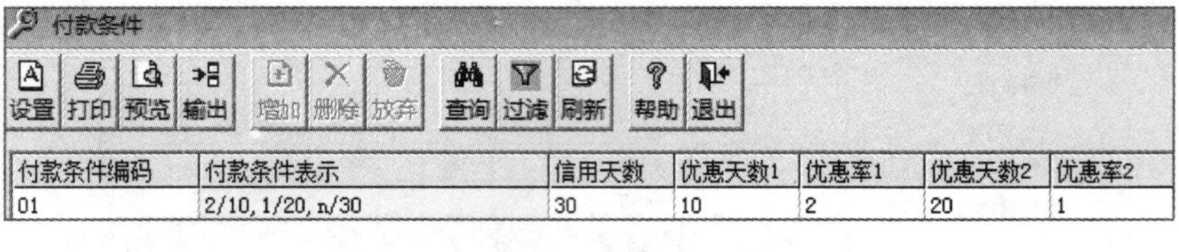

图 3-18 “付款条件”窗口

7. 设置开户银行

(1) 选择[基础设置]→[收付结算]→[开户银行]命令,打开“开户银行”窗口。

(2) 单击[增加]按钮,“编号”输入“001”,“开户银行”输入“中国工商银行武汉汉阳支行”,“ 银行账号”输入“40586681237”。输入完成后如图 3-19 所示。

视频:开户银行

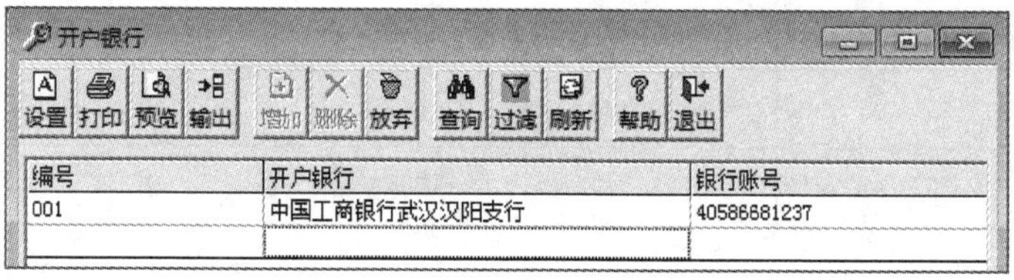

图 3-19 “开户银行”窗口

任务 3.4 总账系统初始化设置与期初余额输入

1. 设置总账控制参数(见表 3-10)

表 3-10 总账系统控制参数信息

选项卡	控制对象	参数设置
凭证	制单控制	制单序时控制 支票控制 资金及往来赤字控制 允许修改、作废他人填制的凭证 可以使用其他系统受控科目
	凭证控制	打印凭证页脚姓名 出纳凭证必须经由出纳签字
	凭证编号方式	凭证编号方式采用系统编号
	外币核算	外币核算采用固定汇率
	预算控制	进行预算控制
账簿	打印位数宽度	账簿打印位数每页打印行数按软件的标准设定
	明细账打印方式	明细账打印按年排页
会计日历		会计日历为 1 月 1 日至 12 月 31 日
其他	排序方式	部门、个人、项目按编码方式排列

2. 录入期初余额(见表 3-11 至表 3-17)

表 3-11 应收票据(1121)期初余额表

日期	凭证号	客户	摘要	方向	金额(元)
2019-11-02	记-12	方圆公司	期初	借	2 712 000.00

表 3-12　　应收账款(1122)期初余额表

日期	凭证号	客户	摘要	方向	金额(元)
2019-11-12	记-25	振兴公司	期初	借	1 638 500.00
2019-10-25	记-32	恒安公司	期初	借	69 608.00

表 3-13　　预付账款(1123)期初余额表

日期	凭证号	供应商	摘要	方向	金额(元)
2019-11-20	记-45	佳明公司	期初余额	借	250 000.00

表 3-14　　应付票据(2201)期初余额表

日期	凭证号	供应商	摘要	方向	金额(元)
2019-11-25	记-52	茂源公司	期初余额	贷	169 500.00

表 3-15　　应付账款(2202)期初余额表

日期	凭证号	供应商	摘要	方向	金额(元)
2019-11-30	记-55	利达公司	期初余额	贷	84 750.00

表 3-16　　预收账款(2203)期初余额表

日期	凭证号	供应商	摘要	方向	金额(元)
2019-11-30	记-58	振兴公司	期初余额	贷	200 000.00

表 3-17　　库存商品(1405)期初余额表

产品	数量	单位成本	金额(元)	合计
A产品	5 000	180	900 000.00	1 866 000.00
B产品	4 200	230	966 000.00	

【实训指导】

1. 设置总账控制参数

视频:总账初始设置

选择[总账]→[设置]→[选项]命令,打开"选项"窗口,根据资料要求依次勾选其他选项,点击[确定]按钮。完成后如图 3-20 所示。

2. 录入期初余额

选择[总账]→[设置]→[期初余额]命令,根据期初余额以及资料中明细余额对应录入。录入完成后单击[试算]按钮,如图 3-21 所示。

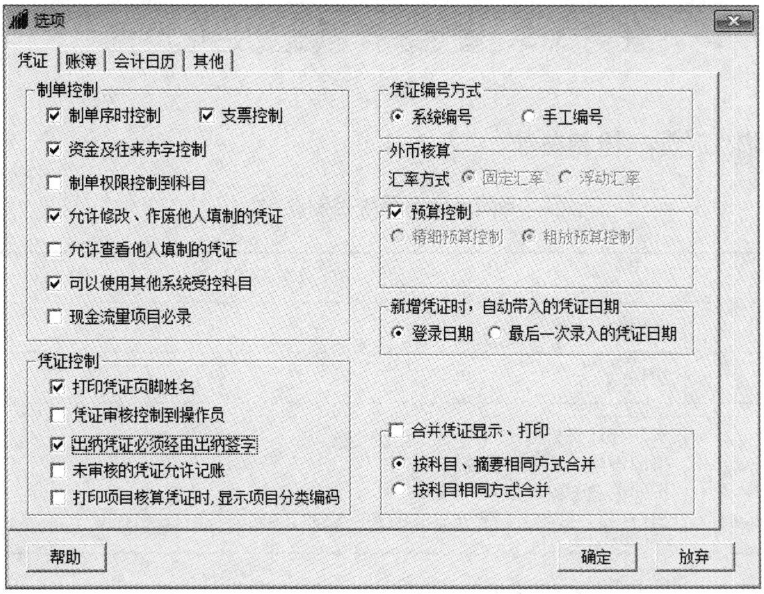

图 3-20 “选项”窗口

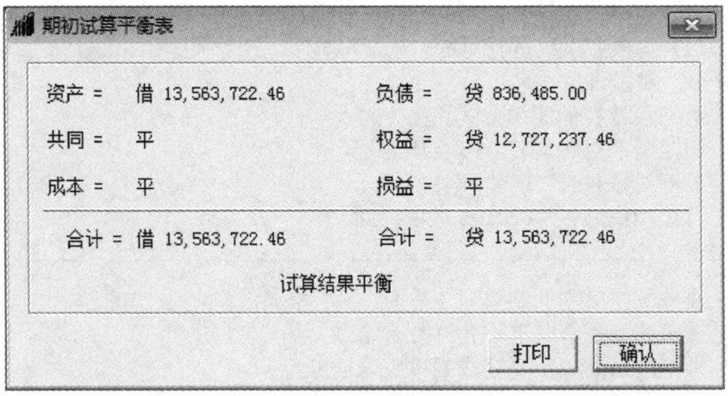

图 3-21 “期初试算平衡表”窗口

视频：特殊期初余额录入

[点睛]

明细余额录入方式：双击“应收票据”期初余额的蓝色条框，打开“客户往来期初”窗口，单击[增加]按钮，根据实训资料录入信息，如图 3-22 所示。

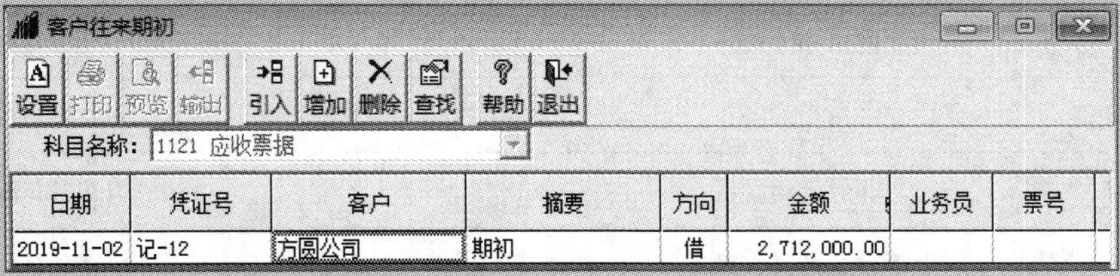

图 3-22 “客户往来期初”窗口

任务 3.5 固定资产系统初始化设置

1. 设置固定资产控制参数(见表 3-18)

表 3-18 固定资产系统控制参数

控制参数	参数设置
约定与说明	我同意
启用月份	2019.12
折旧信息	本账套计提折旧 折旧方法：平均年限法二 折旧汇总分配周期：1 个月 当(月初已计提月份=可使用月份-1)时，将剩余折旧全部提足
编码方式	资产类别编码方式：2 1 1 2 固定资产编码方式： 按"类别编码+部门编码+序号"自动编码 卡片序号长度为 3
财务接口	(1) 与账务系统进行对账； (2) 对账科目： 可纳税调整的增加方式：直接购入 固定资产对账科目：1601 固定资产 折旧对账科目：1602 累计折旧 可抵扣税额：22210101 进项税额
补充参数	业务发生后立即制单 在对账不平情况下不允许月末结账 月末结账前一定要完成制单登账业务 固定资产缺省入账科目：1601，累计折旧缺省入账科目：1602

2. 设置固定资产类别(见表 3-19)

表 3-19 资产类别信息

编码	类别名称	净残值率	计提属性
01	房屋建筑物	2%	正常计提
011	经营用设备	2%	正常计提
012	非经营用设备	2%	正常计提
02	电子设备及通信设备	4%	正常计提
021	经营用设备	4%	正常计提

（续表）

编码	类别名称	净残值率	计提属性
022	非经营用设备	4%	正常计提
03	通用设备	4%	正常计提
031	经营用设备	4%	正常计提
032	非经营用设备	4%	正常计提
04	交通运输设备	4%	正常计提
041	经营用设备	4%	正常计提
042	非经营用设备	4%	正常计提

3. 设置部门对应折旧科目（见表 3-20）

表 3-20　　部门对应折旧科目信息

部　门	对应折旧科目
企划部，财务部，采购部	管理费用/折旧费
销售部	销售费用/折旧费
生产部	制造费用/折旧费

4. 设置增减方式的对应入账科目（见表 3-21）

表 3-21　　增减方式的对应入账科目信息

增减方式目录	对应入账科目
增加方式	
直接购入	101201，银行汇票存款
在建工程转入	1604，在建工程
减少方式	
出售	1606，固定资产清理
盘亏	190102，待处理非流动资产损溢

5. 录入固定资产原始卡片信息（见表 3-22）

表 3-22　　固定资产原始卡片信息

固定资产名称	类别编号	所在部门	增加方式	可使用年限	开始使用日期	原值	累计折旧	对应折旧科目名称
厂房 1	11	生产一部	直接购入	50	2018.4.1	210 000	6 517.00	制造费用/折旧费
厂房 2	11	生产二部	直接购入	50	2018.4.1	210 000	6 517.00	制造费用/折旧费
办公楼 1	12	企划部	直接购入	50	2018.4.1	160 000	4 965.27	管理费用/折旧费
办公楼 2	12	财务部	直接购入	50	2018.4.1	180 000	5 586.00	管理费用/折旧费

(续表)

固定资产名称	类别编号	所在部门	增加方式	可使用年限	开始使用日期	原值	累计折旧	对应折旧科目名称
办公楼 3	12	销售部	直接购入	50	2018.4.1	180 000	5 586.00	销售费用/折旧费
办公楼 4	12	采购部	直接购入	50	2018.4.1	160 000	4 965.27	管理费用/折旧费
电子设备 1	21	生产一部	直接购入	10	2018.4.1	18 000	2 736.00	制造费用/折旧费
电子设备 2	21	生产二部	直接购入	10	2018.4.1	18 000	2 736.00	制造费用/折旧费
电子设备 3	22	企划部	直接购入	10	2018.5.1	200 000	28 800.00	管理费用/折旧费
台式电脑 1	22	财务部	直接购入	5	2018.4.1	4 000	1 216.00	管理费用/折旧费
台式电脑 2	22	财务部	直接购入	5	2018.4.1	4 000	1 216.00	管理费用/折旧费
打印机 1	22	财务部	直接购入	5	2018.4.1	5 000	1 520.00	管理费用/折旧费
传真机 1	22	财务部	直接购入	10	2018.4.1	30 000	4 560.00	管理费用/折旧费
传真机 2	22	销售部	直接购入	10	2018.4.1	25 000	3 800.00	销售费用/折旧费
传真机 3	22	采购部	直接购入	10	2018.4.1	20 000	3 040.00	管理费用/折旧费
货车 1	41	生产一部	直接购入	10	2018.4.1	140 000	21 280.00	制造费用/折旧费
货车 2	41	生产二部	直接购入	10	2018.4.1	140 000	21 280.00	制造费用/折旧费

【实训指导】

1. 设置固定资产控制参数

(1) 单击[固定资产]菜单,弹出系统提示"这是第一次打开此账套……是否进行初始化?"对话框。

(2) 单击[是]按钮,打开初始化向导。认真仔细阅读相关条款,选中[我同意]按钮。

(3) 单击[下一步]按钮,打开"固定资产初始化向导—账套启用月份"窗口,"账套启用月份"选择"2019 年 12 月 1 日"。

(4) 单击[下一步]按钮,打开"固定资产初始化向导—折旧信息"窗口。勾选"本账套计提折旧"复选框,"折旧方法"选择"平均年限法(二)","折旧分配周期"选择"1 个月";勾选"当(月初已计提月份=可使用月份-1)时,将剩余折旧全部提足(工作量法除外)"复选框,如图 3-23 所示。

(5) 单击[下一步]按钮,打开"固定资产初始化—编码方式"窗口。确定固定资产编码长度为 2112;选中"自动编码"单选框,选择固定资产编码方式为"类别+部门+序号",选择序号长度为 3。

(6) 单击[下一步]按钮,打开"固定资产初始化向导—财务接口"窗口。勾选"与财务系统进行对账"复选框,"固定资产对账科目"选择"1601,固定资产","累计折旧对账

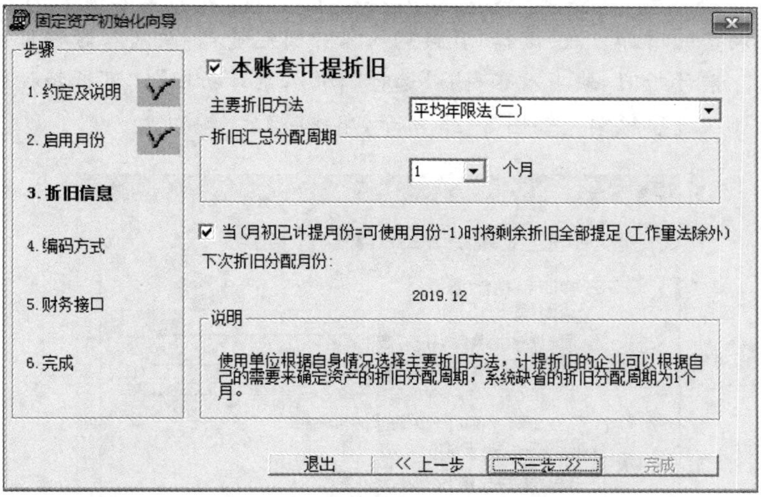

图 3-23 “固定资产初始化向导—折旧信息”窗口

科目”选择“1602,累计折旧”。

(7) 单击[下一步]按钮,打开“固定资产初始化向导—完成”窗口,如图 3-24 所示。

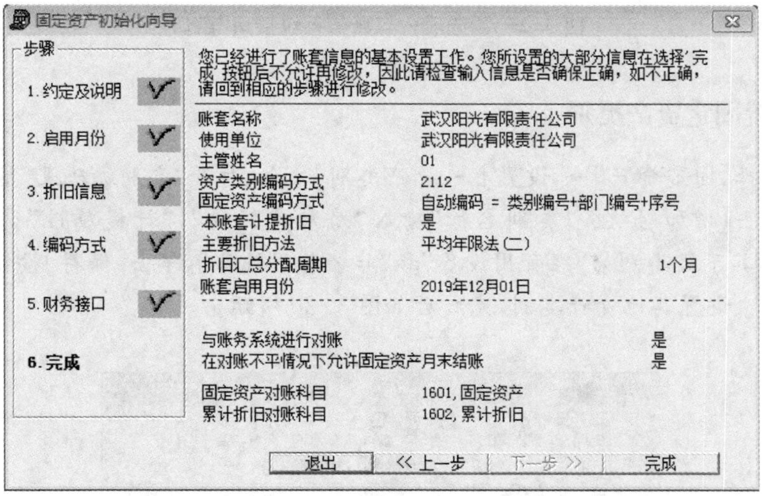

图 3-24 “固定资产初始化向导—完成”窗口

(8) 单击[完成]按钮,完成本账套的初始化,系统弹出“已完成了新账套的所有设置工作。是否确定所设置的信息完全正确并保存对新账套的所有设置?”对话框。

(9) 单击[是]按钮,系统弹出“已成功初始化本固定资产账套!”对话框,单击[确定]按钮。

(10) 选择[固定资产]→[设置]→[选项]命令,打开“选项”窗口。

(11) 单击[与财务系统接口]标签,勾选“业务发生后立即制单”“月末结账前一定

视频:固定资产初始设置

要完成制单登账业务”复选框,取消“在对账不平情况下允许固定资产月末结账”复选框,“可纳税调整的增加方式”选择“直接购入”,“[固定资产]缺省入账科目”选择“1601,固定资产”,“[累计折旧]缺省入账科目”选择“1602,累计折旧”,“可抵扣税额入账科目”选择“22210101,进项税额”,如图 3-25 所示,单击[确定]按钮。

视频:固定资产财务接口

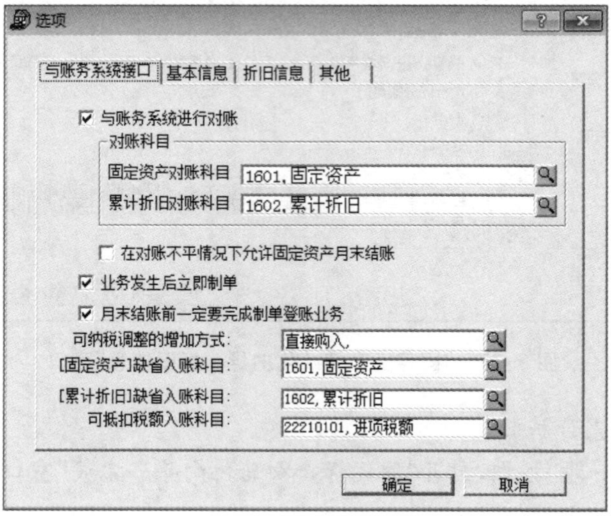

图 3-25 “选项—与账务系统接口”窗口

2. 设置固定资产类别

(1) 选择[固定资产]→[设置]→[资产类别]命令,打开“类别编码表”窗口。

(2) 单击[增加]按钮,“类别名称”输入“房屋建筑物”,“计提属性”选择“正常计提”,并增加其下级类别为“经营用设备”和“非经营用设备”,单击[保存]按钮。

(3) 依次设置其他资产类别,完成后如图 3-26 所示。

视频:设置固定资产类别

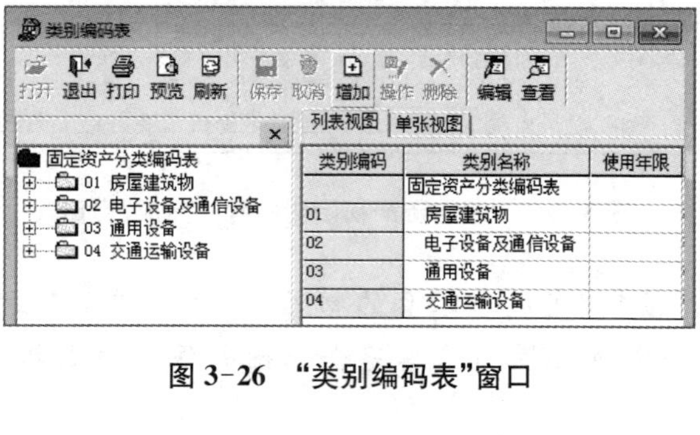

图 3-26 “类别编码表”窗口

3. 设置部门对应折旧科目

(1) 选择[固定资产]→[设置]→[部门对应折旧科目]命令,打开“部门编码表”窗口。

（2）选择部门为“企划部”，单击［操作］按钮，“折旧科目”选择“660207，折旧费”，如图3-27所示。

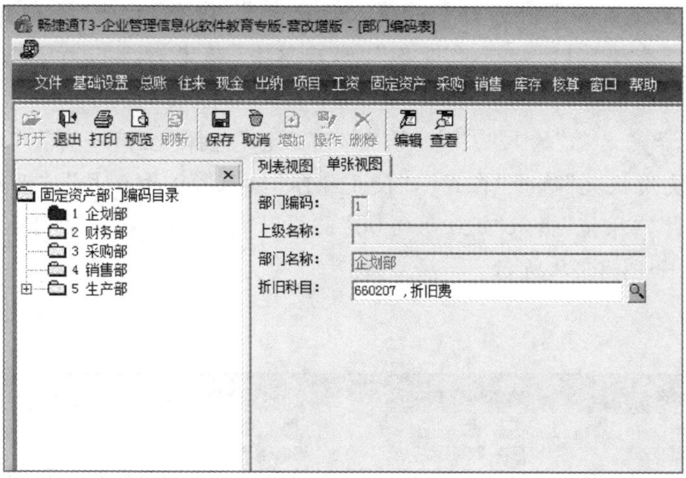

图3-27 “部门编码类”窗口

（3）单击［保存］按钮。同理，依次设置其他部门对应的折旧科目。

4. 设置增减方式的对应入账科目

（1）选择［固定资产］→［设置］→［增减方式］命令，打开“增减方式”窗口。

（2）在列表框中，“增加方式”选择“直接购入”，单击［操作］按钮，“对应入账科目”选择“101201，银行汇票”，单击［保存］按钮。

（3）依次设置其他增减方式的对应入账科目，完成后如图3-28所示。

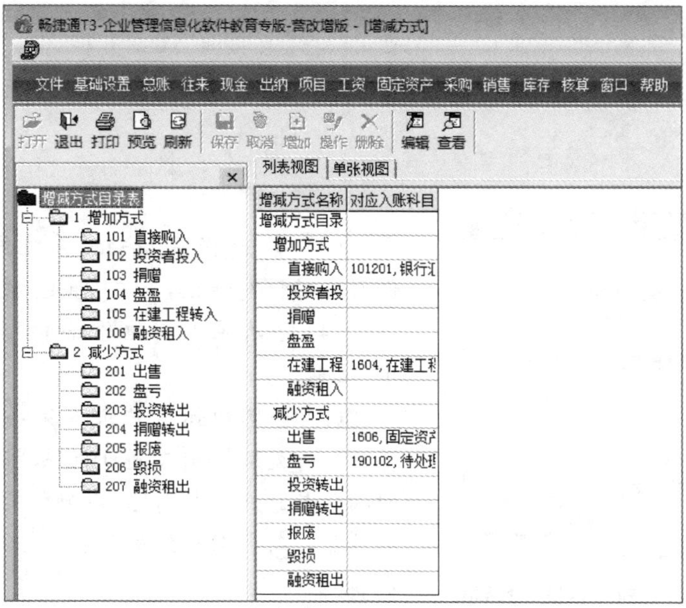

图3-28 设置增减方式

5. 录入固定资产原始卡片信息

(1) 选择[固定资产]→[卡片]→[录入原始卡片]命令,打开“资产类别参照”窗口。“固定资产类别”选择“011 经营用设备”,然后单击[确定]按钮,打开“固定资产卡片”窗口。

(2)“固定资产名称”输入“厂房 1”,“部门名称”选择“生产一部”,“增加方式”选择“直接购入”,“使用状况”选择“在用”,“使用年限”输入“50 年 0 月”,“开始使用日期”输入“2018-04-01”,“原值”输入“210 000.00”;“累计折旧”输入“6 517.00”,其他信息由系统自动算出,如图 3-29 所示。

视频:录入原始卡片

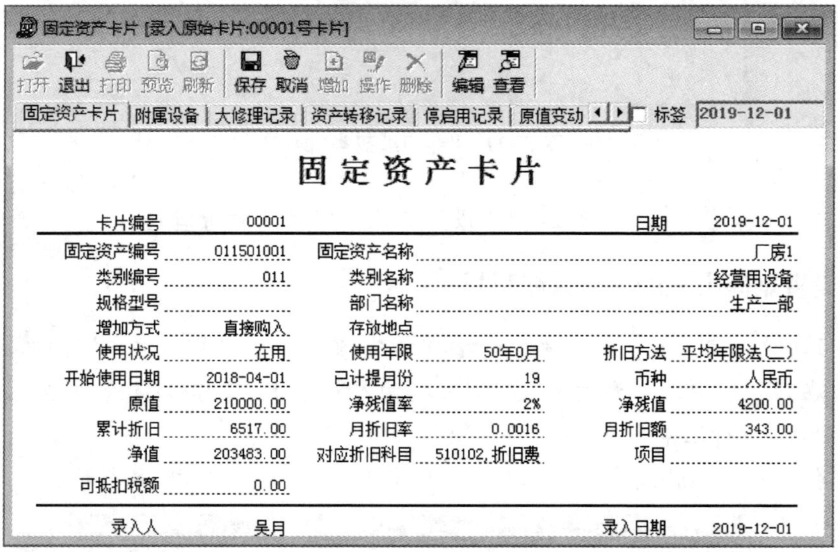

图 3-29 “固定资产卡片——0001 号卡片”窗口

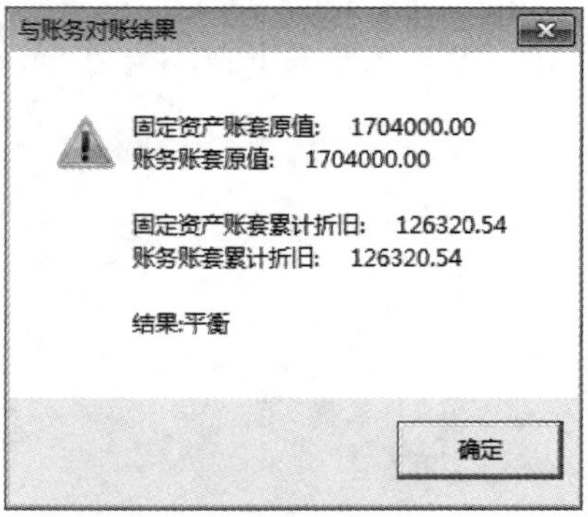

图 3-30 “与账务对账结果”对话框

(3) 单击[保存]按钮,系统弹出提示“数据保存成功!”对话框,单击[确定]按钮。

(4) 依次录入其他原始卡片信息,单击[退出]按钮。

(5) 全部原始卡片录入完成后,选择[固定资产]→[处理]→[对账]命令,将目前固定资产明细账与总账进行对账,以确保固定资产明细账与总账相符。对账结果如图 3-30 所示,单击[确定]按钮。

任务 3.6　工资系统初始化设置

1. 设置工资账套（表 3-23）

表 3-23　　工资系统控制参数信息

控制参数	参数设置
参数设置	工资类别个数：单个
扣税设置	从工资中代扣个人所得税
扣零设置	不扣零
人员编码	3

2. 设置工资项目（表 3-24）

表 3-24　　工资项目信息

项目名称	类型	长度	小数位数	增减项
基本工资	数字	8	2	增项
岗位工资	数字	8	2	增项
交通补贴	数字	8	2	增项
应发合计	数字	10	2	增项
请假扣款	数字	8	2	减项
养老保险	数字	8	2	减项
失业保险	数字	8	2	减项
医疗保险	数字	8	2	减项
大额医疗保险	数字	8	2	减项
住房公积金	数字	8	2	减项
扣款合计	数字	10	2	减项
实发合计	数字	10	2	增项
代扣税	数字	10	2	减项
请假天数	数字	4	2	其他
计税基数	数字	8	2	其他
月缴费工资	数字	8	2	其他
标准日工资	数字	8	2	其他
累积已享受带薪缺勤天数	数字	8	2	其他
未使用带薪缺勤天数	数字	8	2	其他
预计本年带薪缺勤工资额	数字	8	2	其他
预计下年带薪缺勤工资额	数字	8	2	其他
上年结转带薪缺勤天数	数字	8	2	其他
结转下年缺勤天数	数字	8	2	其他
累积带薪缺勤	数字	8	2	其他

3. 设置人员类别(表 3-25)

表 3-25　人员类别信息

1	管理人员
2	采购人员
3	销售人员
4	车间管理人员
5	生产人员

4. 设置银行档案(表 3-26)

表 3-26　银行档案信息

银行名称	中国工商银行龙阳支行
账号长度	11
自动带出的账号长度	9

5. 录入人员工资信息(表 3-27)

表 3-27　人员工资信息

编码	姓　名	部门属性	职员属性	银行账号	基本工资
101	夏　海	企划部	管理人员	20180611001	5 000
102	刘莹莹	企划部	管理人员	20180611002	4 800
201	吴　月	财务部	管理人员	20180611003	3 000
202	朱　茜	财务部	管理人员	20180611004	2 800
203	洪　梅	财务部	管理人员	20180611005	2 800
301	雪　芬	采购部	采购人员	20180611006	3 400
302	朱伟杰	采购部	采购人员	20180611007	3 400
401	钱　蓉	销售部	销售人员	20180611008	4 000
402	陈雨桐	销售部	销售人员	20180611009	4 000
501	杨志亮	生产一部	车间管理人员	20180611010	3 500
502	苏　摩	生产二部	车间管理人员	20180611011	3 500
503	林　沙	生产一部	生产人员	20180611012	3 000
504	吴小琴	生产一部	生产人员	20180611013	3 000
505	阿　潘	生产一部	生产人员	20180611014	3 000
506	于　样	生产一部	生产人员	20180611015	3 000
507	杨　达	生产一部	生产人员	20180611016	3 000
508	周帅帅	生产二部	生产人员	20180611017	3 000
509	邓　思	生产二部	生产人员	20180611018	3 000
510	董晓敏	生产二部	生产人员	20180611019	3 000
511	李颖慧	生产二部	生产人员	20180611020	3 000

6. 设置工资计算公式(表3-28)

表3-28　　工资计算公式信息

项目名称	公式定义
岗位工资(用iff定义)	企划部3 500元 财务部3 000元 采购部2 600元 销售部2 800元 其他部门2 000元
交通补贴(用iff定义)	销售部和采购部为800元 其他部门400元
请假扣款	请假天数*30
计税基数	应发合计－养老保险－医疗保险－失业保险－住房公积金
月缴费工资	基本工资＋岗位工资＋交通补贴
实发合计	计税基数－代扣税
应发合计	月缴费工资－请假扣款
养老保险	月缴费工资*0.08
失业保险	月缴费工资*0.01
医疗保险	月缴费工资*0.02＋7
住房公积金	月缴费工资*0.12
累积带薪缺勤	标准日工资*未使用带薪缺勤天数
标准日工资	基本工资/22

7. 设置权限

02朱茜拥有正式人员账套的全部权限。

8. 设置个人所得税计税基数

以“计税基数”计算并扣缴个人所得税,计税基数为“5 000”。

【实训指导】

1. 设置工资账套

(1) 单击[工资]菜单,打开“建立工资套”窗口。

(2) 在“建立工资套—参数设置”窗口中,工资类别个数选择“单个”,如图3-31所示。单击[下一步]按钮。

(3) 在“建立工资套—扣税设置”窗口中,勾选“是否从工资中代扣个人所得税”复选框,单击[下一步]按钮。

(4) 在“建立工资套—扣零设置”窗口中,取消“扣零”复选框,单击[下一步]按钮。

(5) 在“建立工资套—人员编码”窗口中,“人员编码长度”输入“3”,单击[完成]按钮。

视频:设置工资账套及权限

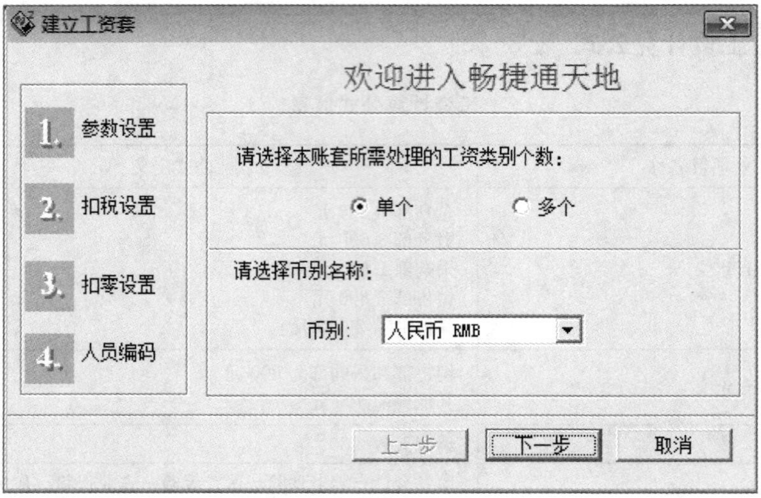

图 3-31 “建立工资套—参数设置”窗口

2. 设置工资项目

(1) 选择[工资]→[设置]→[工资项目设置]命令,打开“工资项目设置”窗口。

(2) 单击[增加]按钮,单击右侧的“名称参照”下拉列表框,选择“基本工资”选项。

(3) 双击[类型]栏,“类型”选择“数字”,“长度”选择“8”。

(4) 双击[小数]栏,“小数位”选择“2”。

(5) 双击[增减项]栏,选择“增项”选项。

(6) 单击[增加]按钮,依次设置其他工资项目,完成后如图 3-32 所示。

视频:工资项目设置

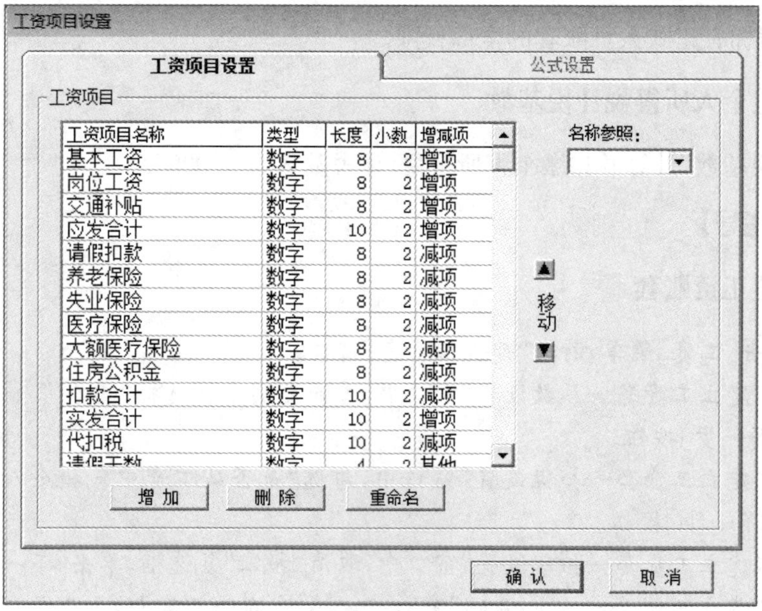

图 3-32 “工资项目设置”窗口

视频:录入人员类别

3. 设置人员类别

(1) 选择[工资]→[设置]→[人员类别设置]命令,打开“类别设置”窗口。

(2) “类别”输入“管理人员”,单击[增加]按钮。

(3) 依次设置其他人员类别,完成后如图3-33所示。

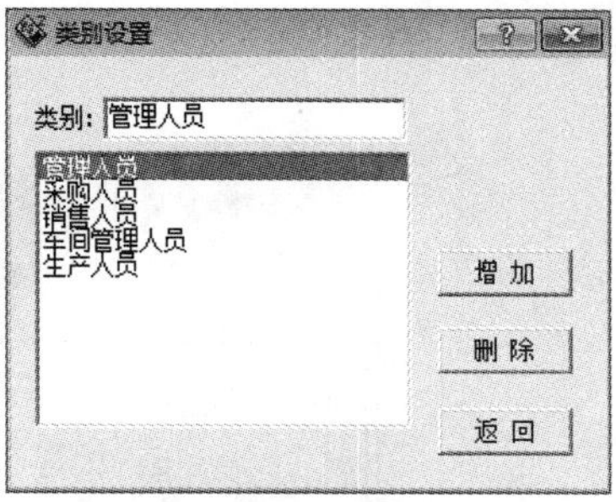

图3-33 “类别设置”窗口

4. 设置银行名称

(1) 选择[工资]→[设置]→[银行名称设置]命令,打开“银行名称设置”窗口。

(2) 单击[增加]按钮,“银行名称”输入“中国工商银行龙阳支行”,“账号长度”输入“11”,“录入时需要自动带出的账号长度”输入“9”,如图3-34所示。

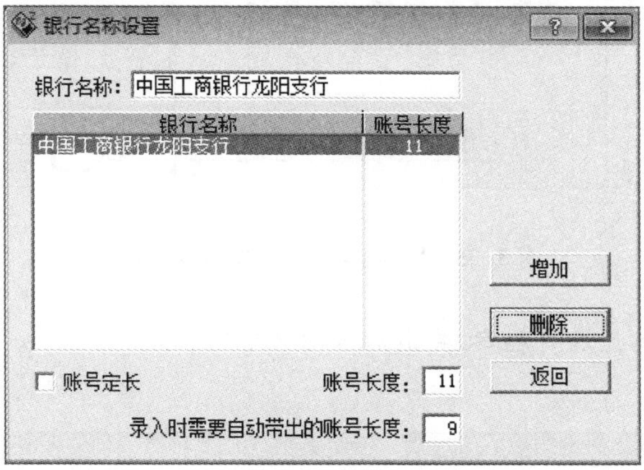

图3-34 “银行名称设置”窗口

[点睛]

系统预置了三个银行名称,如果不能满足需要,可以进行删除、增加操作。

5. 录入人员档案

(1) 选择[工资]→[设置]→[人员档案]命令,打开“人员档案”窗口。

(2) 单击[批增]按钮,打开“人员批量增加”窗口,逐一单击[部门]栏前的[选择]栏,引入人员档案信息。

(3) 单击[确定]按钮,返回“人员档案”窗口。

(4) 单击[修改]按钮,打开“基本信息”窗口,“人员姓名”选择“夏海”,“人员类别”选择“管理人员”,“银行名称”选择“中国工商银行龙阳支行”,“银行账号”输入为“20180611001”。

(5) 单击[确认]按钮,系统弹出“写入该人员档案信息吗?”提示框,如图3-35所示,单击[确定]按钮。

视频:人员档案

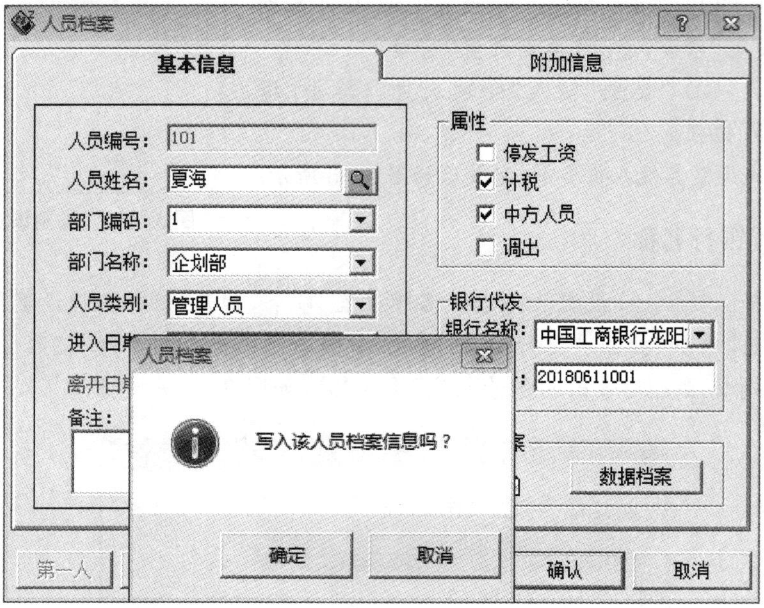

图 3-35 “人员档案—基本信息”窗口

(6) 依次设置其他人员档案,完成后如图 3-36 所示。

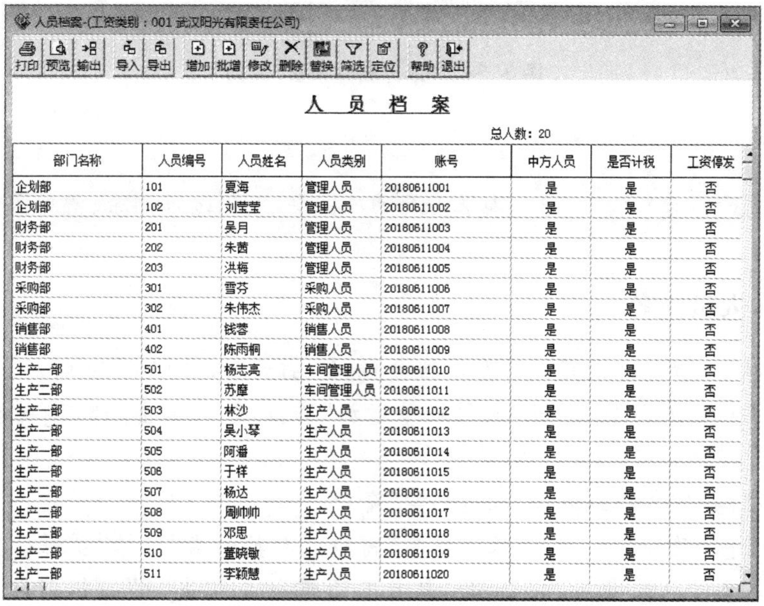

部门名称	人员编号	人员姓名	人员类别	账号	中方人员	是否计税	工资停发
企划部	101	夏海	管理人员	20180611001	是	是	否
企划部	102	刘莹莹	管理人员	20180611002	是	是	否
财务部	201	吴月	管理人员	20180611003	是	是	否
财务部	202	朱茜	管理人员	20180611004	是	是	否
财务部	203	洪梅	管理人员	20180611005	是	是	否
采购部	301	雪芬	采购人员	20180611006	是	是	否
采购部	302	朱伟杰	采购人员	20180611007	是	是	否
销售部	401	钱蓉	销售人员	20180611008	是	是	否
销售部	402	陈雨桐	销售人员	20180611009	是	是	否
生产一部	501	杨志亮	车间管理人员	20180611010	是	是	否
生产二部	502	苏靡	车间管理人员	20180611011	是	是	否
生产一部	503	林沙	生产人员	20180611012	是	是	否
生产一部	504	吴小琴	生产人员	20180611013	是	是	否
生产一部	505	阿潘	生产人员	20180611014	是	是	否
生产一部	506	于祥	生产人员	20180611015	是	是	否
生产二部	507	杨达	生产人员	20180611016	是	是	否
生产二部	508	周帅帅	生产人员	20180611017	是	是	否
生产二部	509	邓思	生产人员	20180611018	是	是	否
生产二部	510	董晓敏	生产人员	20180611019	是	是	否
生产二部	511	李颖慧	生产人员	20180611020	是	是	否

图 3-36 “人员档案”窗口

6. 设置工资计算公式

(1) 选择[工资]→[工资项目]→[公式设置]命令,单击[增加]按钮,在“工资项目”列表框中增加一空行,在列表框中选择“岗位工资”选项。单击[函数公式向导输入]按钮,打开“函数向导——步骤之1”对话框。从“函数名”列表框中选择“iff”选项,如图3-37所示。然后单击[下一步]按钮,打开“函数向导——步骤之2”对话框。

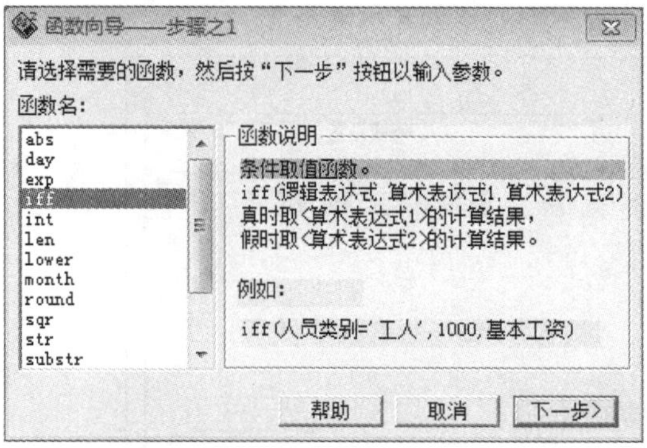

图3-37 “函数向导——步骤1”对话框

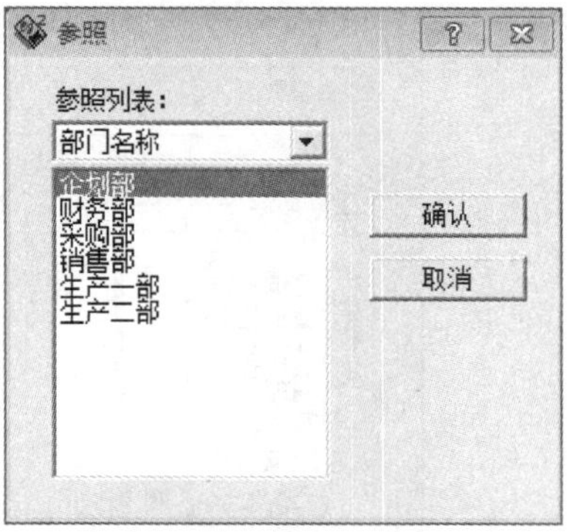

图3-38 “参照”对话框

(2) 单击逻辑表达式[参照]按钮,打开“参照”对话框,在“参照列表”下拉列表中选择“部门名称”选项,再在下面的列表框中选择“企划部”选项,如图3-38所示。然后单击[确认]按钮。

(3) 输入“算术表达式1”为“3500”、“算术表达式2”为空,单击[完成]按钮。然后在刚输入的函数中将光标移动到反括号前面,再次单击[函数公式向导输入]按钮以同样的方式增加剩余部门,增加到销售时输入“算术表达式1”为“2800”、“算术表达式2”为“2000”。确认完成后如图3-39所示。

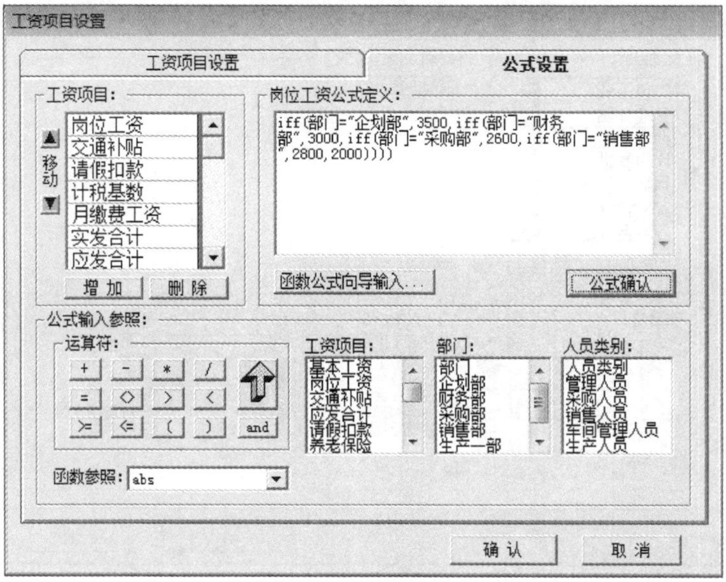

图3-39 岗位工资公式

视频:部分公式录入

(4)“交通补贴”公式同以上第(1)与第(2),操作后,部门为“销售部”,然后在“逻辑表达式”文本框中的公式后输入英文状态下[空格]+[or]+[空格],再次单击“逻辑表达式”文本框右侧的[参照]按钮,打开“参照”对话框。在“参照列表”下拉列表框中选择“部门名称”选项,再在下面的列表框中选择“采购部”选项,然后单击[确认]按钮,返回“函数向导——步骤之2”对话框。

(5)输入“算术表达式1”为“800”、“算术表达式2”为“400”。确认完成后如图3-40所示。

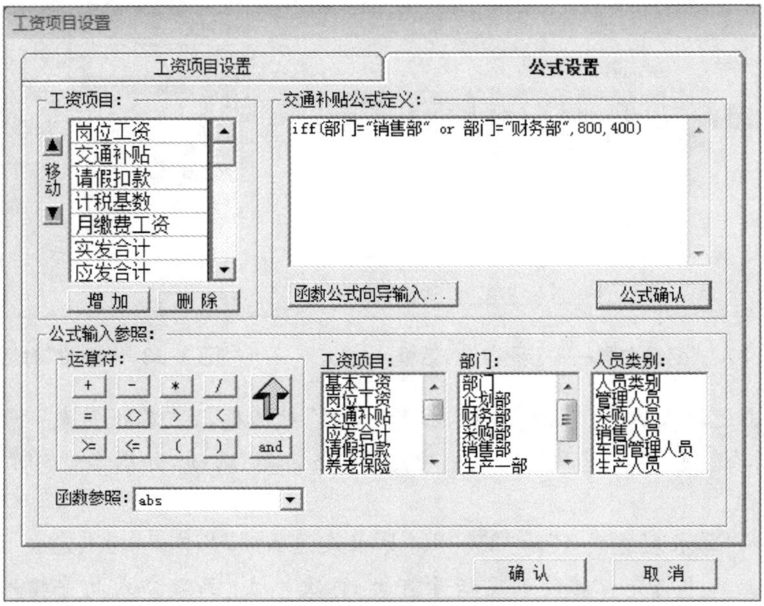

图 3-40 交通补贴公式

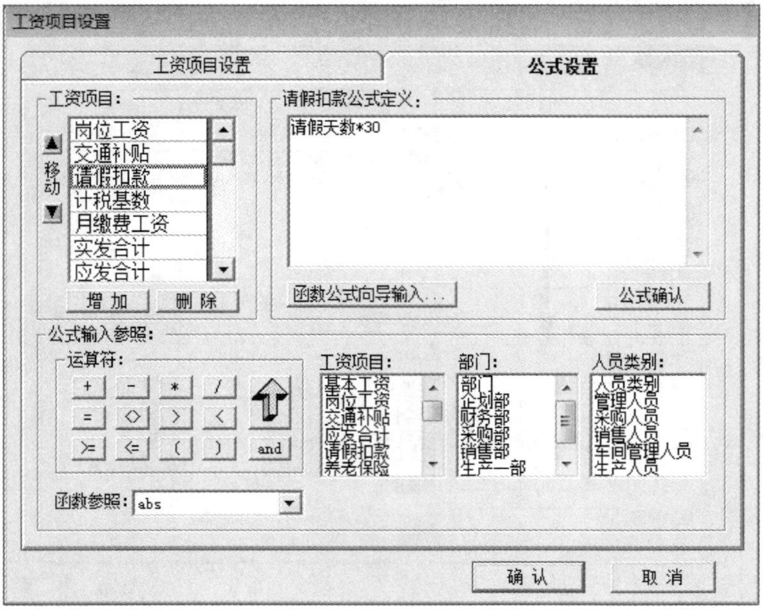

图 3-41 请假扣款公式

(6)“请假扣款”公式设置步骤：选择下面“工资项目”栏里的“请假天数”，在左下符号栏中选择“ * ”号，输入数字“30”，并进行公式确认。完成后如图 3-41 所示。同理设置其他项目公式。切记输完公式单击[公式确认]按钮。

7. 设置权限

选择[工资管理]→[设置]→[权限设置]命令，修改“02 朱茜”权限为拥有工资类别主管，如图 3-42 所示。

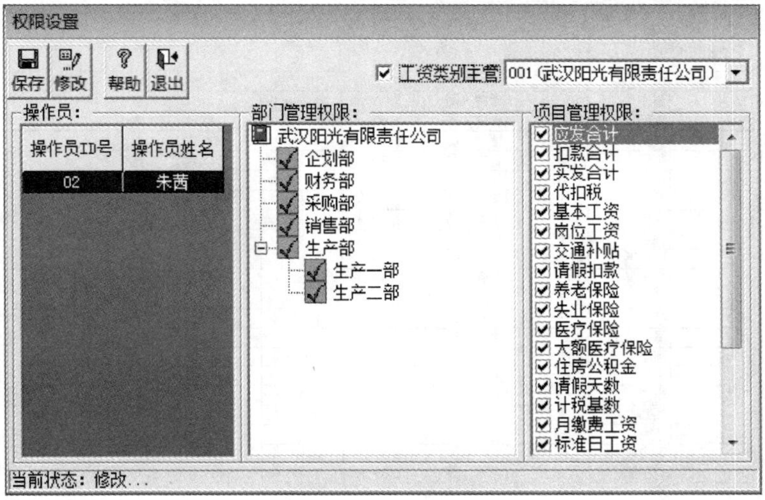

图 3-42 “权限设置”窗口

8. 扣缴个人所得税设置

选择[工资]命令，单击[扣缴个人所得税]按钮，将“对应工资项目”设为“计税基数”，单击[确定]按钮，系统弹出“是否重算数据”窗口，单击[是]按钮，点击菜单栏“税率”，“基数”修改为“5 000”，“附加费用”为“2 000”，按照表格修改相关数据，如图 3-43 所示。完成后单击[确定]按钮，系统弹出“是否重新计算个人所得税”窗口，单击[是][退出]按钮。

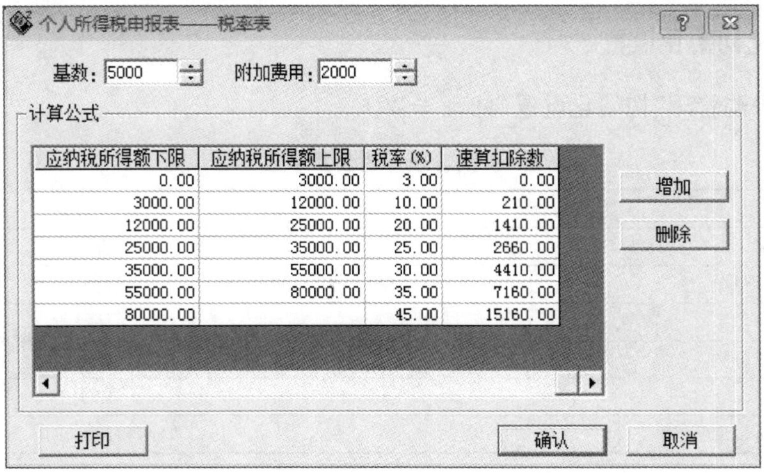

应纳税所得额下限	应纳税所得额上限	税率(%)	速算扣除数
0.00	3000.00	3.00	0.00
3000.00	12000.00	10.00	210.00
12000.00	25000.00	20.00	1410.00
25000.00	35000.00	25.00	2660.00
35000.00	55000.00	30.00	4410.00
55000.00	80000.00	35.00	7160.00
80000.00		45.00	15160.00

图 3-43 “个人所得税申报表—税率表”窗口

9. 录入工资变动

打开“工资变动”窗口,根据资料录入基本工资,录入完毕后,单击[汇总]按钮,再单击[保存]按钮,结果如图 3-44 所示。

工资变动

人员编号	姓名	部门	人员类别	基本工资	岗位工资	交通补贴	应发合计	请假扣款
101	夏海	企划部	管理人员	5,000.00	3,500.00	400.00	8,900.00	
102	刘莹莹	企划部	管理人员	4,800.00	3,500.00	400.00	8,700.00	
201	吴月	财务部	管理人员	3,000.00	3,000.00	800.00	6,800.00	
202	朱茜	财务部	管理人员	2,800.00	3,000.00	800.00	6,600.00	
203	洪梅	财务部	管理人员	2,800.00	3,000.00	800.00	6,600.00	
301	雪芬	采购部	采购人员	3,400.00	2,600.00	400.00	6,400.00	
302	朱伟杰	采购部	采购人员	3,400.00	2,600.00	400.00	6,400.00	
401	钱蓉	销售部	销售人员	4,000.00	2,800.00	800.00	7,600.00	
402	陈雨桐	销售部	销售人员	4,000.00	2,800.00	800.00	7,600.00	
501	杨志亮	生产一部	车间管理人	3,500.00	2,000.00	400.00	5,900.00	
502	苏摩	生产二部	车间管理人	3,500.00	2,000.00	400.00	5,900.00	
503	林沙	生产一部	生产人员	3,000.00	2,000.00	400.00	5,400.00	
504	吴小琴	生产一部	生产人员	3,000.00	2,000.00	400.00	5,400.00	
505	阿潘	生产一部	生产人员	3,000.00	2,000.00	400.00	5,400.00	
506	于祥	生产一部	生产人员	3,000.00	2,000.00	400.00	5,400.00	
507	杨达	生产二部	生产人员	3,000.00	2,000.00	400.00	5,400.00	
508	周帅帅	生产二部	生产人员	3,000.00	2,000.00	400.00	5,400.00	
509	邓思	生产二部	生产人员	3,000.00	2,000.00	400.00	5,400.00	
510	董晓敏	生产二部	生产人员	3,000.00	2,000.00	400.00	5,400.00	
511	李颖慧	生产二部	生产人员	3,000.00	2,000.00	400.00	5,400.00	

图 3-44 “工资变动”窗口

任务 3.7 购销存系统初始化设置

1. 系统初始化设置

(1)“采购管理”初始化设置(见表 3-29)。

表 3-29 采购管理系统公共参数

项 目	选项
启用外币管理	否
存货使用助计量单位	否
是否有存货分类	是
是否有供应商分类	否
启用月份	12 月
专用发票默认税率	13%

（2）“销售管理”初始化设置（见表3-30）。

表3-30　销售管理系统公共参数

项　　目	选项
存货有无辅助计量单位	无
是否允许零出库	允许
是否有存货分类	是
是否有客户分类	否
有无外币业务	否
报价是否含税	否
是否有最低售价控制	否
显示现金折扣	是
启用月份	12月

（3）“库存管理”初始化设置（见表3-31）。

表3-31　库存管理系统参数

项　　目	选项
存货有无辅助计量单位	无
是否允许零出库	允许
有无成套件管理	无
是否有存货分类	是
是否有客户分类	否
是否有供应商分类	否
有无批次管理	无
有无组装拆卸业务	无
有无形态转换业务	无
是否有最高最低库存报警	有
启用月份	12月

（4）“核算管理”初始化设置（见表3-32）。

表3-32　核算管理系统参数

项　　目	选项
存货有辅助计量单位	无
是否允许零出库	允许
有无成套件管理	无
是否有存货分类	是
是否有客户分类	否
是否有供应商分类	否
存货暂估方式	单到回冲
启用月份	12月

2. 设置存货分类(见表 3-33)

表 3-33　　存货分类信息

分类编码	类别名称
1	原材料
2	库存商品
3	周转材料
4	运输费用

3. 设置存货信息(见表 3-34)

表 3-34　　存 货 信 息

存货分类	存货编码	存货代码	存货名称	计量单位	存货属性
1	101	C01	甲材料	千克	外购、生产耗用、销售
1	102	C02	乙材料	千克	外购、生产耗用
2	201	K01	A 产品	件	销售、自制
2	202	K02	B 产品	件	销售、自制
3	301	B01	包装箱	个	外购、生产耗用
3	302	D01	工作服	套	外购、生产耗用
4	401	YS001	运输费用	元	外购、劳务费用、税率 9%

4. 设置仓库档案(见表 3-35)

表 3-35　　仓库档案信息

仓库编码	仓库名称	所属部门	计价方式	是否货位管理
01	材料仓库	采购部	全月加权平均法	否
02	成品一库	生产一部	全月加权平均法	否
03	成品二库	生产二部	全月加权平均法	否

5. 设置收发类别(见表 3-36)

表 3-36　　存货收发类别信息

收发类别编码	收发类别名称	收发标志	收发类别编码	收发类别名称	收发标志
17	盘盈入库	收	26	盘亏出库	发

6. 设置费用项目(见表 3-37)

表 3-37 运杂费项目信息

运杂费项目编码	运杂费项目名称
01	运输费
02	包装费
03	保险费

7. 设置对方科目(见表 3-38)

表 3-38 对方科目表

收发类别编码	收发类别名称	存货分类编码	存货分类名称	存货编码	存货名称	对方科目编码	对方科目名称
11	采购入库	1	原材料	101	甲材料	1402	在途物资
11	采购入库	1	原材料	102	乙材料	1402	在途物资
12	产成品入库	2	库存商品	201	A产品	500104	生产成本转出
12	产成品入库	2	库存商品	202	B产品	500104	生产成本转出
17	盘盈入库					190101	待处理流动资产损溢
22	材料领用出库	1	原材料	101	甲材料	500101	直接材料
22	材料领用出库	1	原材料	102	乙材料	500101	直接材料
21	销售出库	2	库存商品	201	A产品	6401	主营业务成本
21	销售出库	2	库存商品	202	B产品	6401	主营业务成本
26	盘亏出库					190101	待处理流动资产损溢

8. 设置客户往来科目(见表 3-39)

表 3-39 客户往来基本科目信息

序号	基本科目名称	科目编码
1	销售科目	6001
2	应收科目	1122
3	应交增值税科目	22210102
4	预收科目	2203
5	现金折扣科目	660303

9. 设置供应商往来科目(见表 3-40)

表 3-40　基本科目信息

序号	基本科目名称	科目编码
1	采购科目	1402
2	应付科目	220201
3	采购税金科目	22210101
4	预付科目	1123

10. 设置结算方式科目(见表 3-41)

表 3-41　结算方式科目信息

结算方式	币种	应付科目
现金结算	人民币	1001
现金支票	人民币	1002
转账支票	人民币	1002

11. 录入期初数据

(1) 2019 年 11 月 30 日,企业对各个仓库存货进行了盘点,结果如表 3-42 所示。

表 3-42　存货期初余额信息

仓库名称	存货编码	存货名称	数量	单价(元)	金额(元)	合计(元)
材料库	101	甲材料	1 500	25	37 500	381 500
材料库	102	乙材料	4 300	80	344 000	
材料库	301	包装箱	3 000	10	30 000	36 000
材料库	302	工作服	50	120	6 000	
成品一库	201	A 产品	5 000	180	900 000	1 866 000
成品二库	202	B 产品	4 200	230	966 000	

(2) 应收票据(1121)期初余额借方 2 712 000 元。具体资料如表 3-43 所示。

表 3-43　应收票据(1121)期初余额表

日期	客户	摘要	方向	金额(元)
2019-09-02	方圆公司	销售 A 产品,8 000 件,300 元/件,专用发票,票号 21102013	借	2 712 000

(3) 应收账款(1122)期初余额借方 1 708 108 元。具体资料如表 3-44 所示。

表 3-44　　应收账款(1122)期初余额表

日期	客户	摘要	方向	金额(元)
2019-09-12	振兴公司	销售A产品,5 000件,290元/件 专用发票,票号21102022	借	1 638 500
2019-10-25	恒安公司	销售A产品,200件,308元/件 专用发票,票号21101098	借	69 608

(4) 预收账款(2203)期初余额贷方200 000元。具体资料如表3-45所示。

表 3-45　　预收账款(2203)期初余额表

日期	客户	摘要	方向	金额(元)
2019-11-25	振兴公司	收到振兴公司预付款	贷	200 000

(5) 应付票据(2201)期初余额贷方169 500元。具体资料如表3-46所示。

表 3-46　　应付票据(2201)期初余额表

日期	供应商	摘要	方向	金额(元)
2019-11-25	茂源公司	购买乙材料,2 000千克,84.75元/千克 普通发票,票号62230056	贷	169 500

(6) 应付账款(220201)期初余额贷方84 750元。具体资料如表3-47所示。

表 3-47　　应付账款(2202)期初余额表

日期	供应商	摘要	方向	金额(元)
2019-11-30	利达公司	购买甲材料,600千克,141.25元/千克 普通发票,票号73435490	贷	84 750

(7) 预付账款(1123)期初余额借方250 000元。具体资料如表3-48所示。

表 3-48　　预付账款(1123)期初余额表

日期	供应商	摘要	方向	金额(元)
2019-11-30	佳明公司	预付购料款	借	250 000

【实训指导】

1. 系统初始化设置

(1)“采购管理”初始化设置。选择[采购]→[采购业务范围设置]命令,打开“采购系统选项设置”窗口,按实训资料所给的参数进行设置,如图3-45所示。

(2) 单击[确认]按钮,退出。同理,完成“销售管理系统公共参数设置”“库存管理系统参数设置”与“核算管理系统参数设置”。

视频:销售管理设置

2. 设置存货分类

(1) 选择[基础设置]→[存货]→[存货分类]命令,打开“存货分类”窗口。

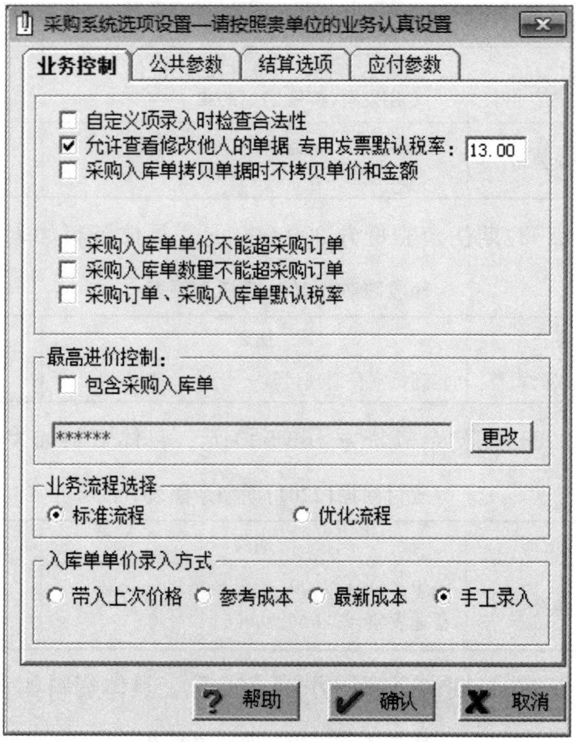

图 3-45 “采购系统选项设置”窗口

(2) 单击[增加]按钮，“类别编码”输入“1”，“类别名称”输入“原材料”，单击[保存]按钮。

(3) 依次设置其他存货分类，完成后如图 3-46 所示。

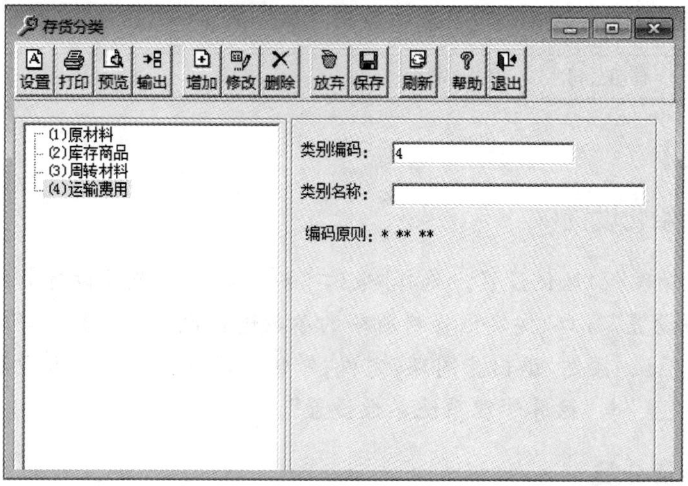

图 3-46 “存货分类”窗口

3. 设置存货档案

(1) 选择[基础设置]→[存货]→[存货档案]命令,打开“存货档案”窗口。

(2) 在左侧列表中选择“1 原材料”,单击[增加]按钮,打开“存货档案卡片”窗口。

(3) 选择“基本”选项卡,“存货编码”输入“101”,“存货代码”输入“C01”,“存货名称”输入“甲材料”,“计量单位”输入“千克”,“税率”输入“13”,“所属分类码”选择“1”,勾选“销售”“外购”“生产耗用”复选框,如图3-47所示,单击[保存]按钮。

(4) 依次设置其他存货档案。

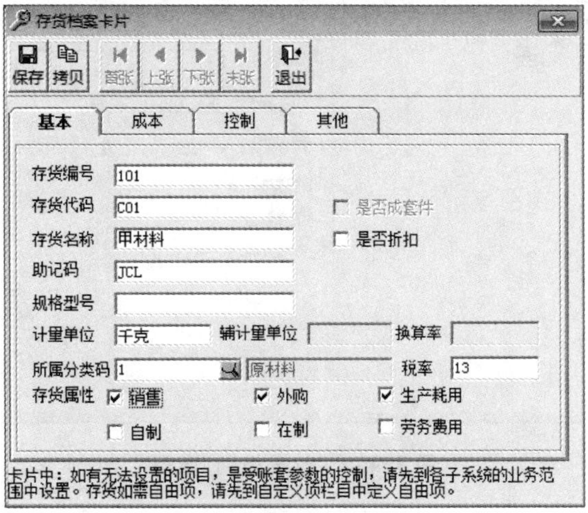

图3-47 “存货档案卡片”窗口

视频:存货档案

4. 设置仓库档案

(1) 选择[基础设置]→[购销存]→[仓库档案]命令,打开“仓库档案”窗口。

(2) 单击[增加]按钮,打开“仓库档案卡片”窗口。“仓库编码”输入“01”,“仓库名称”输入“材料仓库”,“计价方式”选择“全月平均法”,如图3-48所示,单击[保存]按钮。

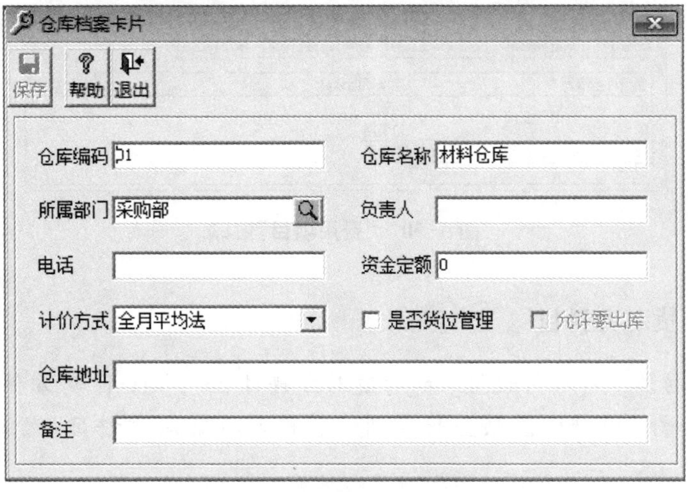

图3-48 “仓库档案卡片”窗口

视频:录入仓库档案

(3) 依次设置其他仓库档案。

5. 设置收发类别

(1) 选择[基础设置]→[购销存]→[收发类别]命令,打开"收发类别"窗口。

(2) 单击[增加]按钮,增加入库方式"盘盈入库",如图 3-49 所示,单击[保存]按钮。同理,设置减少方式"盘亏出库"。

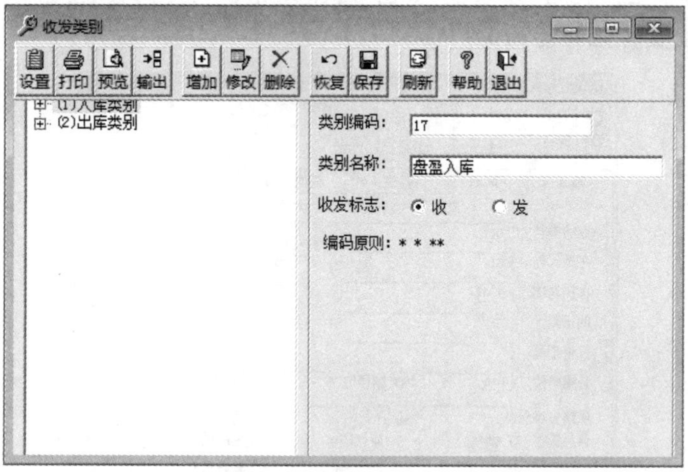

图 3-49 "收发类别"窗口

6. 设置费用项目

(1) 选择[基础设置]→[购销存]→[费用项目]命令,打开"费用项目"窗口。

(2) "费用项目编码"输入"01","费用项目名称"输入"运输费",单击[增加]按钮。

(3) 依次设置其他费用项目,完成后如图 3-50 所示。

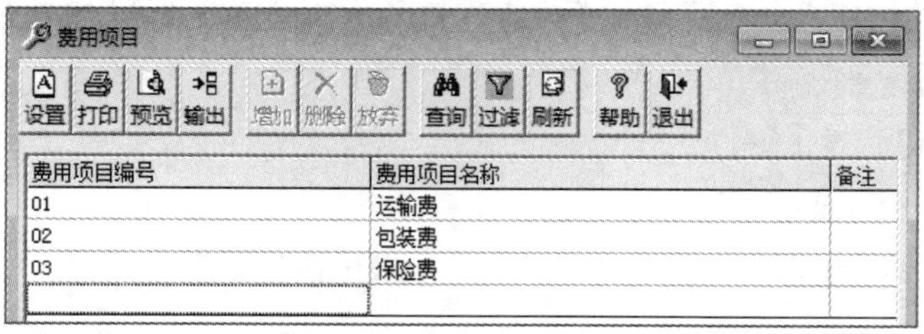

费用项目编号	费用项目名称	备注
01	运输费	
02	包装费	
03	保险费	

图 3-50 "费用项目"窗口

7. 设置存货对方科目

(1) 选择[核算]→[科目设置]→[存货对方科目]命令,打开"对方科目设置"窗口。

(2) 单击[增加]按钮,按照企业实训资料输入存货对方科目,完成后如图 3-51 所示。

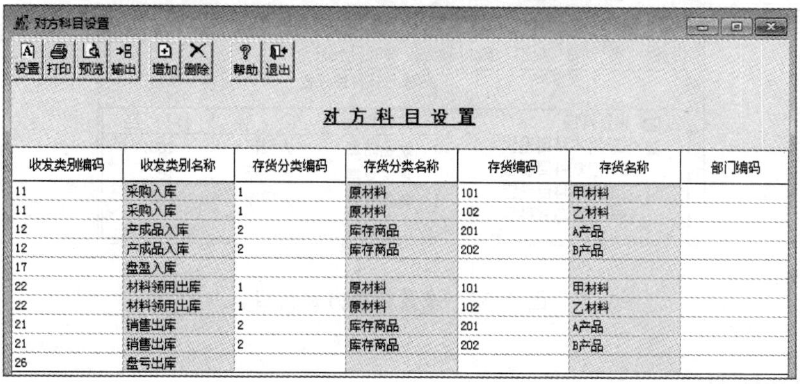

收发类别编码	收发类别名称	存货分类编码	存货分类名称	存货编码	存货名称	部门编码
11	采购入库	1	原材料	101	甲材料	
11	采购入库	1	原材料	102	乙材料	
12	产成品入库	2	库存商品	201	A产品	
12	产成品入库	2	库存商品	202	B产品	
17	盘盈入库					
22	材料领用出库	1	原材料	101	甲材料	
22	材料领用出库	1	原材料	102	乙材料	
21	销售出库	2	库存商品	201	A产品	
21	销售出库	2	库存商品	202	B产品	
26	盘亏出库					

图3-51 “对方科目设置”窗口

视频:录入存货对方科目

8. 设置客户与供应商往来科目

(1) 选择[核算]→[科目设置]→[客户往来科目]命令,打开“客户往来科目设置”窗口。

(2) 在“基本科目设置”中输入对应科目,应收科目本币为“1122”,销售收入科目为“6001”,应交增值税科目为“22210102”,预收科目本币为“2203”;在“结算方式科目设置”中输入现金结算科目为“1001”,现金支票结算科目为“1002”,转账支票结算科目为“1002”,如图3-52和图3-53所示。

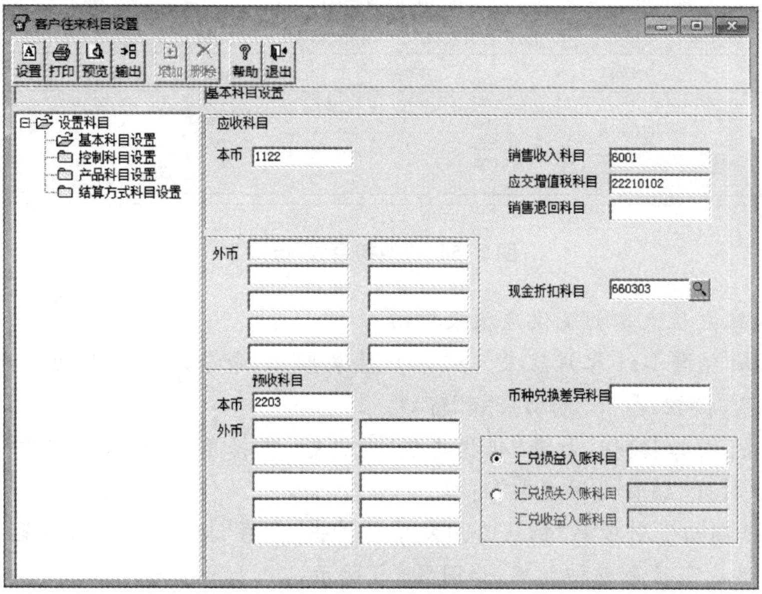

图3-52 设置基本科目

视频:客户与供应商往来科目设置

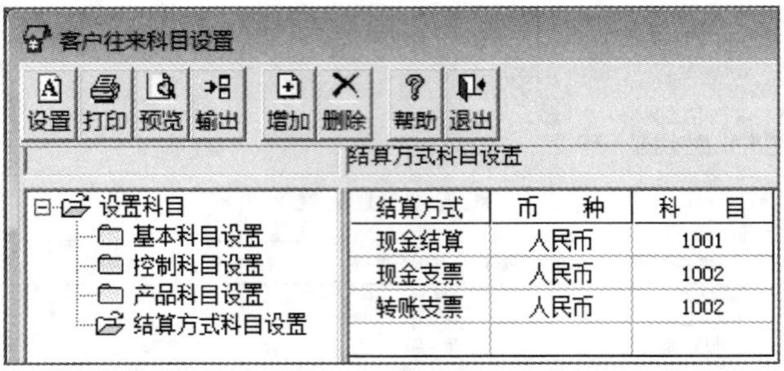

图 3-53　设置结算方式科目

9. 期初数据录入与记账

1) 库存系统期初数据

视频:录入库存期初

(1) 选择[核算]→[期初数据]→[期初余额]命令,打开"期初余额"窗口。

(2) 先选择"材料仓库",再单击[增加]按钮,输入期初相关数据,单击[保存]按钮。"成品一库""成品二库"同理操作。

(3) 选择[库存]→[期初数据]→[库存期初]命令,查看期初数据已自动获得,如图 3-54 所示。

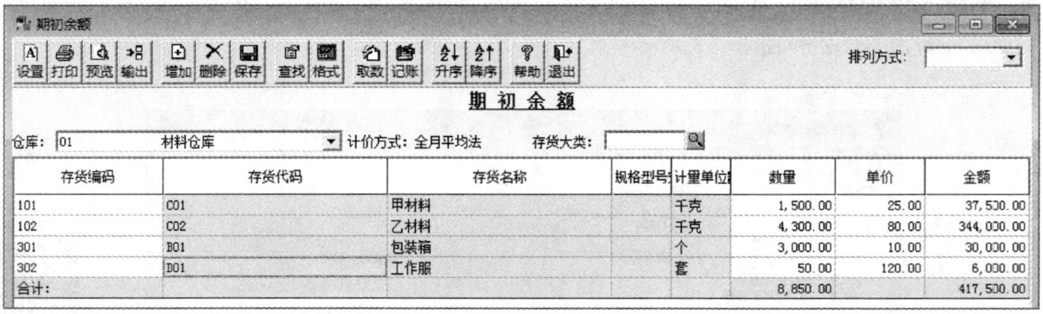

图 3-54　"期初余额"窗口

2) 输入客户往来期初及供应往来期初

(1) 选择[销售]→[客户往来]→[客户往来期初]命令,打开"期初余额—查询"窗口,单击[确认]按钮,打开"期初余额"窗口。

(2) 单击[增加]按钮,打开"单据类别"对话框,选择单据类型为"专用发票",单击[确定]按钮,打开"销售专用发票"窗口。

(3) 根据期初资料填写"销售专用发票",单击[保存]按钮。同理,设置其客户往来期初数据及供应商往来期初数据,如图 3-55 所示。

3) 期初记账

(1) 选择"采购管理"模块,选择[采购]→[期初记账]命令,单击[记账]按钮。

视频:录入客户期初数据

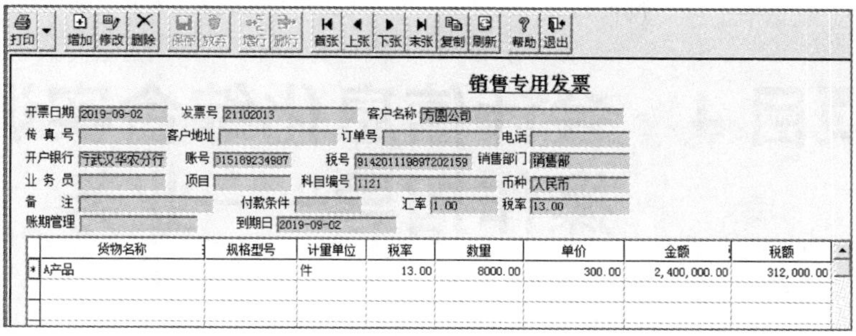

图 3-55　录入客户往来期初余额

(2) 选择“库存管理”模块,选择[库存]→[期初数据]→[库存期初]命令,单击[记账]按钮,如图 3-56 所示。完成后,系统弹出提示“期初记账成功”对话框。单击[确定][退出]按钮,如图 3-57 所示。

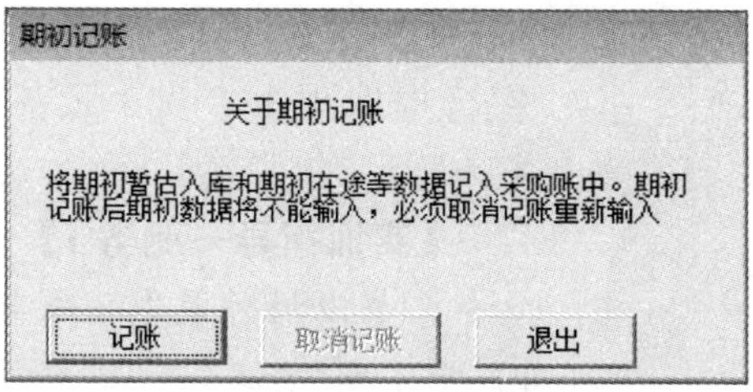

图 3-56　“期初记账”窗口

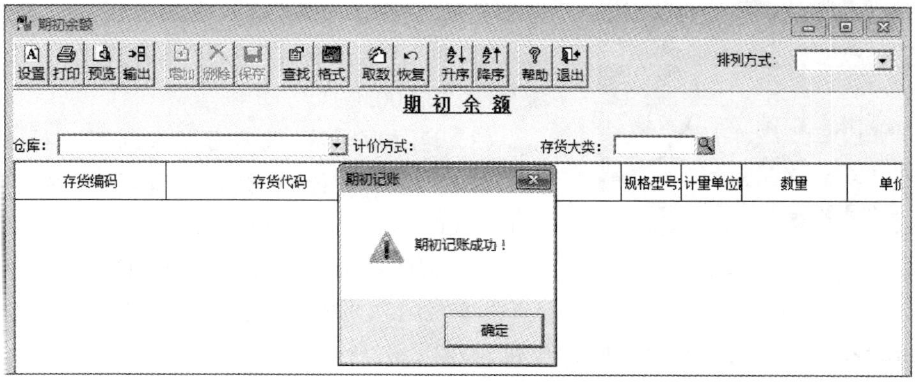

图 3-57　“期初余额—期初记账”窗口

项目 4　会计信息化综合实训操作指导——业务

任务 4.1　日常业务处理

2019 年 12 月，阳光公司发生如下业务。

[业务 1]　12 月 1 日，签发现金支票，从工商银行提取现金 2 000 元备用。相关原始凭证如图 4-1 所示。

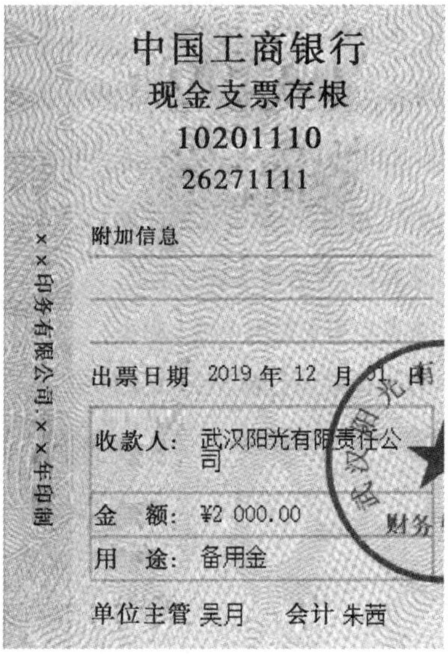

中国工商银行
现金支票存根
10201110
26271111

××印务有限公司·××年印制

附加信息

出票日期　2019 年 12 月 01 日

收款人：武汉阳光有限责任公司

金　额：¥2 000.00

用　途：备用金

单位主管 吴月　会计 朱茜

图 4-1　支票存根

【实训指导—业务 1】

(1) 以操作员“02 朱茜”的身份进入 T3，选择[总账]→[凭证]→[填制凭证]命令，打开“填制凭证”窗口。

(2) 单击[增加]按钮，系统自动增加一张空白记账凭证。“制单日期”输入“2019.12.01”，“摘要”输入“提现”，“借方科目”选择“库存现金”，“借方金额”输入“2 000.00”。

(3) 按[回车]键，摘要自动带到下一行，“贷方科目”选择“银行存款”，“贷方金额”输入“2 000.00”，如图 4-2 所示。

(4) 系统弹出“结算方式辅助项”窗口，“结算方式”选择“201”，“票号”输入“26271111”，“发生日期”选择“2019.12.01”，单击[确认]按钮，如图 4-3 所示。

(5) 单击[保存]按钮，系统提示“凭证已保存成功”。

[点睛]

(1) 凭证一旦保存，其凭证类别、凭证编号即不能修改。

(2) 可按[=]键取当前凭证借贷方金额的差额到当前光标位置。

(3) 当金额方向输反时，可按[空格]键转换。

[业务 2]　12 月 1 日，生产一部生产产品领用甲材料 1 200 千克、领用乙材料2 300 千克。取得相关原始凭证如表 4-1 所示。

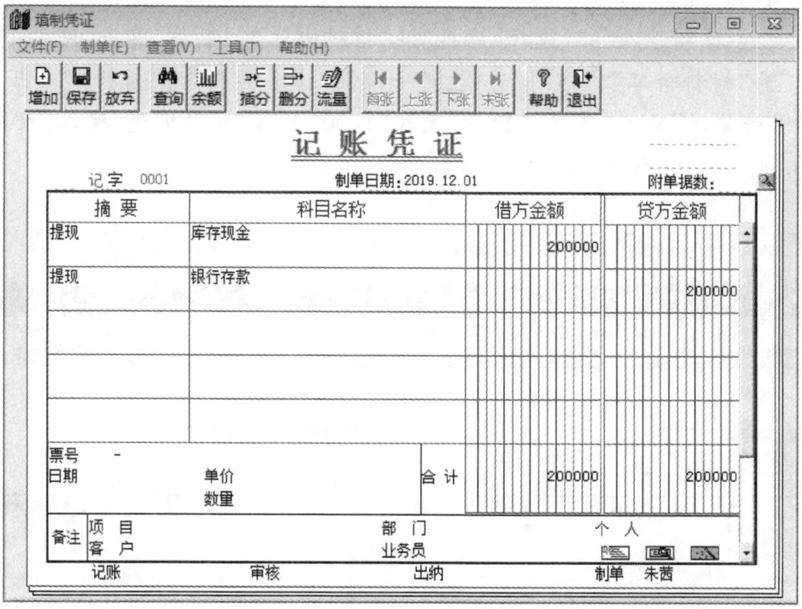

图 4-2 [业务 1]“填制凭证”窗口

视频：提现

图 4-3 结算方式“辅助项”窗口

表 4-1

领 料 单

领用部门：生产一部

仓库：材料仓库　　　　2019 年 12 月 1 日　　　　编号：305

编号	类别	材料名称	规格	单位	数量		实际成本	
					请领	实发	单价	金额
001		甲材料		千克	1 200	1 200		0.00
002		乙材料		千克	2 300	2 300		0.00
用途	生产一部生产产品				领料部门		发料部门	
					负责人	领料人	核准人	发料人
					杨志亮	林 沙	苏 摩	吴小琴

第三联 记账联

【实训指导—业务 2】

(1) 按业务日期进入 T3,选择[库存]→[材料出库单]命令,单击[增加]按钮,输入"仓库名称"为"材料仓库"、"部门"为"生产一部"、"出库类别"为"材料领用出库"。

(2) "材料编码"输入"101","数量"输入"1200.00","材料编码"输入"102","数量"输入"2300.00",单击[保存][审核]按钮,如图 4-4 所示。

图 4-4 "材料出库单"窗口

视频:领料

(3) 进入核算系统,单击[正常单据记账]图标,打开"正常单据记账条件"窗口,勾选左方"材料仓库"和右方"材料出库单",单击[确定]按钮。

(4) 弹出"正常单据记账"对话框,选择当日所做的单据进行记账(也可留置月末一次共同记账),如图 4-5 所示。

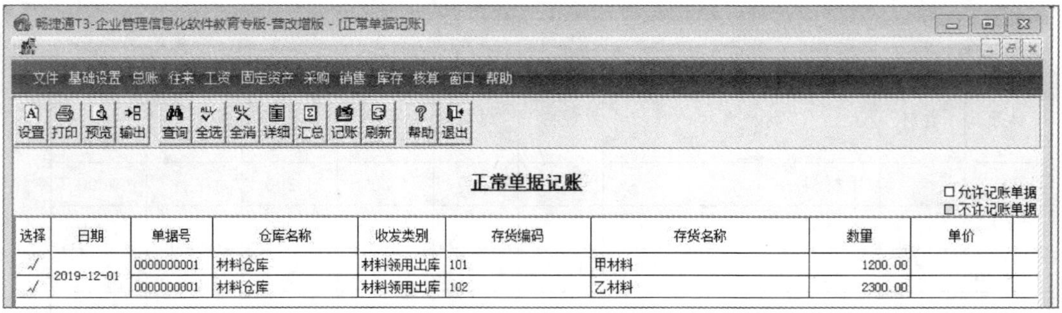

图 4-5 "正常单据记账"窗口

[业务 3] 12 月 2 日,财务部吴月出差借支 2 000 元,出纳已用现金支付。取得相关原始凭证如表 4-2 所示。

表 4-2

借 款 单

资金性质现金　　　　　　　　　　　　　　　　　　　　　　　　2019 年 12 月 2 日

借款单位	财务部		
借款理由	出差借款		
借款数额	人民币(大写)　贰仟元整　　　　¥2 000.00		
本单位负债人意见	同意	借款人(签章)	吴月
领导指示： 夏海	会计主管人员核批： 吴月	付款记录： 2019 年 12 月 2 日　以第　　号 支票或现金支出凭单付给	

现金付讫

【实训指导—业务 3】

选择[总账]→[凭证]→[填制凭证]命令，填制过程如图 4-6 所示。

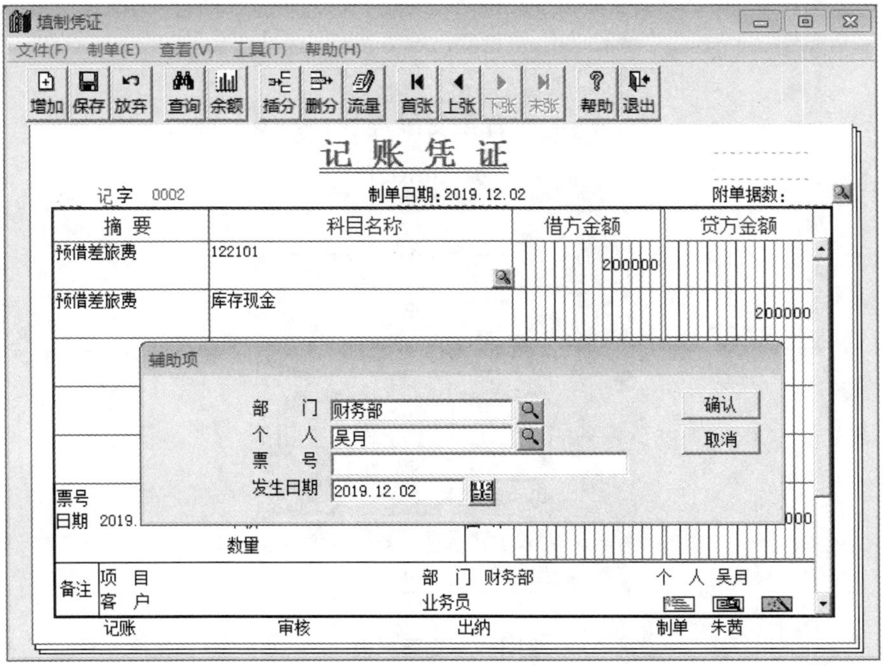

图 4-6　[业务 3]"填制凭证"窗口

会计分录如下：

借：其他应收款——个人借款(122101)　　　　　　　　2 000.00

　　贷：库存现金 (1001)　　　　　　　　　　　　　　　　2 000.00

[业务 4]　12 月 2 日，开出转账支票，通过红十字会向四川灾区贫困学校捐款 20 000元。取得相关原始凭证如表 4-3 和图 4-7 所示。

表 4-3

公共事业捐赠统一票据
UNIFIED INVOICE OF DONATION FOR PUBLIC WELFARE

国财
捐赠人 Donor：武汉阳光有限责任公司　　2019 年 12 月 2 日 Y M D　　No 16301180

捐赠项目 For purpose	实物(外币)种类 Material object(curency)	数量 Amount	金额 Total amount
希望工程	人民币		20 000.00
金额合计(小写)in figures	¥20 000.00		
金额合计(大写)in words	贰万元整		

第二联 收据

接受单位(盖章) Fecener's Seal　　复核人: Verified by　　开票人: Handling Person 赵敏

(印章：中国红十字会基金会武汉市分会 财务专用章)

感谢您对公益事业的支持！Thank you for support of public welfare!

中国工商银行
转账支票存根
10200020
86291073
附加信息
出票日期 2019 年 12 月 2 日
收款人：中国红十字会基金会武汉市分会
金　额：¥20,000.00
用　途：捐款
单位主管 吴月　会计 朱西
海南华森印务有限公司 2019年印制

图 4-7　支票存根

【实训指导—业务 4】

会计分录如下：

借：营业外支出——捐赠支出(671102)　　20 000.00

　贷：银行存款(1002)　　20 000.00

[业务 5]　12 月 3 日，生产一部购买办公用品，出纳已用现金 565 元付讫。取得相关原始凭证如表 4-4、表 4-5 所示。

表 4-4

4200151140　　**湖北增值税专用发票**　　No 8334192　　4200151140 8334192

抵扣联

机器编号:982888812388　　开票日期: 2019年12月03日

购买方	名　　称:武汉阳光有限责任公司 纳税人识别号:914201127846753 地 址 、电 话:武汉市汉阳区龙阳路 11 号 027-86894588 开户行及账号:中国工商银行武汉汉阳支行 40586681237				密码区	172312-4-275＜1+46*54* 82*59* 181321＞＜8182*59*09618153＜/ ＜4＜3*2702-9＞9*+153＜/0 ＞2-3 *08/4＞*＞＞2-3*0/9/＞＞25-275＜1		
货物或应税劳务、服务名称	规格型号	单位	数　量	单　价	金　额	税率	税　额	
复印打印纸			1	500.00	500.00	13%	65.00	
合计					¥500.00		¥65.00	
价税合计(大写)	⊗伍佰陆拾伍元整				(小写)¥565.00			
销售方	名　　称:武汉直辰用品有限公司 纳税人识别号:91420110100011KP44 地 址 、电 话:027-81295722 开户行及账号:中国工商银行硚口支行 622105120455364				备注	校验码 52118 02817 08248 65199		

收款人:李倩　　复核:杜鹏　　开票人:李倩　　销售方:(章)

税总函[2019]××号×××公司

第二联:抵扣联 购买方扣税凭证

表 4-5

4200151140　　**湖北增值税专用发票**　　No 8334192　　4200151140 8334192

发票联

机器编号:982888812388　　开票日期: 2019年12月03日

购买方	名　　称:武汉阳光有限责任公司 纳税人识别号:914201127846753 地 址 、电 话:武汉市汉阳区龙阳路 11 号 027-86894588 开户行及账号:中国工商银行武汉汉阳支行 40586681237				密码区	172312-4-275＜1+46*54* 82*59* 181321＞＜8182*59*09618153＜/ ＜4＜3*2702-9＞9*+153＜/0 ＞2-3 *08/4＞*＞＞2-3*0/9/＞＞25-275＜1		
货物或应税劳务、服务名称	规格型号	单位	数　量	单　价	金　额	税率	税　额	
复印打印纸			1	500.00	500.00	13%	65.00	
合计					¥500.00		¥65.00	
价税合计(大写)	⊗伍佰陆拾伍元整				(小写)¥565.00			
销售方	名　　称:武汉直辰用品有限公司 纳税人识别号:91420110100011KP44 地 址 、电 话:027-81295722 开户行及账号:中国工商银行硚口支行 622105120455364				备注	校验码 52118 02817 08248 65199		

收款人:李倩　　复核:杜鹏　　开票人:李倩　　销售方:(章)

税总函[2019]××号×××公司

第三联:发票联 购买方记账凭证

【实训指导—业务 5】

会计分录如下：

借：制造费用——办公费(510103)　　500.00

　应交税费——应交增值税(进项税额)(22210101)　　65.00

　贷：库存现金(1001)　　565.00

［业务 6］　12 月 3 日，生产一部 A 产品完工，入成品一库 1 200 件。生产二部 B 产品完工，入成品二库 400 件。取得相关原始凭证如表 4-6、表 4-7 所示。

表 4-6

产成品入库单

仓库：

交库单位：　　2019 年 12 月 3 日　　编号:445

产品编号	产品名称	规　格	计量单位	数　量		单位成本	总成本	备　注
				送检	实收			
K01	A 产品		件	1 200	1 200		0.00	

仓库主管：　　保管员:林沙　　记账：　　制单:杨志亮

表 4-7

产成品入库单

仓库：

交库单位：　　2019 年 12 月 3 日　　编号:082

产品编号	产品名称	规　格	计量单位	数　量		单位成本	总成本	备　注
				送检	实收			
K02	B 产品		件	400	400		0.00	

仓库主管：　　保管员:郑思　　记账：　　制单:苏摩

【实训指导—业务 6】

(1) 以业务日期进入系统，选择[库存]→[产成品入库单]命令，单击[增加]按钮，输入“仓库”为“成品一库”、“部门”为“生产一部”、“入库类别”为“产成品入库”，“产品编码”为“201”，“数量”为“1200.00”，单击[保存][审核]按钮，如图 4-8 所示。

(2) 按相同的方法，录入 B 产品入库单。

［业务 7］　12 月 4 日，向恒安公司销售 B 产品并开出增值税专用发票，货已发出，款未收。现金折扣条件：“2/10，1/20，*n*/30”。计算现金折扣时不考虑增值税。取得

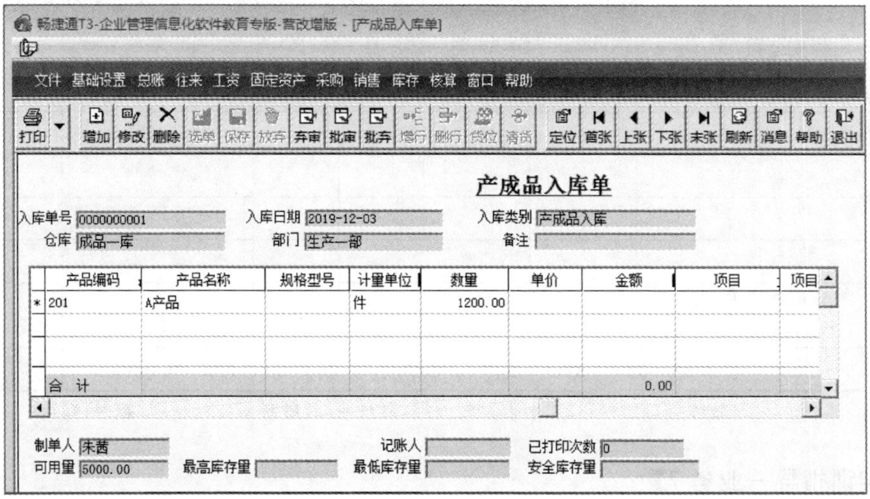

视频：产品入库

图 4-8 “产成品入库单”窗口

相有关原始凭证如表 4-8、图 4-9 所示。

表 4-8

4200151140 湖北增值税专用发票 No 2099045 4200151140 2099045

此联不作报销、扣税凭证使用

机器编号：982888812388 开票日期：2019年12月04日

购买方	名　　称：恒安公司 纳税人识别号：914201001080625852 地 址 、电 话：武汉市蔡甸区安定路 49 号 027-86894588 开户行及账号：工行武汉软件园分行 11410262833683	密码区	172312-4-275〈1+46*54* 82*59* 181321〉〈8182*59*09618153〈/ 〈4〈3*2702-9〉9*+153〈/0 〉2-3 *08/4〉*〉〉2-3*0/9/〉〉25-275〈1

货物或应税劳务、服务名称	规格型号	单位	数 量	单 价	金 额	税率	税 额
B产品			1 950	375.00	731 250.00	13%	95 062.50
合计					¥731 250.00		¥95 062.50
价税合计（大写）	⊗捌拾贰万陆仟叁佰壹拾贰元伍角整				（小写）¥826 312.50		

销售方	名　　称：武汉阳光有限责任公司 纳税人识别号：914201127846753 地 址 、电 话：武汉市汉阳区龙阳路 11 号 027-86894588 开户行及账号：中国工商银行武汉汉阳支行 40586681237	备注	校验码 52118 02817 08248 65199

收款人：　　　复核：朱茜　　　开票人：洪梅　　　销售方：（章）

税总函[2019]××号××××公司

第一联：记账联 销售方记账凭证

表 4-9

出　库　单　　　　No. 69396880

购货单位：恒安公司　　　　2019 年 12 月 4 日

编　号	品　名	规　格	单位	数　量	单价	金　额	备　注
	B产品		件	1 950		0.00	
备注：	现金折扣条件“2/10，1/20，n/30”						
	合　计					0.00	

第一联　存根联

仓库主管：苏摩　　记账：　　保管：　　经手人：郑思　　制单：郑思

【实训指导—业务 7】

(1) 选择[销售]→[发货单]命令，单击[增加]按钮，系统弹出“当前没有可提供参照的订单，是否继续?”单击[是]按钮。

(2) 输入“客户名称”“销售部门”“付款条件”“仓库”“货物名称”“存货编码”“数量”以及单价等信息，如图 4-9 所示。

(3) 单击[保存][审核]按钮。

视频：销售

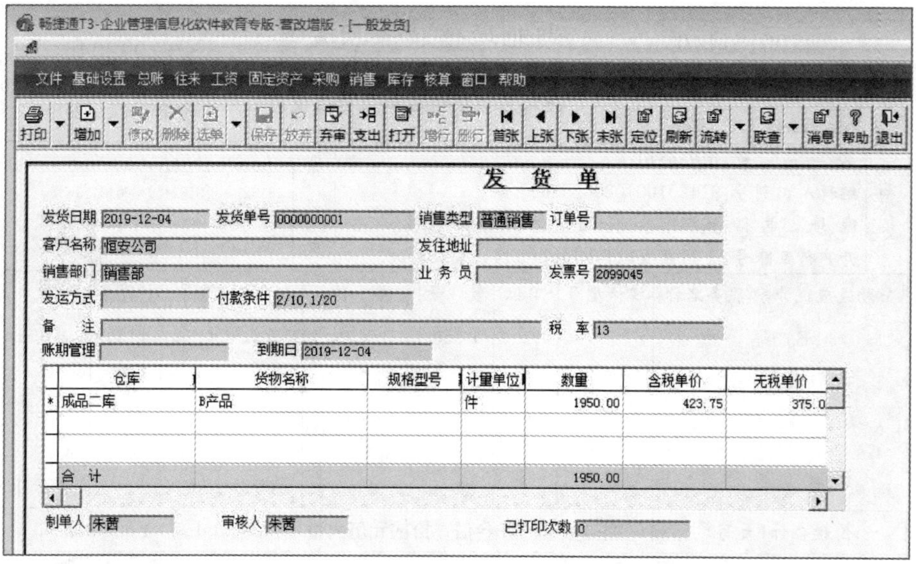

图 4-9 “发货单”窗口

(4) 单击[流转]按钮，选择“生成专用发票”，修改“发票号”为“2099045”，单击[保存][审核]按钮，如图 4-10 所示。

(5) 选择[库存]→[销售出库单生成/审核]命令，单击[生成][刷新]按钮。单击

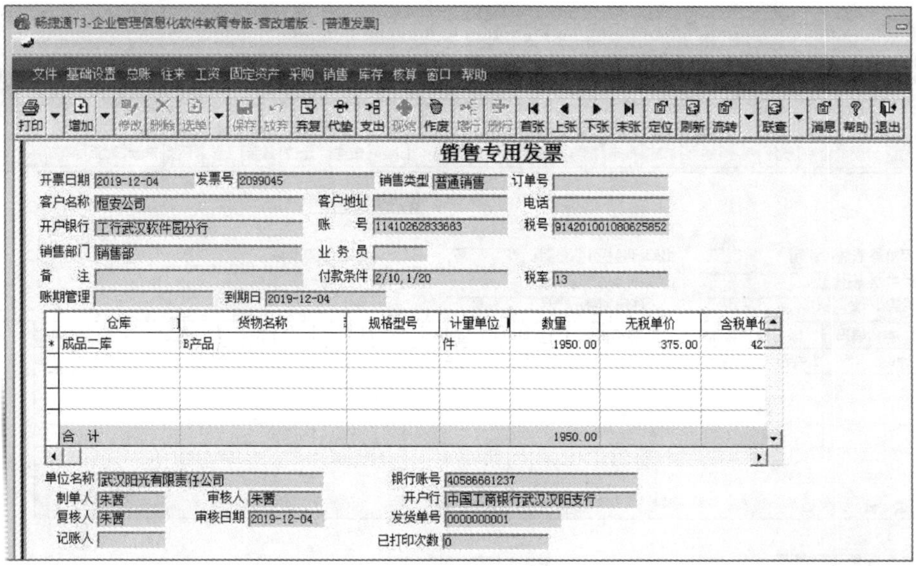

图 4-10 “销售专用发票”窗口

[选择]按钮,如图 4-11 所示。单击[确认][审核]按钮,如图 4-12 所示。

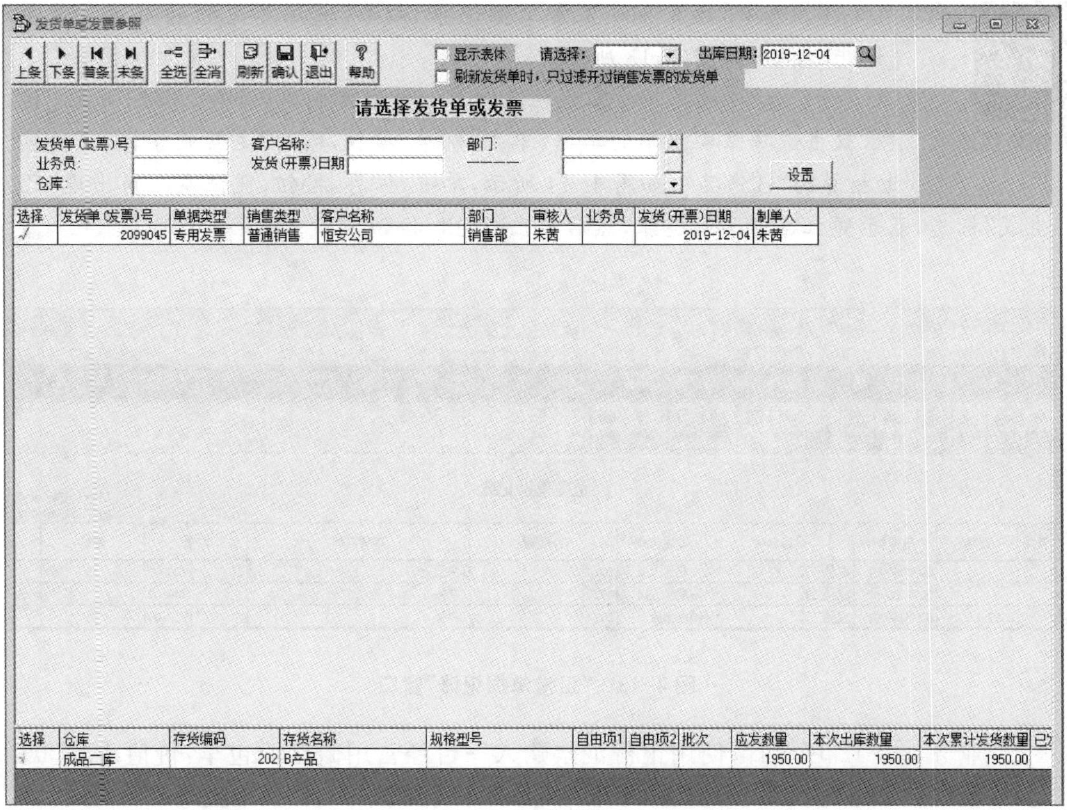

图 4-11 勾选发货单

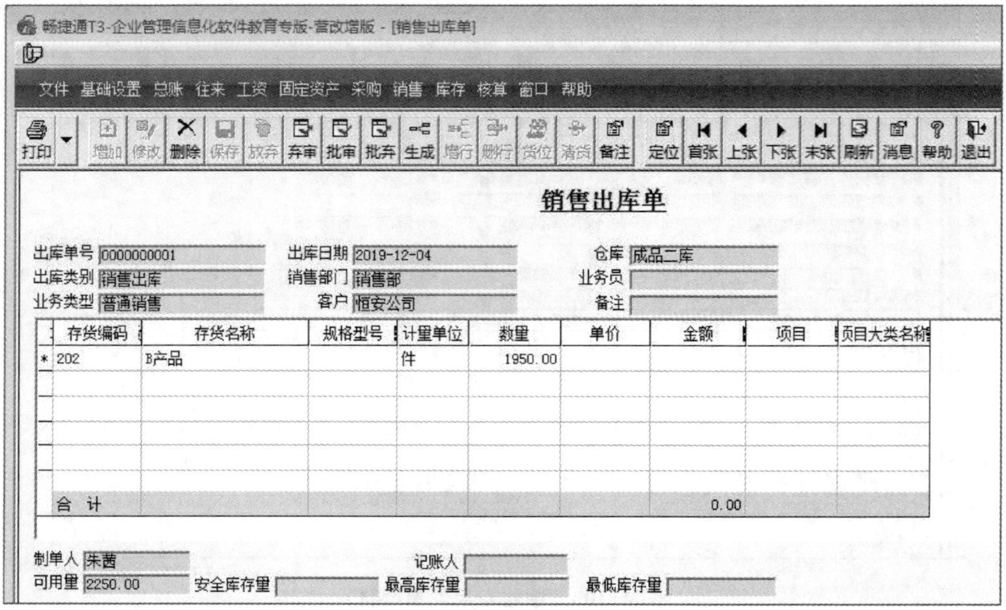

图 4-12 “销售出库单”窗口

视频:销售现结

(6) 选择[核算]→[正常单据记账]命令,选择要记账的单据。单击[记账]按钮,如图 4-13 所示。

(7) 选择[核算]→[客户往来制单]→[发票制单]命令,单击[确认]按钮,双击选择需要制单的单据,单击[制单]按钮,输入“主营业务收入”的辅助核算为“B 产品”,如图 4-14 所示,单击[保存]按钮,凭证左上角出现“已生成”标志,表示凭证已传递到总账,然后单击[退出]按钮。

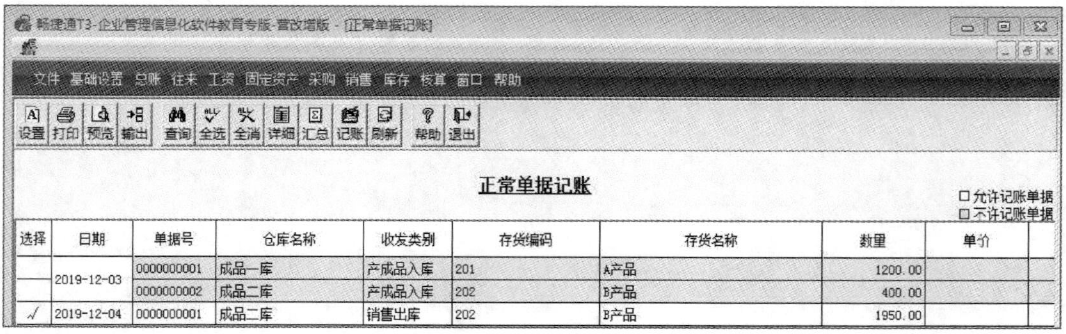

图 4-13 “正常单据记账”窗口

[业务 8] 12 月 6 日,使用银行汇票购入一台经营用微型面包车,价值 150 000 元,增值税额 19 500 元。预计使用年限 5 年,预计残值率 4%,移交给生产二部使用,多余款 30 500 元已存入银行。取得相关凭证如表 4-10 至表 4-13 所示。

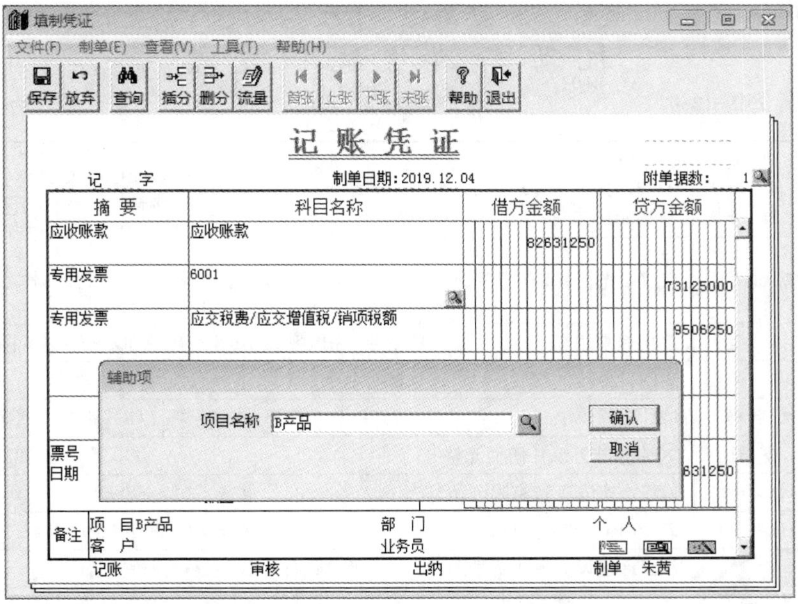

图 4-14 ［业务 7］"填制凭证"窗口

注：收回多余款的业务在总账系统中完成，购入固定资产的业务在固定资产系统中完成。

表 4-10

机动车销售统一发票

发 票 联

全国统一发票监制章 国家税务总局监制

开票日期：2019-12-05

发票代码：115338930317

发票号码：06577919

机打代码 机打号码 机器编号	115338930317 06577919 841390105308		税控码	172312-4-275＜1+46*54* 82*59* 181321＞＜8182*59*09618153＜/ ＜4＜3*2702-9＞9*+153＜/0 ＞2-3 *08/4＞*＞＞2-3*0/9/＞＞25-275＜1			
购买方名称及身份证号码/组织机构代码	武汉阳光有限责任公司 914201127846753		纳税人识别号	914201127846753			
车辆类型	多用途乘用车	厂牌型号	东风牌 LZ6460LZ6460AQDE		产地	柳州市	
合格证号	WDR020FZ067402	进口证明书号			商检单号		
发动机号码	92G9C8719	车辆识别代号/车架号码		LGG7A2D1XEFZ067402			
价税合计	⊗壹拾陆万玖仟伍佰元整			小写 ￥169 500.00			
销货单位名称	武汉市东安工贸有限公司		电话	027-68832402			
纳税人识别号	914201023000948111		账号	050801490002002			
地址	江汉区建设大道 417 号	开户银行	民生银行花桥支行				
增值税税率或征收率		增值税税额	19 500.00	主管税务机关及代码	武汉市江岸区税务局资源管理科—科 142010203		
不含税价	￥169 500.00	完税凭证号码		吨位		限乘人数	

武汉市东安工贸有限公司 050801490002002 发票专用章

×××票据2019.05.印5万份(5万份×6013290001#-01379200#

第一联：发票联（购货单位付款凭证）

销货单位盖章： 开票人： 备注：

表 4-11

机动车销售统一发票
抵扣联

开票日期：2019-12-05　　　　发票代码：115338930317
　　　　　　　　　　　　　　发票号码：06577919

×××票据2019.05.印5万份(5万份×601329001#-01379200#

机打代码	115338930317	税控码	172312-4-275＜1+46*54* 82*59* 181321＞＜8182*59*09618153＜/ ＜4＜3*2702-9＞9*+153＜/0 ＞2-3 *08/4＞*＞＞2-3*0/9/＞＞25-275＜1		
机打号码	06577919				
机器编号	841390105308				
购买方名称及身份证号码/组织机构代码	武汉阳光有限责任公司 914201127846753	纳税人识别号	914201127846753		
车辆类型	多用途乘用车	厂牌型号	东风牌 LZ6460LZ6460AQDE	产地	柳州市
合格证号	WDR020FZ067402	进口证明书号		商检单号	
发动机号码	92G9C8719	车辆识别代号/车架号码	LGG7A2D1XEFZ067402		
价税合计	⊗壹拾陆万玖仟伍佰元整			小写	¥169 500.00
销货单位名称	武汉市东安工贸有限公司	电话	027-68832402		
纳税人识别号	914201023000948111	账号	050801490002002		
地址	江汉区建设大道 417 号	开户银行	民生银行花桥支行		
增值税税率或征收率		增值税税额	19 500.00	主管税务机关及代码	武汉市江岸区税务局资源管理科一科 142010203
不含税价	¥169 500.00	完税凭证号码		吨位	
				限乘人数	

(印章：武汉市东安工贸有限公司 050801490002002 发票专用章)

销货单位盖章：　　　　开票人：　　　　备注：

第二联：抵扣联（购货单位扣税凭证）

表 4-12

固定资产验收单

2019 年 12 月 6 日　　　　编号：001

名称	规格型号		来源	数量	购(造)价	使用年限	预计残值
微型面包车			外购	1		5	
安装费	月折旧率		建造单位		交工日期	附件	
验收部门	生产二部	验收人员	周帅帅	管理部门	生产二部	管理人员	
备注	预计净残值率 4%						

审核：苏摩　　　　制单：郑思

表 4-13

中国工商银行
银行汇票（多余款收账通知） 4

10200040
94463962

出票日期（大写）：贰零壹玖 年 壹拾贰 月 零陆 日　　代理付款行：中国工商银行武汉汉阳支行　　行号：

提示付款期限自出票之日起一个月

收款人：	武汉市东安工贸有限公司
出票金额	人民币（大写）贰拾万元整
实际结算金额	人民币（大写）壹拾陆万玖仟伍佰元整

亿	千	百	十	万	千	百	十	元	角	分
		¥	1	6	9	5	0	0	0	0

申请人：武汉阳光有限责任公司　　账号：40586681237

出票行：中国工商银行武汉汉阳支行　　行号：40586681237

备注：

出票行签章　　2019 年 12 月 06 日

(印章：中国工商银行股份有限公司 40586681237 汇票专用章)

密押：

多余金额									
千	百	十	万	千	百	十	元	角	分
		¥	3	0	5	0	0	0	0

退回多余金额已收入你账户内。

此联由出票行结清多余款后交申请人

【实训指导—业务8】

(1) 选择[固定资产]→[卡片]→[资产增加]命令,打开“资产增加”窗口。

(2) 选择资产类别“041 经营用设备”,然后单击[增加]按钮,打开“固定资产卡片”窗口。

(3) “固定资产名称”输入“微型面包车”,“部门名称”选择“生产二部”,“增加方式”选择“直接购入”,双击“使用状况”选择“在用”,“使用年限”输入“5 年 0 月”,“原值”输入“150 000.00”,“可抵扣税额”输入“19 500.00”,如图 4-15 所示。单击[保存]按钮。

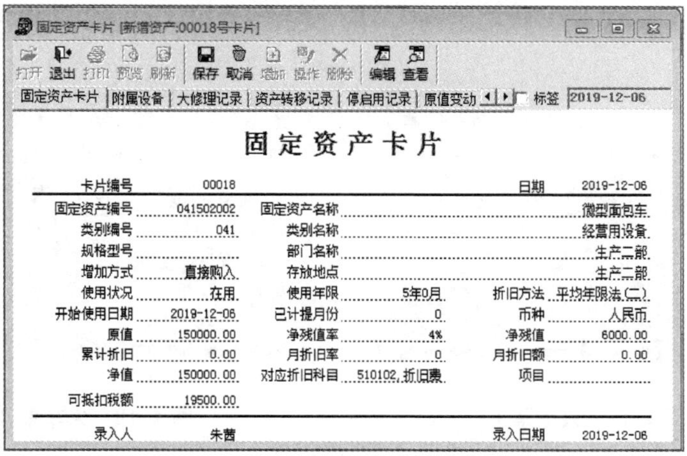

图 4-15 “固定资产卡片”窗口

(4) 系统弹出“填制凭证”窗口,如图 4-16 所示,然后单击[保存]按钮。

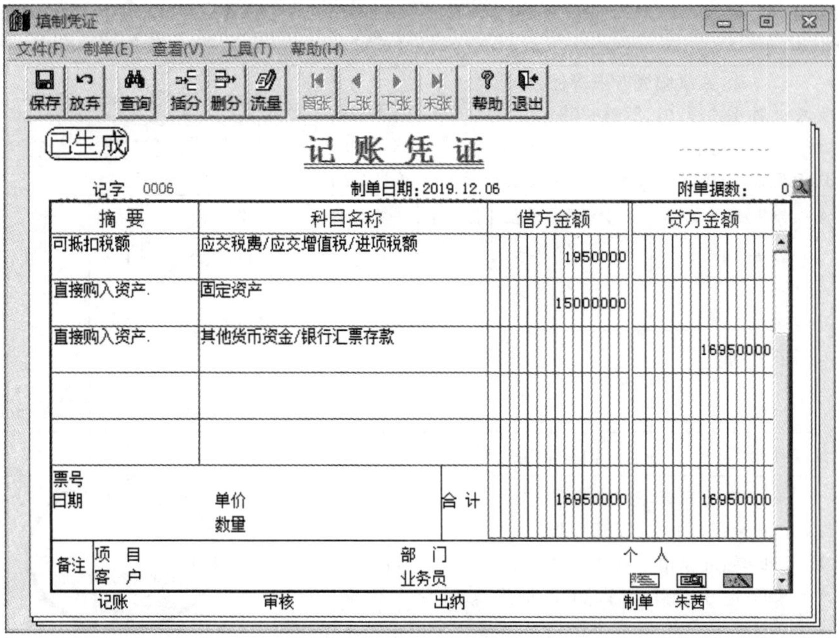

图 4-16 [业务8]“填制凭证”窗口

(5) 选择[总账]→[凭证]→[填制凭证]命令，打开“填制凭证”窗口。填制会计分录如下：

借：银行存款(1002)　　30 500.00

　贷：其他货币资金——银行汇票存款(101201)　　30 500.00

[业务 9]　12 月 8 日，财务部吴月出差回来，报销差旅费 2 416.5 元，出纳已用现金补付 416.5 元。取得相关原始凭证如图 4-17、图 4-18、表 4-14、表 4-15 和表 4-16 所示。(其他原始单据从略，住宿费标准不超过 320 元/天据实结算，交通补贴 100 元/天，生活补贴 80 元/天)

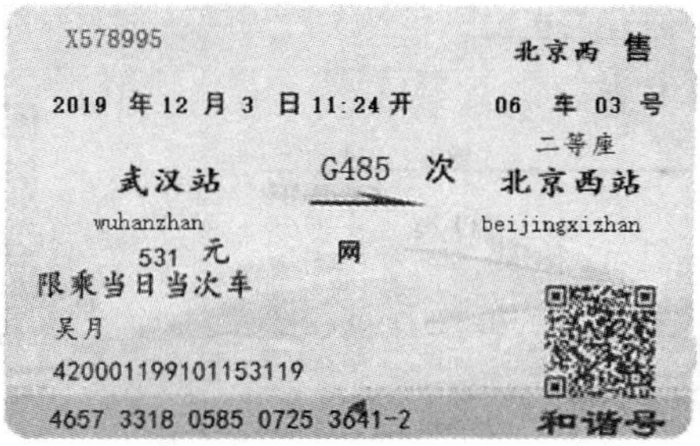

图 4-17　火车票 1

图 4-18　火车票 2

表 4-14

1100151140　　北京增值税专用发票　　No 9481691　　1100151140 94816913

抵扣联

开票日期：2019年12月6日

购买方	名　　称：武汉阳光有限责任公司 纳税人识别号：914201127846753 地 址 、电 话：武汉市汉阳区龙阳路 11 号 027-86894588 开户行及账号：中国工商银行武汉汉阳支行 40586681237				密码区	172312-4-275 <1+46*54* 82*59* 181321> <8182*59*09618153 </ <4 <3*2702-9> 9*+153 </0 >2-3 *08/4>*> >2-3*0/9/> >25-275 <1	
货物或应税劳务、服务名称	规格型号	单位	数 量	单 价	金 额	税率	税 额
住宿费		天	3	200.00	600.00	6%	36.00
合计					¥600.00		¥36.00
价税合计(大写)	⊗陆佰叁拾陆元整				(小写)¥636.00		
销售方	名　　称：北京鑫华酒店有限公司 纳税人识别号：911002452288877998 地 址 、电 话：北京市东城区广府街 22 号 010-67114823 开户行及账号：中国工商银行北京崇文门外大街支行 6522455111003745677				备注	北京鑫华酒店有限公司 911002452288877998 发票专用章	

收款人：汪楠　　复核：吴兴　　开票人：汪楠　　销售方：(章)

税总函[2019]××号×××公司

第二联：抵扣联　购买方抵扣凭证

表 4-15

北京增值税专用发票

1100151140　　　　发票联　　　　No 9481691　　1100151140　94816913

开票日期：2019年12月6日

购买方		密码区
名称：武汉阳光有限责任公司 纳税人识别号：914201127846753 地址、电话：武汉市汉阳区龙阳路11号 027-86894588 开户行及账号：中国工商银行武汉汉阳支行 40586681237		172312-4-275<1+46*54* 82*59* 181321><8182*59*09618153</ <4<3*2702-9>9*+153</0 >2-3 *08/4>*>>2-3*0/9/>>25-275<1

货物或应税劳务、服务名称	规格型号	单位	数量	单价	金额	税率	税额
住宿费		天	3	200.00	600.00	6%	36.00
合计					¥600.00		¥36.00
价税合计（大写）	⊗陆佰叁拾陆元整				（小写）¥636.00		

销售方	备注
名称：北京鑫华酒店有限公司 纳税人识别号：911002452288877998 地址、电话：北京市东城区广府街22号 010-67114823 开户行及账号：中国工商银行北京崇文门外大街支行 6522455111003745677	北京鑫华酒店有限公司 911002452288877998 发票专用章

收款人：汪楠　　复核：吴兴　　开票人：汪楠　　销售方：（章）

税总函[2019]××号×××公司

第三联：发票联　购买方记账凭证

表 4-16

差 旅 费 报 销 单

部门　财务部　　　　2019年12月8日

出差人	吴月	出差事由	北京培训

出发				到达				交通工具	交通费		出差补贴		其他费用		
月	日	时	地点	月	日	时	地点		票据张数	金额	天数	金额	项目	票据张数	金额
12	3		武汉	12	3		北京	火车	1	531.00	4	400.00	住宿费	1	636.00
12	6		北京	12	6		武汉	火车	1	529.50	4	320.00	市内车费		
													邮电费		
													办公用品费		
													不买卧铺补贴		
													其他		
合计									2	¥1 060.50		¥720.00		1	¥636.00

现金付讫

报销总额	人民币（大写）贰仟肆佰壹拾陆元伍角整	预借金额	¥2 000.00	补领金额	¥416.50
				退还金额	

附件 3 张

主管　　审核　朱茜　　出纳　　领款人　吴月

【实训指导—业务 9】

会计分录如下：

借：管理费用——差旅费(660203)	2 292.94
应交税费——应交增值税(进项税额)(22210101)	123.56
贷：库存现金(1001)	416.50
其他应收款——个人借款(122101)	2 000.00

［实训 10］ 12 月 11 日，采购员雪芬从华宇公司购入甲材料 4 000 千克，不含税单价 25 元，运输途中发生合理损耗 10 千克；乙材料 1 800 件，不含税单价 128 元。材料验收入库，余款未付。取得相关原始凭证如表 4-17 至表 4-19 所示。

表 4-17

4200151140　　　　**湖北增值税专用发票**　　　　No 9333680　4200151140 9333680

抵扣联

机器编号：982888812388　　　　　　　　　　开票日期：2019年12月11日

购买方	名　　称：武汉阳光有限责任公司 纳税人识别号：914201127846753 地 址 、电 话：武汉市汉阳区龙阳路 11 号 027-86894588 开户行及账号：中国工商银行武汉汉阳支行 40586681237			密码区	172312-4-275 <1+46*54* 82*59* 181321> <8182*59*09618153 </ <4 <3*2702-9> 9*+153 </0 > 2-3 *08/4> *> > 2-3*0/9/> > 25-275 <1		
货物或应税劳务、服务名称	规格型号	单位	数　量	单　价	金　额	税率	税　额
甲材料		千克	4 000	25.00	100 000.00	13%	13 000.00
乙材料		千克	1 800	128.00	230 400.00	13%	29 952.00
合计					¥330 400.00		¥42 952.00
价税合计(大写)	⊗叁拾柒万叁仟叁佰伍拾贰元整				(小写)¥373 352.00		
销售方	名　　称：华宇公司 纳税人识别号：914201011010853357 地 址 、电 话：武汉市洪山区珞狮路 111 号 027-83339458 开户行及账号：工行武汉华农分行 0105439821994			备注	校验码 52118 02817 08248 65199		

税总函[2019]××号×××公司

第二联：抵扣联　购买方抵扣凭证

收款人：田磊　　　复核：杨娟　　　开票人：田磊　　　销售方：(章)

表 4-18

4200151140　　**湖北增值税专用发票**　　No 9333680　　4200151140 9333680

发票联

机器编号：982888812388　　开票日期：2019年12月11日

购买方	名　　称：武汉阳光有限责任公司 纳税人识别号：914201127846753 地 址、电 话：武汉市汉阳区龙阳路11号 027-86894588 开户行及账号：中国工商银行武汉汉阳支行 40586681237				密码区	172312-4-275<1+46*54* 82*59* 181321><8182*59*09618153</ <4<3*2702-9>9*+153</0 >2-3 *08/4>*>>2-3*0/9/>>25-275<1	
货物或应税劳务、服务名称	规格型号	单位	数量	单价	金额	税率	税额
甲材料		千克	4 000	25.00	100 000.00	13%	13 000.00
乙材料		千克	1 800	128.00	230 400.00	13%	29 952.00
合计					¥330 400.00		¥42 952.00
价税合计（大写）	⊗叁拾柒万叁仟叁佰伍拾贰元整				（小写）¥373 352.00		
销售方	名　　称：华宇公司 纳税人识别号：914201011010853357 地 址、电 话：武汉市洪山区珞狮路111号 027-83339458 开户行及账号：工行武汉华农分行 0105439821994				备注	校验码 52118 02817 08248 65199	

收款人：田磊　　复核：杨娟　　开票人：田磊　　销售方：（章）

税总函[2019]××号××××公司

第三联：发票联　购买方记账凭证

表 4-19

入　库　单　　No. 42260874

供货单位：华宇公司　　2019 年 12 月 11 日

编号	品名	规格	单位	数量	单价	金额	备注
	甲材料		千克	3 990		0.00	
	乙材料		千克	1 800		0.00	
合计						0.00	

仓库主管：杨志亮　　记账：　　保管：　　经手人：雪芬　　制单：

【实训指导—业务10】

（1）选择[采购]→[采购发票]命令，打开“采购发票”窗口。

（2）单击[增加]按钮，选择“部门名称”“供货单位”和“采购类型”，输入“发票号”“税率”“存货编码”“数量”“单价”等信息，如图4-19所示。单击[保存][复核]按钮。

（3）单击[流转]按钮，选择[采购入库单]命令。“仓库”选择“材料仓库”，“入库类别”选择“采购入库”，修改甲材料数量为“3 990.00”、金额为“100 000.00”，如图4-20所示。单击[保存]按钮。

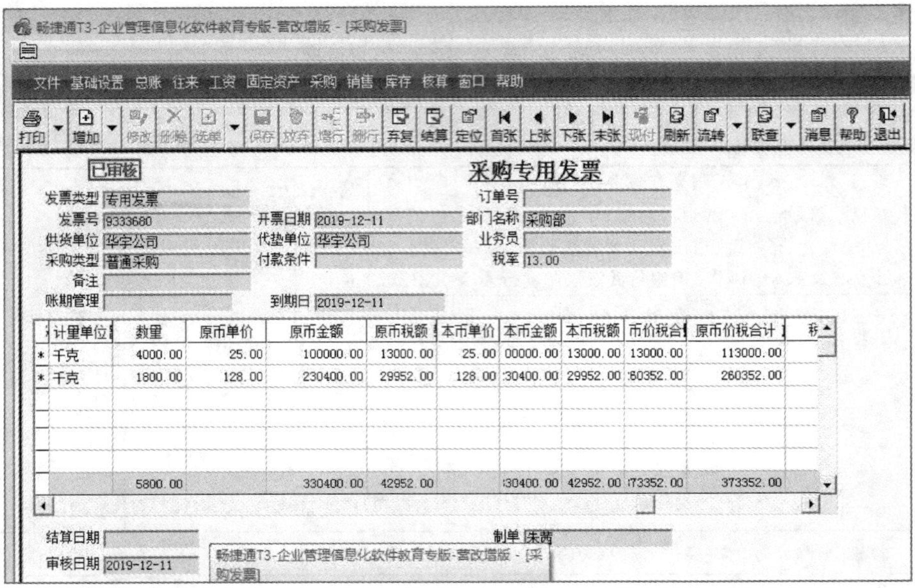

图 4-19　采购专用发票

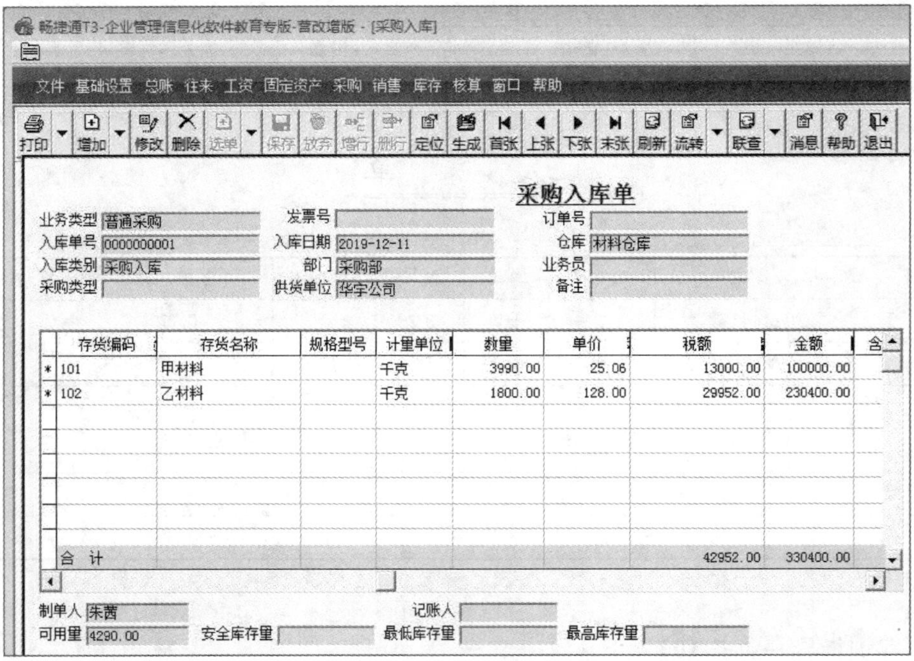

图 4-20　“采购入库单”窗口

(4) 选择[采购]→[采购结算]→[手工结算]命令，打开“条件输入”窗口，输入条件日期范围为“2019-12-01”至“2019-12-31”，单击[确认]按钮，如图 4-21 所示。选择单据，单击[确认]按钮。甲材料合理损耗数量处输入“10.00”，单击[结算]按钮，如图 4-22 所示。

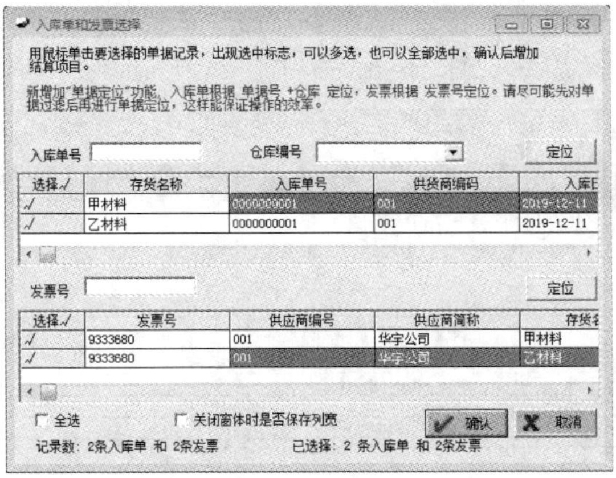

图 4-21　条件输入

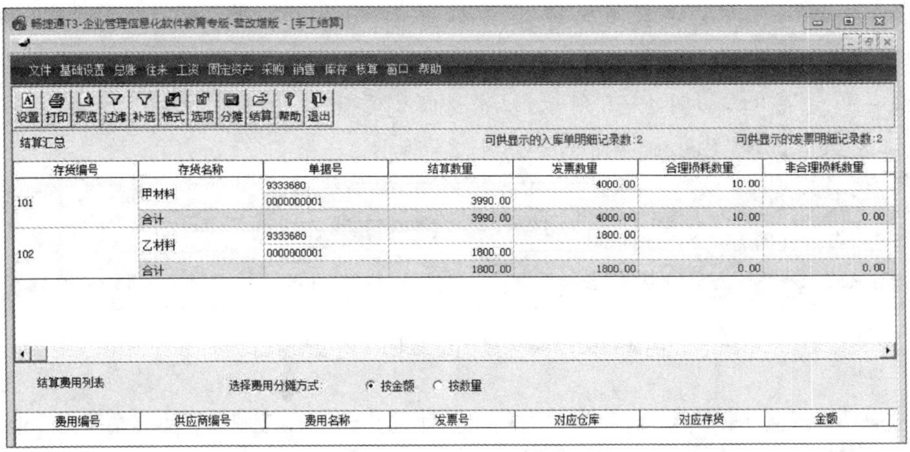

图 4-22　“手工结算”窗口

(5) 选择[库存]→[采购入库单审核]命令，打开“采购入库单”窗口，单击[审核]按钮，如图 4-23 所示。

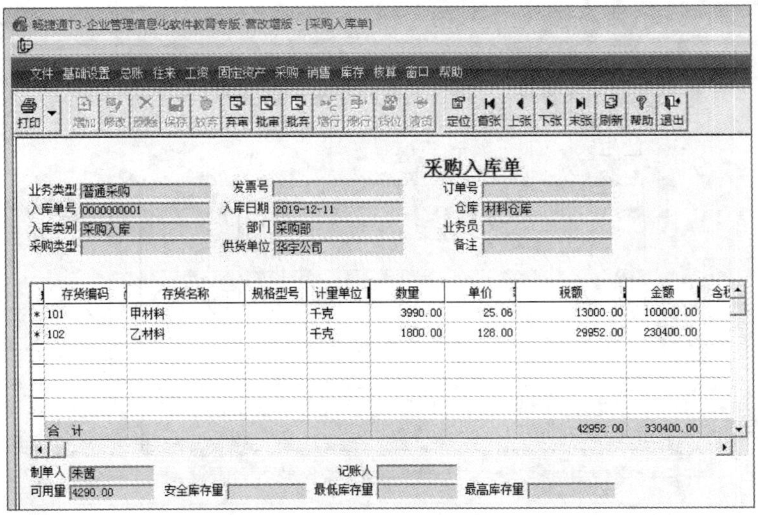

图 4-23　“采购入库单”窗口

视频:采购合理损耗

(6) 选择[核算]→[正常单据记账]命令,打开“正常单据记账”窗口,单击[确定]按钮,选择要记账的单据,单击[记账]按钮,如图 4-24 所示。

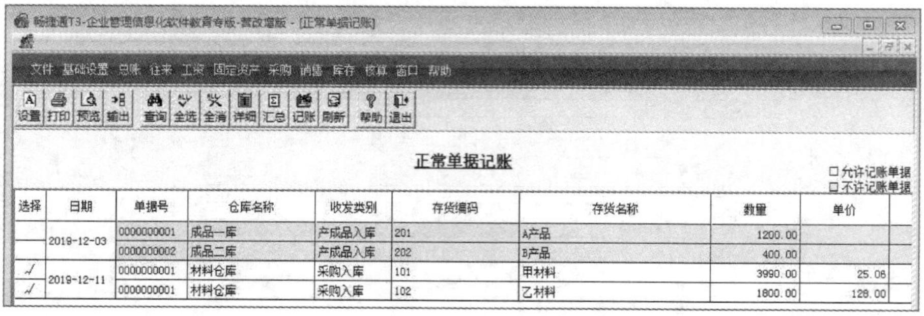

图 4-24 “正常单据记账”窗口

(7) 选择[核算]→[购销单据制单]命令,打开“生成凭证”窗口。单击[选择]按钮,打开“查询条件”窗口,选中“采购入库单(报销记账)”,单击[确认]按钮,打开“未生成凭证单据一览表”窗口,如图 4-25 所示,双击选择需要审核的单据,单击[制单][保存]按钮,凭证左上角出现“已生成”标志,如图 4-26 所示。

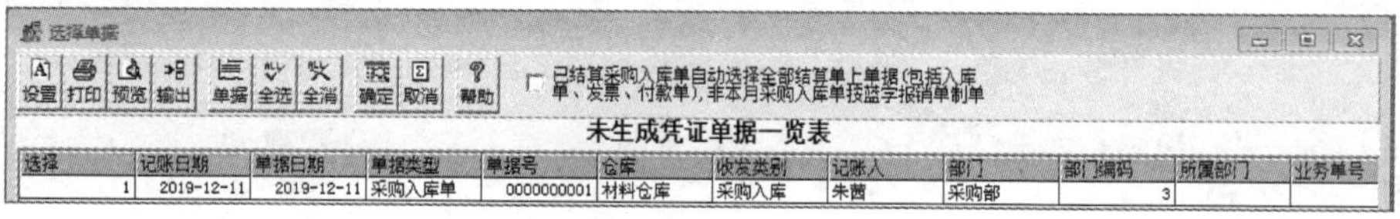

图 4-25 “未生成凭证单据一览表”窗口

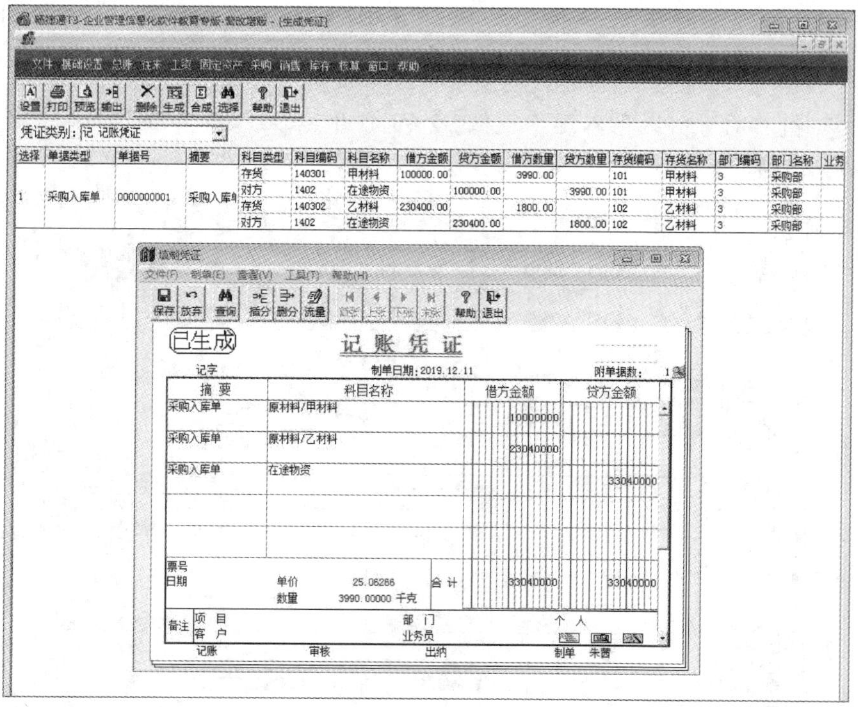

图 4-26 [业务 10]“填制凭证”窗口

(8) 选择[核算]→[供应商往来制单]→[发票制单]命令,单击[确认]按钮,打开“采购发票制单”窗口,如图 4-27 所示。双击选择需要审核的单据,单击[制单][保存]按钮,凭证左上角出现“已生成”标志,表示凭证已传递到总账,如图 4-28 所示。

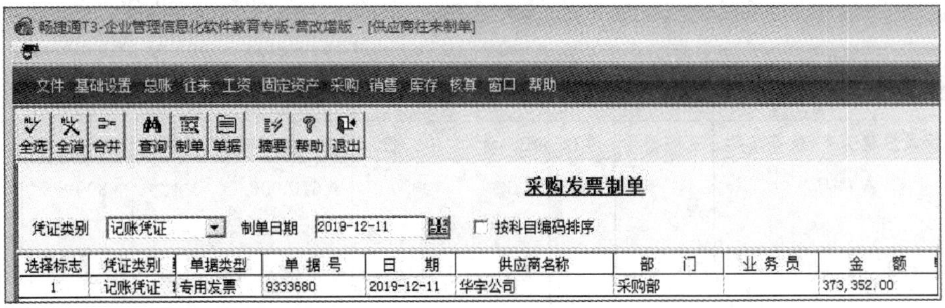

图 4-27 “采购发票制单”窗口

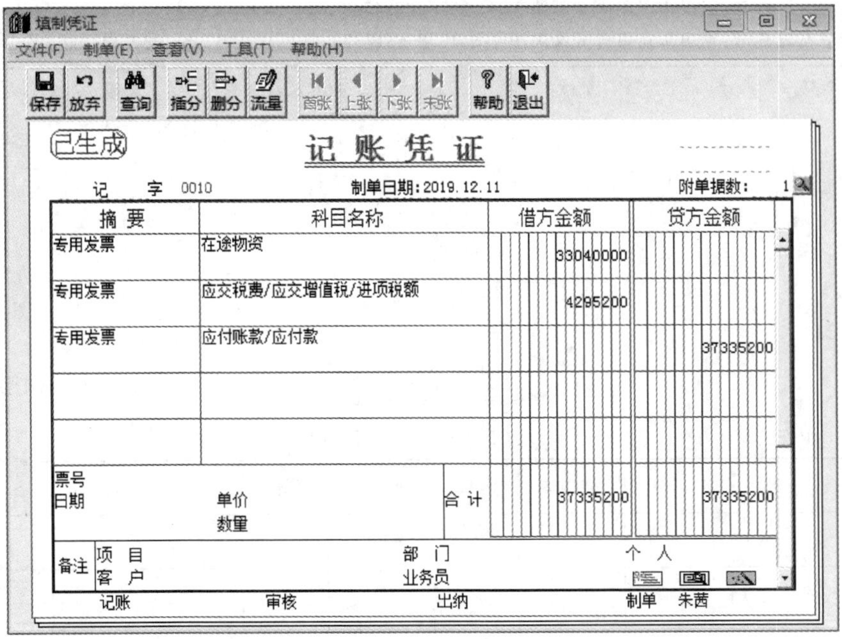

图 4-28 [业务 10]“填制凭证”窗口

[业务 11] 12 月 12 日,向恒安公司销售 A 商品并开出增值税专用发票,货已发出,对方开出银行承兑汇票。取得相关原始凭证如表 4-20 至表 4-22 所示。

表 4-20

4200151140　　**湖北增值税专用发票**　　No 16923533　4200151140 16923533

此联不作报销、扣税凭证使用　　开票日期：2019年12月12日

税总函[2019]××号×××公司

购买方	名　　称：恒安公司 纳税人识别号：91420100108062585 2 地 址、电 话：武汉市蔡甸区安定路49号 027-86894588 开户行及账号：工行武汉软件园分行 11410262833683				密码区	172312-4-275＜1+46*54* 82*59* 181321＞＜8182*59*09618153＜/ ＜4＜3*2702-9＞9*+153＜/0 ＞2-3 *08/4＞*＞＞2-3*0/9/＞＞25-275＜1	
货物或应税劳务、服务名称	规格型号	单位	数 量	单 价	金 额	税率	税 额
A产品		件	2 000	308.00	616 000.00	13%	80 080.00
合计					¥616 000.00		¥80 080.00
价税合计(大写)	⊗陆拾玖万陆仟零捌拾元整				(小写)¥696 080.00		
销售方	名　　称：武汉市阳光有限责任公司 纳税人识别号：914201127846753 地 址、电 话：武汉市汉阳区龙阳路11号 027-86894588 开户行及账号：中国工商银行武汉汉阳支行 40586681237				备注	武汉市阳光有限责任公司 发票专用章	

收款人：　　复核：　　开票人：　　销售方：(章)

第一联：记账联 销售方记账凭证

表 4-21

出　库　单　　No. 51440964

购货单位：恒安公司　　2019 年 12 月 12 日

编 号	品 名	规 格	单位	数 量	单价	金 额	备 注
	A产品		件	2 000		0.00	
合 计						0.00	

仓库主管：苏摩　　记账：　　保管：　　经手人：邓思　　制单：邓思

第一联 存根联

表 4-22

中国工商银行　银行承兑汇票　2

10200050
762053824

出票日期（大写）　贰零壹玖　年　壹拾贰月　壹拾贰日

出票人全称	恒安公司	收款人	全　称	武汉阳光有限责任公司
出票人账号	11410262833683		账　号	40586681237
付款行全称	工行武汉软件园分行		开户银行	中国工商银行武汉汉阳支行
出票金额	人民币（大写）陆拾玖万陆仟零捌拾元整		亿千百十万千百十元角分	¥69608000
汇票到期日（大写）	贰零贰零年零叁月壹拾壹日	付款行	行号	
承兑协议编号	43565562		地址	武汉市蔡甸区安定路49号
本汇票请你行承兑，到期无条件付款。 恒安公司 财务专用章　王勇 印 出票人签章		本汇票已经承兑，到期日由本行付款。 中国工商银行股份有限公司 汇票专用章 承兑行签章 承兑日期　年　月　日 备注：	密押 复核　记账	

此联收款人开户行随托收凭证寄付款行作借方凭证附件

【实训指导—业务 11】

(1) 选择[销售]→[发货单]命令，单击[增加]按钮右边的倒三角，选择“发货单”。

(2) 输入“客户名称”“销售部门”“付款条件”“仓库”“货物名称”“数量”以及单价等信息。

(3) 单击[保存][审核]按钮，如图 4-29 所示。

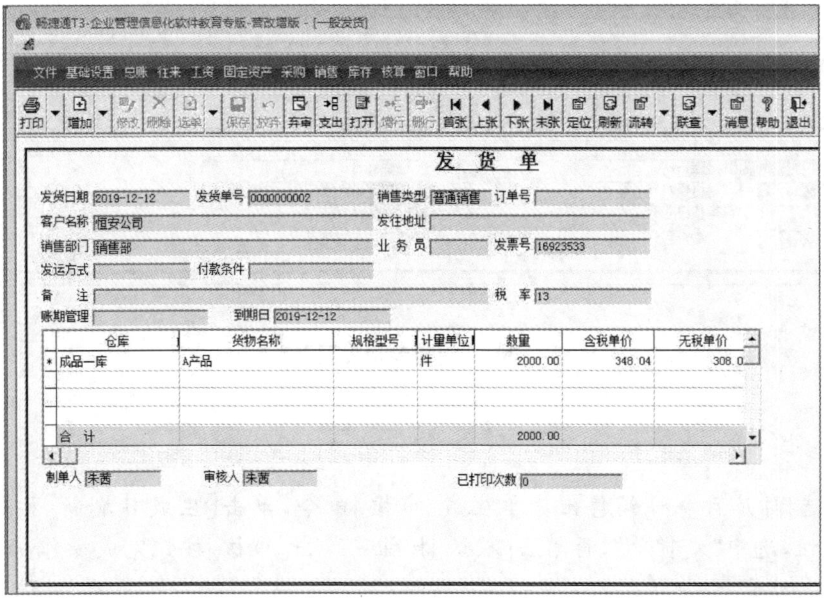

图 4-29　“发货单”窗口

(4) 单击[流转]按钮,选择“生成专用发票”,“发票号”输入“16923533”,单击[保存][现结]按钮,录入相关数据,单击[确定]按钮,如图 4-30 所示,单击[审核]按钮。

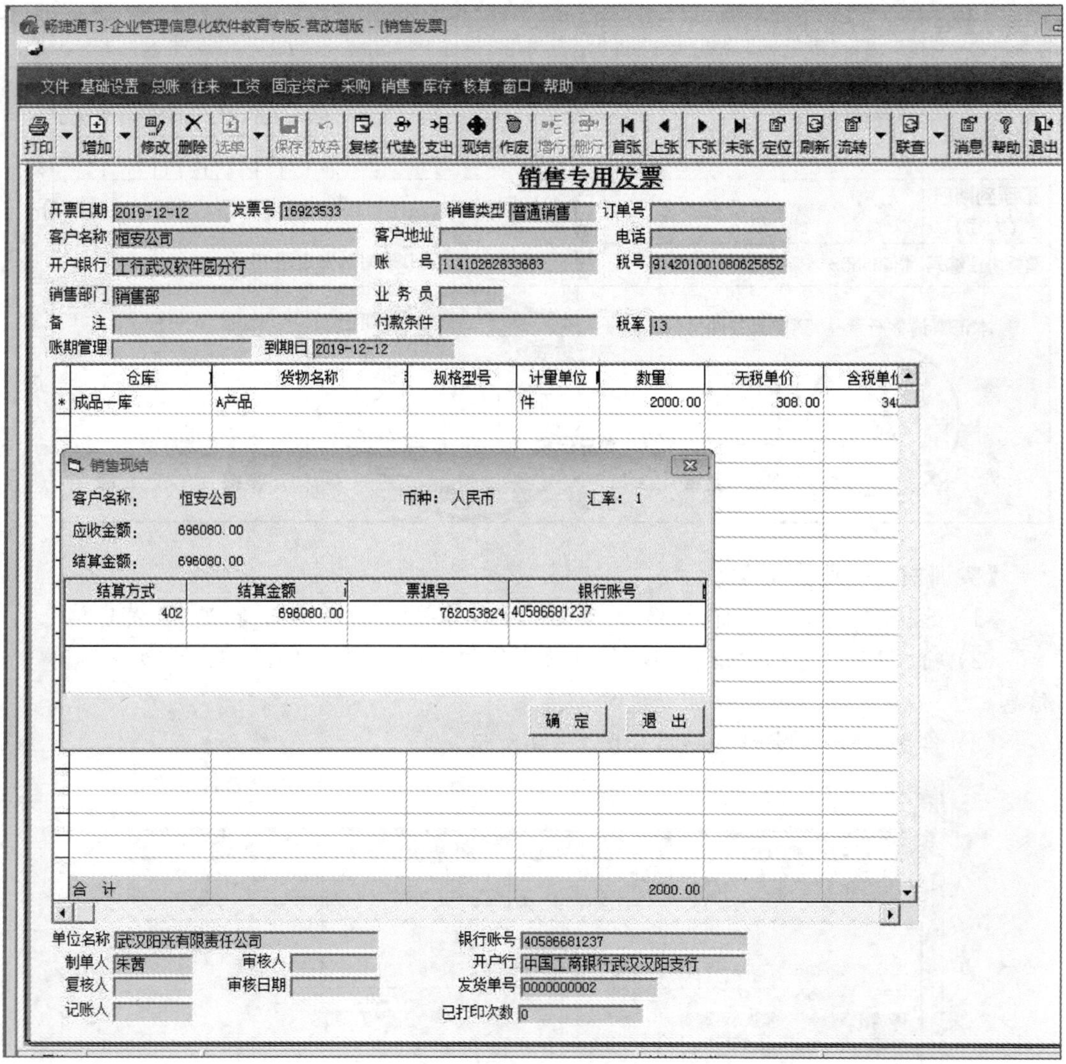

图 4-30 “销售专用发票”窗口

(5) 选择[库存]→[销售出库单生成/审核]命令,单击[生成][刷新]按钮。单击[选择]按钮,选中“发货单”,再单击[确认]按钮。单击[审核]按钮完成操作,如图 4-31 所示。

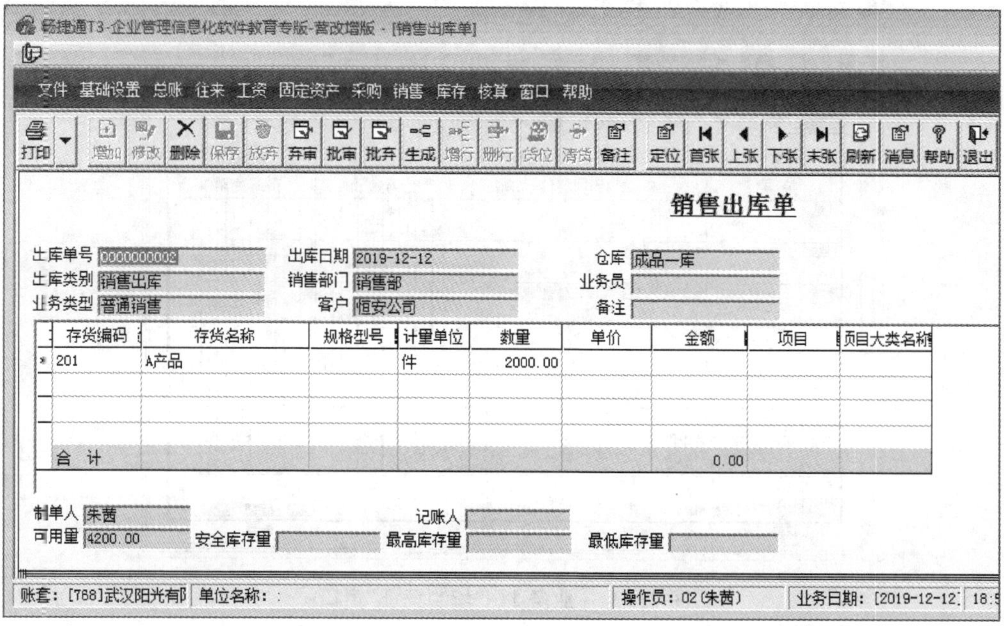

图 4-31 “销售出库单”窗口

(6) 选择[核算]→[正常单据记账]命令，打开“正常单据记账”窗口，选择要记账的单据。单击[记账]按钮，如图 4-32 所示。

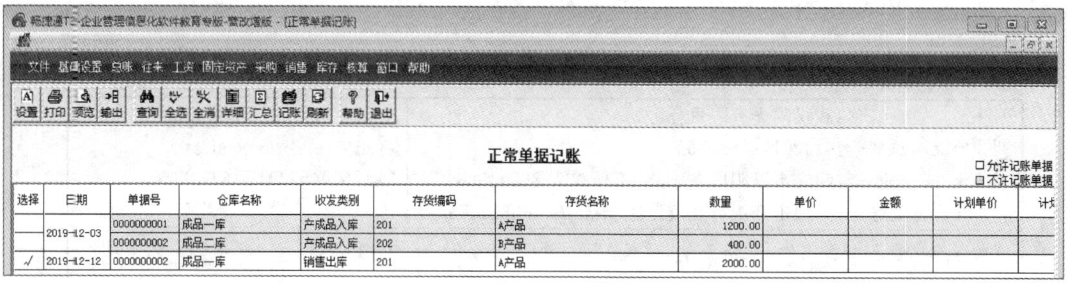

图 4-32 “正常单据记账”窗口

(7) 选择[基础设置]→[财务]→[会计科目]命令，单击[查找]按钮，输入科目：1121，单击[修改]按钮，将辅助核算的“客户往来”受控系统改为“无”，单击[确定]按钮并退出。

(8) 选择[核算]→[客户往来制单]→[现结制单]命令，单击[确认]按钮，然后双击选择需要制单的凭证，单击[制单]按钮，输入“主营业务收入”的辅助核算为“A 产品”，单击[保存]按钮，凭证左上角出现“已生成”标志，表示凭证已传递到总账，然后单击[退出]按钮。凭证如图 4-33 所示。

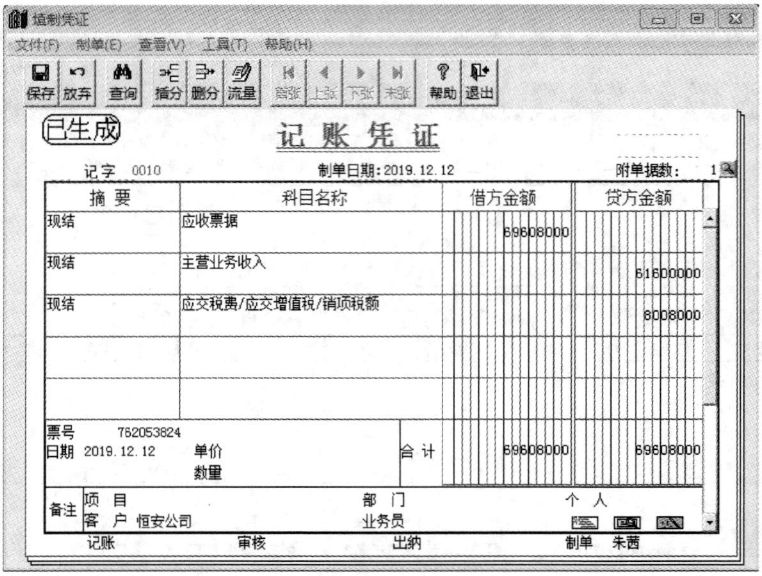

图 4-33 [业务 11]“填制凭证”窗口

[业务 12] 12 月 13 日，企业购入仓库一幢，交由生产一部使用，增值税专用发票上注明价款 3 000 000 元，增值税额 270 000 元。取得相关原始凭证如表 4-23、图4-34、表 4-24 所示。

表 4-23

4200151140　　湖北增值税专用发票　　No 7570697　4200151140 7570697

抵扣联

机器编号：982888812388　　开票日期：2019年12月13日

购买方	名称：武汉阳光有限责任公司 纳税人识别号：914201127846753 地址、电话：武汉市汉阳区龙阳路 11 号 027-86894588 开户行及账号：中国工商银行武汉汉阳支行 40586681237				密码区	172312-4-275<1+46*54* 82*59* 181321><8182*59*09618153</ <4<3*2702-9>9*+153</0 >2-3 *08/4>*>>2-3*0/9/>>25-275<1	
货物或应税劳务、服务名称	规格型号	单位	数量	单价	金额	税率	税额
仓库楼		幢	1	3 000 000.00	3 000 000.00	9%	270 000.00
合计					¥3 000 000.00		¥270 000.00
价税合计(大写)	⊗叁佰贰拾柒万元整				(小写)¥3 270 000.00		
销售方	名称：万科企业股份有限公司 纳税人识别号：91440300192181490 地址、电话：武汉市江岸区香港路 8 号 027-43869901 开户行及账号：中国工商银行武汉江汉支行 45685589324				备注	校验码 52118 02817 08248 65199	

收款人：杨明　　复核：刘芳　　开票人：杨明　　销售方(章)

税总函[2019]××号×××公司

第二联：抵扣联 购买方扣税凭证

(印章：全国统一发票监制章 湖北 国家税务总局监制；万科企业股份有限公司 91440300192181490 发票专用章)

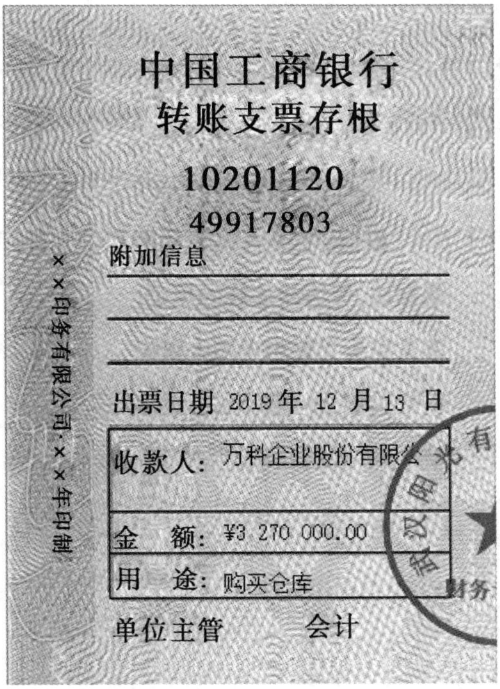
中国工商银行
转账支票存根
10201120
49917803
附加信息
出票日期 2019年 12 月 13 日
收款人：万科企业股份有限公
金 额：¥3 270 000.00
用 途：购买仓库
单位主管 会计
××印务有限公司·××年印制

图 4-34 支票存根

表 4-24

固定资产验收单

2019 年 12 月 13 日 编号：

<table>
<tr><td>名称</td><td colspan="2">规格型号</td><td>来源</td><td>数量</td><td>购(造)价</td><td>使用年限</td><td>预计残值</td></tr>
<tr><td>仓库楼</td><td colspan="2"></td><td>外购</td><td>1</td><td>3 000 000.00</td><td>20</td><td>60 000.00</td></tr>
<tr><td>安装费</td><td colspan="2">月折旧率</td><td colspan="2">建造单位</td><td>交工日期</td><td colspan="2">附件</td></tr>
<tr><td></td><td colspan="2"></td><td colspan="2"></td><td></td><td colspan="2"></td></tr>
<tr><td>验收部门</td><td>生产部</td><td>验收人员</td><td></td><td>管理部门</td><td>生产部</td><td>管理人员</td><td></td></tr>
<tr><td>备注</td><td colspan="7"></td></tr>
</table>

审核：吴月 制单：朱茜

【实训指导—业务12】

(1) 操作步骤与[业务8]基本相同，打开“固定资产卡片”窗口，输入“固定资产名称”“使用部门”“增加方式”“使用状况”“使用年限”“输入原值”“可抵扣税额”等如图4-35所示。

(2) 单击[保存]按钮，系统弹出“填制凭证”窗口，如图4-36所示。

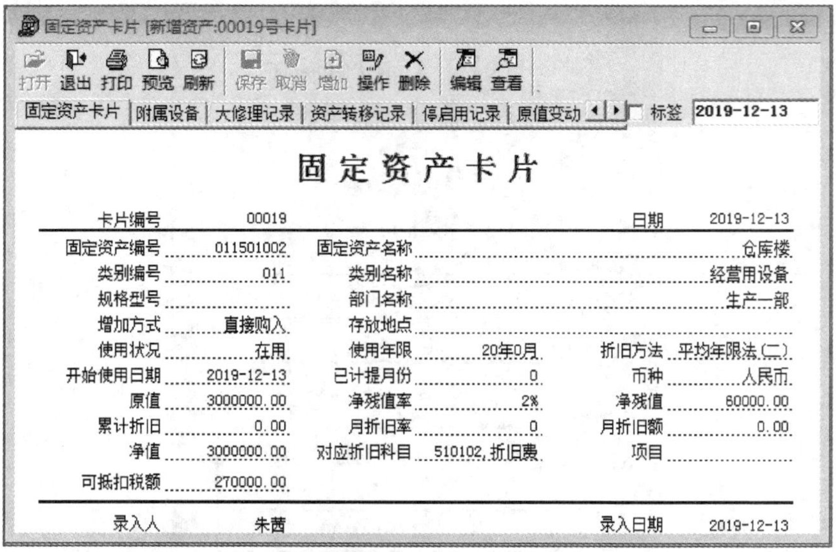

图 4-35 “固定资产卡片”窗口

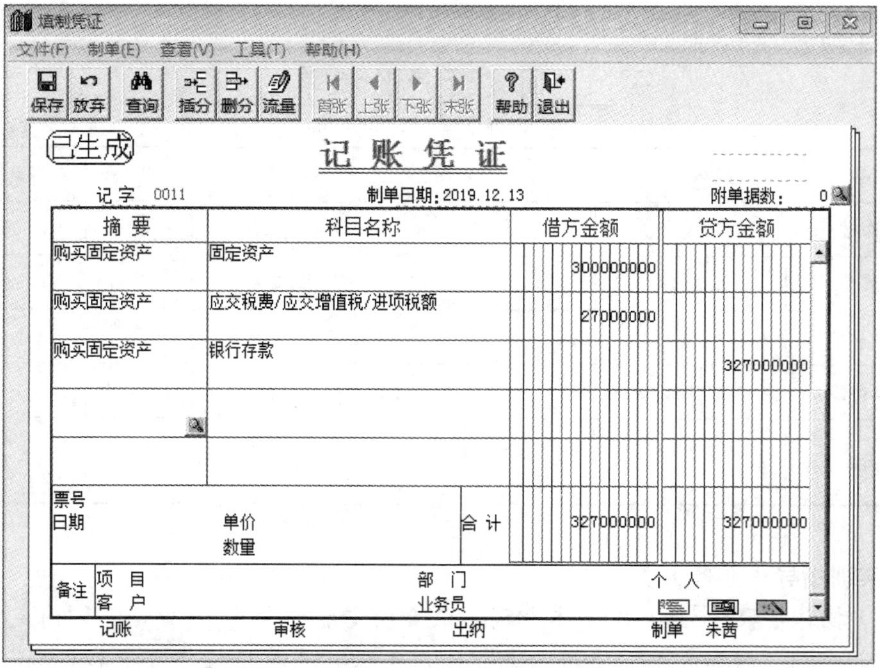

图 4-36 [业务 12]“填制凭证”窗口

［业务13］ 12月13日，电汇收款系恒安公司12月4日购货款811 687.50元。取得相关原始凭证如表4-25所示。

表4-25

中国工商银行 电汇凭证（收账通知）3

□普通 ☑加密　　委托日期 2019 年 12 月 13 日　　NO 90428804

汇款人	全　称	恒安公司	收款人	全　称	武汉阳光有限责任公司
	账　号	11410262833683		账　号	40586681237
	汇出地点	湖北 省 武汉 市/县		汇入地点	湖北 省 武汉 市/县
汇出行名称		工行武汉软件园分行	汇入行名称		中国工商银行武汉汉阳支行
金额	人民币（大写）	捌拾壹万壹仟陆佰捌拾柒元伍角整		千百十万千百十元角分	¥ 8 1 1 6 8 7 5 0
工行武汉软件园分行 2019.12.13 转讫 汇出行盖章				支付密码	998458713466
				附加信息及用途：	复核　记账

此联给收款人的收账通知

【实训指导—业务13】

（1）选择［销售］→［客户往来］→［收款结算］命令，打开"单据结算"窗口，选择客户为"007 恒安公司"，单击［增加］按钮，输入"结算方式""结算科目""金额"以及"票号"等信息，单击［保存］［核销］按钮。

（2）输入"本次折扣""本次结算"，如图4-37所示，单击［保存］按钮。

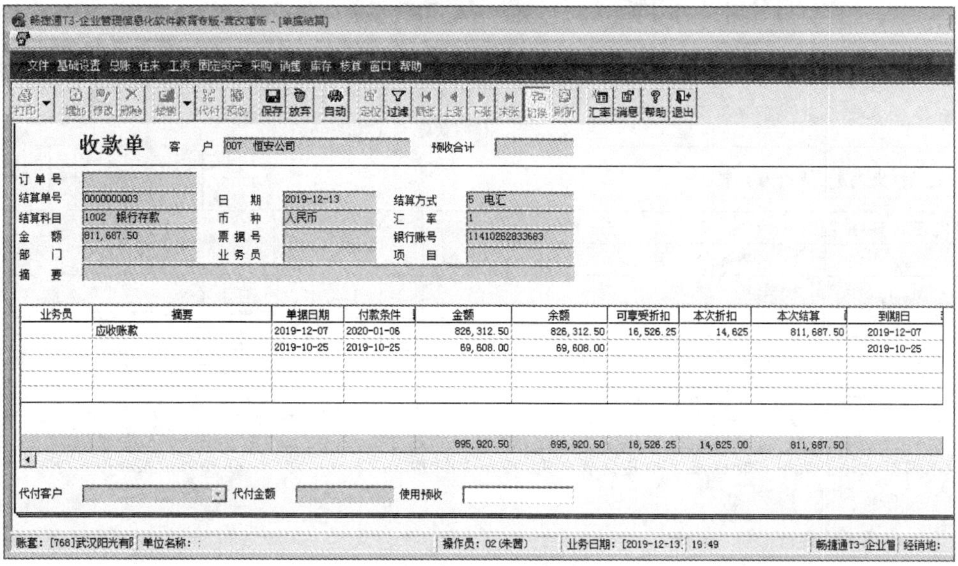

图4-37 "收款单"窗口

(3) 选择[核算]→[客户往来制单]→[核销制单]命令,单击[确认]按钮,双击选择需要审核的单据,单击[制单][保存]按钮,如图 4-38 所示。

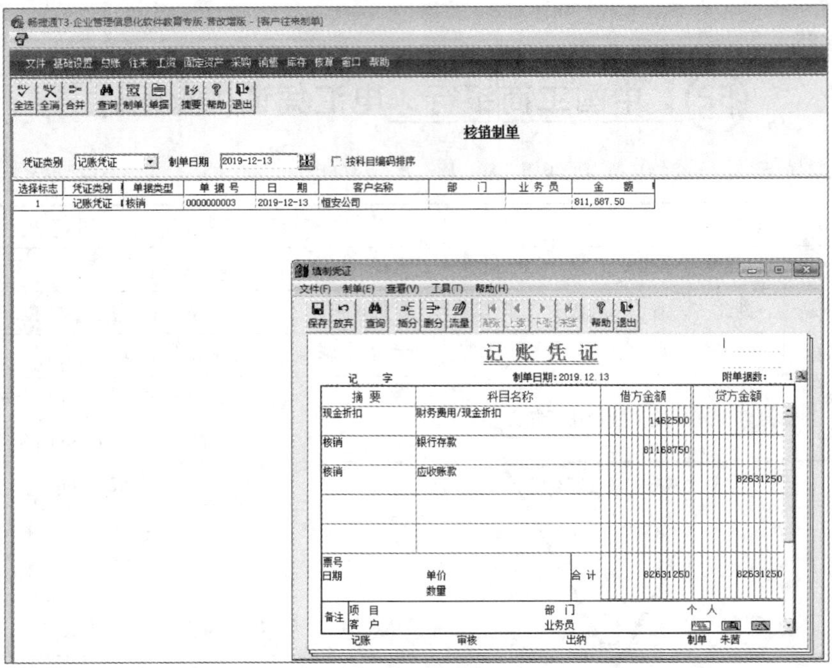

图 4-38 [业务 13]"填制凭证"窗口

视频:收款

[业务 14] 12 月 13 日,与工商银行龙阳支行签订为期 3 个月的流动资金借款合同,金额为 500 000 元,接到开户银行收账通知,借款已转入本公司账户。取得相关原始凭证如表 4-26 所示。(借款合同从略)

表 4-26

中国工商银行 借 款 借 据 第一联 借据回单

银行编号:10200010　　立据: 2019 年 12 月 13 日　　No 2013

借款单位名称	武汉阳光有限责任公司	放款账号	40586681237	利率	0.47%
		存款账号	40586681237		
借款金额(大写)	伍拾万元整	千百十万千百十元角分	¥ 5 0 0 0 0 0 0 0		
约定还款日期	2020 年 3 月 12 日	借款种类		借款合同号码	15273651
展期到期日期	年 月 日				
借款直接用途	1. 周转资金	4.	还款记录	年 月 日 还款金额	余额
	2.	5.			
	3.	6.			
根据签订的借款合同和你单位申请借款用途,经审查同意发放上列金额贷款。 中国工商银行 批准人:			(银行转账盖章) 2019 年 12 月 13 日		

中国工商银行武汉汉阳支行 2019.12.13 转讫

此联退交借款单位

开户银行:中国工商银行武汉汉阳支行

【实训指导—业务 14】

会计分录如下：

借：银行存款（1 002）　　500 000.00

　贷：短期借款（2 001）　　500 000.00

［业务 15］　12 月 14 日，生产二部生产产品领用甲材料 2 400 千克、领用乙材料 2 000 千克。取得相关原始凭证如表 4-27 所示。

表 4-27

领　料　单

领用部门：生产二部

仓库：材料仓库　　2019　年　12　月　14　日　　编号：1202

编号	类别	材料名称	规格	单位	数量		实际成本	
					请领	实发	单价	金额
C01		甲材料		千克	2 400	2 400		0.00
C02		乙材料		千克	2 000	2 000		0.00
用途	生产二部生产产品				领用部门		发料部门	
					负责人	领料人	核准人	发料人
					苏摩	吴小琴	杨志亮	林沙

第三联　记账联

【实训指导—业务 15】

（1）选择［库存］→［材料出库单］命令，打开“材料出库单”窗口，单击［增加］按钮，选择“仓库名称”“部门”“出库类别”，输入“材料编码”“数量”等信息，如图 4-39 所示。单击［保存］［审核］按钮。

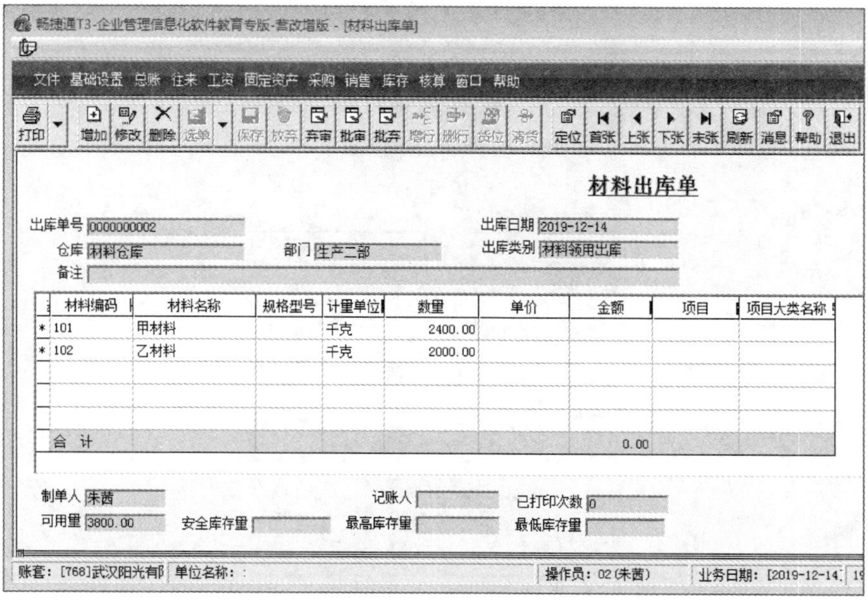

图 4-39　“材料出库单”窗口

(2) 选择[核算]→[正常单据记账]命令,打开"正常单据记账条件"窗口,单击[确定]按钮。弹出"正常单据记账"窗口,选择与本题对应的单据进行记账,如图 4-40 所示。

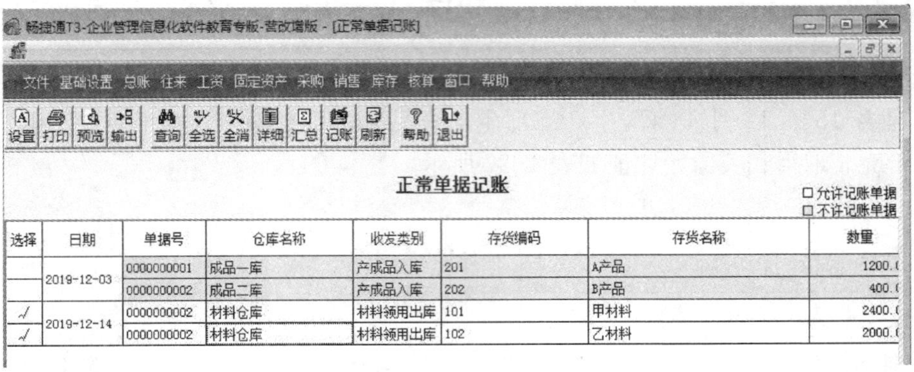

图 4-40 "正常单据记账"窗口

[业务 16] 12 月 15 日,开出转账支票向蕙普公司支付乙材料订金 100 000 元。取得相关原始凭证如表 4-28、图 4-41 所示。

表 4-28

收 款 收 据

2019 年 12 月 15 日 No. 6910399

今收到 武汉阳光有限责任公司

交来 乙材料订金

金额(大写) 壹 拾 零 万 零 仟 零 佰 零 拾 零 元 零 角 零 分

¥ 100 000.00 收款单位(公章) (蕙普公司 财务专用章)

核准 蕙普公司 会计 记账 出纳 经办人 李文

第一联 存根

图 4-41 支票存根

【实训指导—业务 16】

（1）选择［采购］→［供应商往来］→［付款结算］命令，打开“付款单”窗口，选择供应商为“005 蕙普公司”，单击［增加］按钮，输入“结算方式”“结算科目”“金额”以及“票号”等信息，如图 4-42 所示，单击［保存］［预付］按钮。

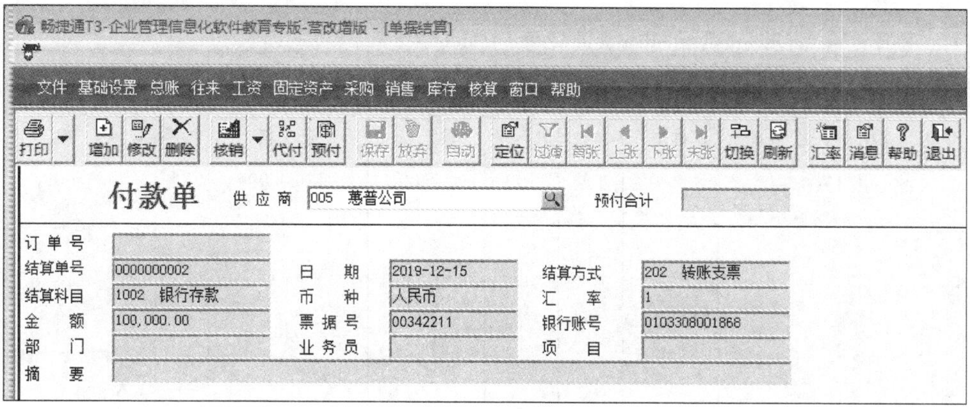

图 4-42 “付款单”窗口

（2）选择［核算］→［供应商往来制单］→［核销制单］命令，单击［确认］按钮，双击选择需要审核的单据，单击［制单］［保存］按钮，如图 4-43 所示。

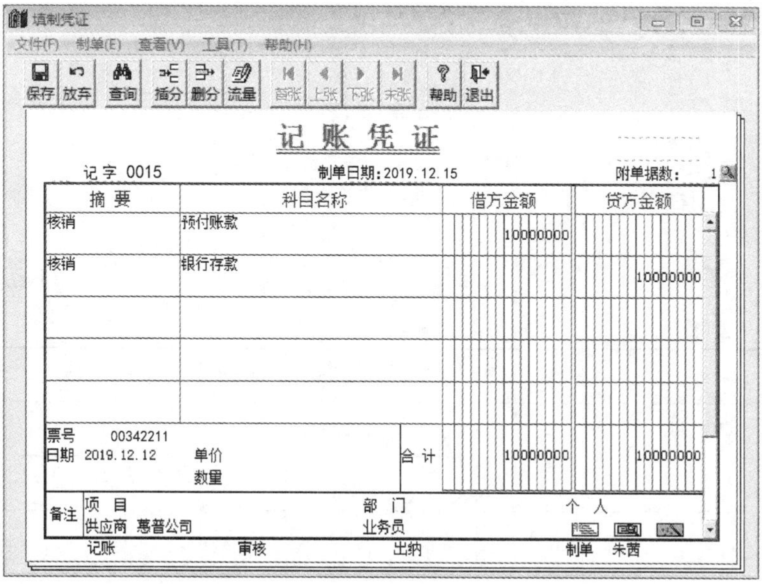

图 4-43 ［业务 16］“填制凭证”窗口

视频：支付订金

［业务 17］ 12 月 15 日，向伟达公司销售甲材料 100 千克，每千克不含税售价 50 元，收到对方开出的电汇凭证结清货款。取得相关原始凭证如表 4-29 至表 4-31 所示。

表 4-29

4200151140

湖北增值税专用发票

No 57394409　4200151140 57394409

此联不作报销、扣税凭证使用

机器编号:982888812388

开票日期: 2019年12月15日

购买方	名　　称:伟达公司 纳税人识别号:914200324324293486 地 址 、电 话:武汉市洪山区南湖大道 52 号 027-84581499 开户行及账号:工行武汉洪山支行 10210499852895				密码区	172312-4-275＜1+46*54* 82*59* 181321＞＜8182*59*09618153＜/ ＜4＜3*2702-9＞9*+153＜/0 ＞2-3 *08/4＞*＞＞2-3*0/9/＞＞25-275＜1	
货物或应税劳务、服务名称	规格型号	单位	数　量	单　价	金　额	税率	税　额
甲材料		千克	100	50.00	5 000.00	13%	650.00
合计					￥5 000.00		￥650.00
价税合计(大写)	⊗伍仟陆佰伍拾元整				(小写)￥5 650.00		
销售方	名　　称:武汉阳光有限责任公司 纳税人识别号:914201127846753 地 址 、电 话:武汉市汉阳区龙阳路 11 号 027-86894588 开户行及账号:中国工商银行武汉汉阳支行 40586681237				备注	校验码 52118 02817 08248 65199 (章:武汉阳光有限责任公司 914201127846753 发票专用章)	

收款人:　　复核:朱茜　　开票人:洪梅　　销售方:(章)

税总函[2019]××号××××公司

第一联:记账联　销售方记账凭证

表 4-30

出　库　单

No. 003

购货单位:伟达公司　　2019 年 12 月 15 日

编　号	品　名	规　格	单位	数　量	单价	金　额	备　注
	甲材料		千克	100		0.00	
	合　计					0.00	

仓库主管:苏摩　　记账:　　保管:杨志高　　经手人:邓思　　制单:邓思

第一联 存根联

表 4-31

中国工商银行　电汇凭证（收账通知）3

□普通　☑加密　　委托日期　2019 年 12 月 15 日　　NO　05525 2761

汇款人	全　称	伟达公司	收款人	全　称	武汉阳光有限责任公司
	账　号	10210499852895		账　号	40586681237
	汇出地点	湖北　省　武汉　市/县		汇入地点	湖北　省　武汉　市/县
汇出行名称		工行武汉洪山支行	汇入行名称		中国工商银行武汉汉阳支行
金额	人民币（大写）	伍仟陆佰伍拾元整	千百十万千百十元角分		¥565000
工行武汉洪山支行 2019.12.15 转讫　汇出行盖章			支付密码		451150668529
			附加信息及用途：货款		
			复核　　记账		

此联给收款人的收账通知

【实训指导—业务 17】

(1) 选择[销售]→[发货单]→[增加]→[发货单]命令,“销售类型”选择“普通销售”,“客户名称”选择“004 伟达公司”,“销售部门”选择“4 销售部”,“仓库”选择“01 材料仓库”,输入“货物名称”“数量”“无税单价”等信息,单击[保存][审核][流转][生成专用发票]按钮,如图 4-44 所示。

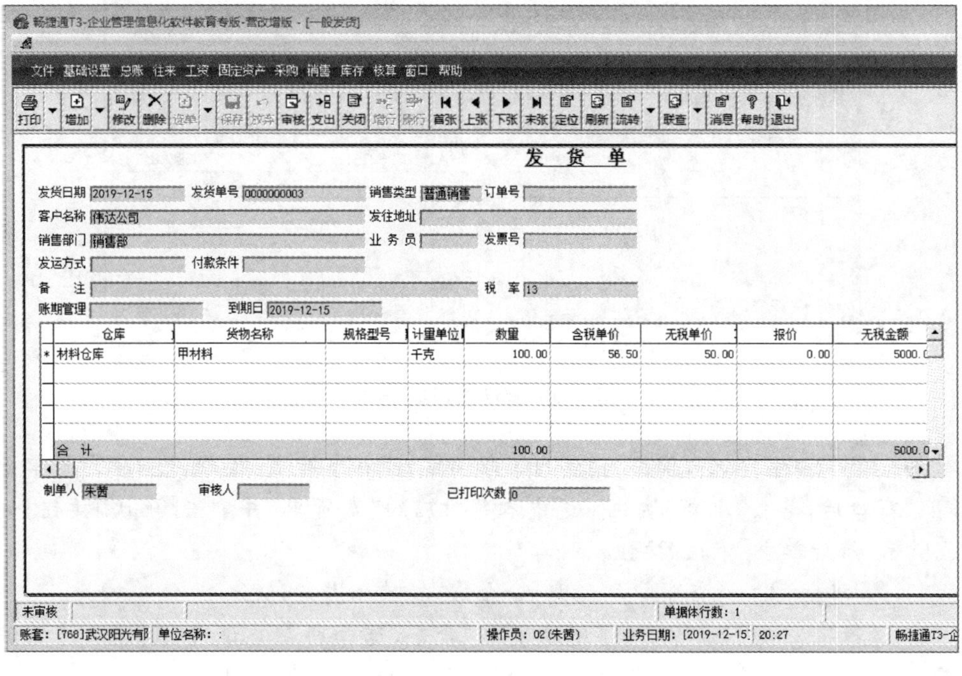

图 4-44　“发货单”窗口

(2) 修改“发票号”为“57394409”,单击[保存][现结]按钮,输入“结算方式”“结算金额”“票据号”“银行账号”等信息,单击[确定][复核]按钮,如图 4-45、图 4-46 所示。

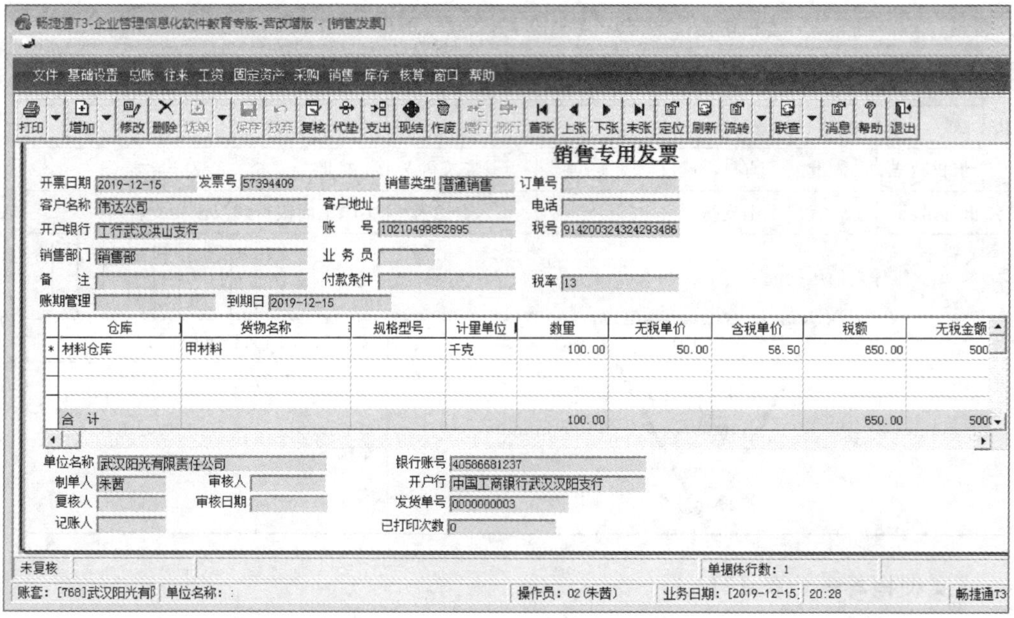

图 4-45 “销售专用发票”窗口

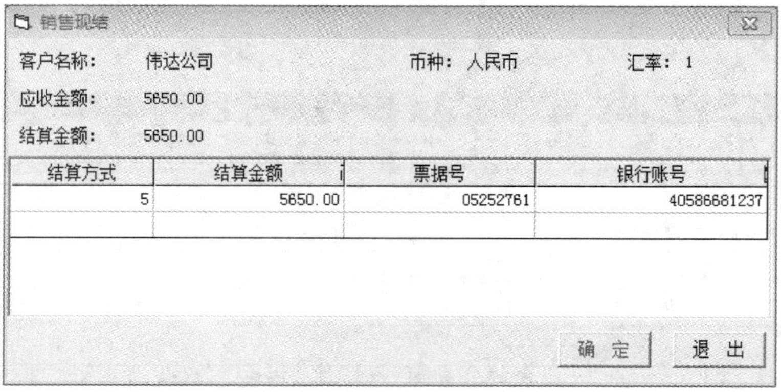

图 4-46 “销售现结”窗口

(3) 选择[库存]命令,单击[销售出库单生成/审核][生成]按钮,进入“发货单或发票参照”窗口后,单击[刷新]按钮。选中本题对应的“发货单”并单击[确认]按钮,如图 4-47 所示,然后单击[审核]按钮。

(4) 选择[核算]→[正常单据记账]命令,选择单据进行记账。

(5) 选择[客户往来制单]→[现结制单]命令,选择所制凭证进行制单,将凭证中“主营业务收入”改为“其他业务收入”,单击[保存]按钮,如图 4-48 所示。

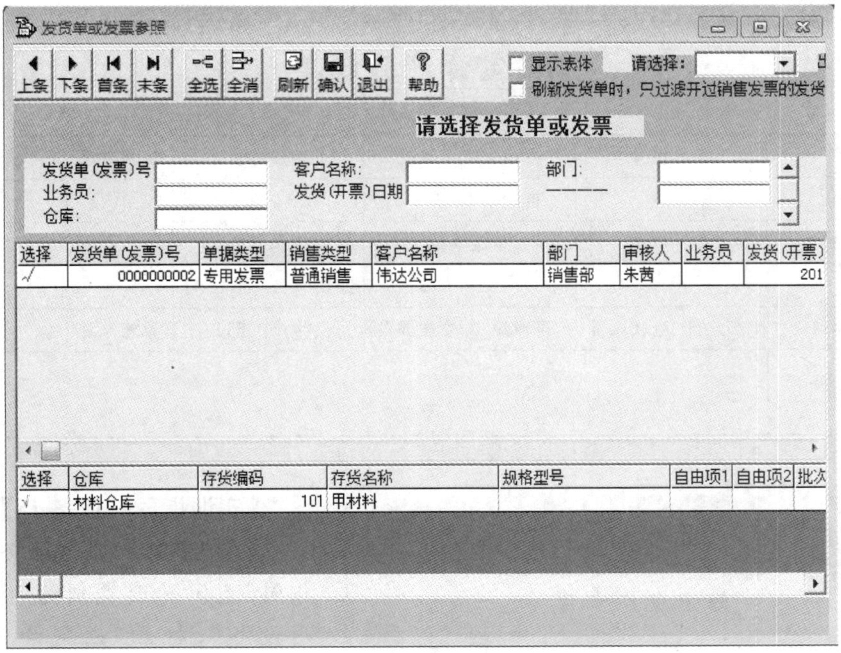

图 4-47 “发货单或发票参照”窗口

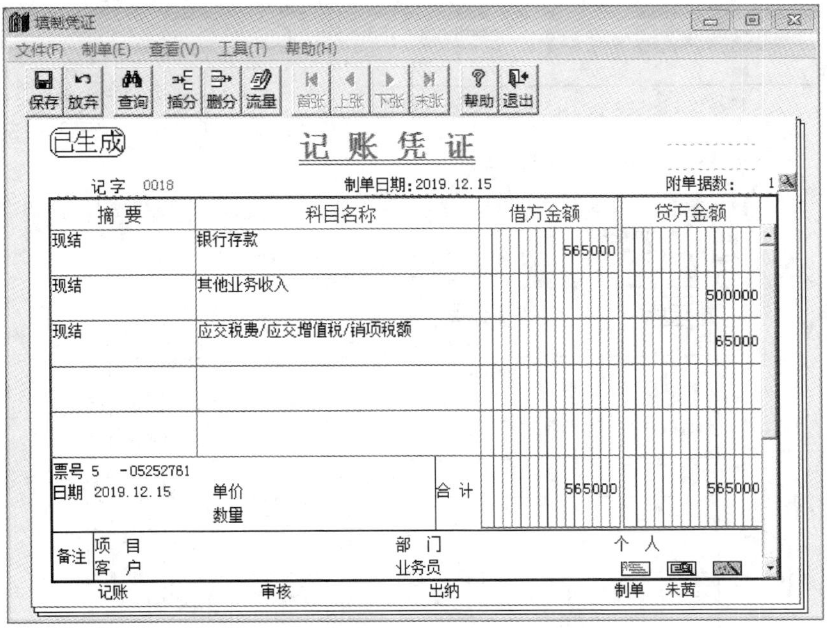

图 4-48 [业务 17]“填制凭证”窗口

[业务 18] 12 月 17 日，经营用 T-6B 通用设备已达到预定可使用状态，预计可使用年限 10 年，验收后交付生产二部使用，结转其全部成本 250 000 元。取得相关原始凭证如表 4-32 所示。

表 4-32

固定资产验收单

2019 年 12 月 17 日　　　　　　　　编号：002

<table>
<tr><td>名称</td><td colspan="2">规格型号</td><td>来源</td><td>数量</td><td>购(造)价</td><td>使用年限</td><td>预计残值</td></tr>
<tr><td>T-6B</td><td colspan="2"></td><td>自制</td><td>1</td><td>250 000.00</td><td>10</td><td></td></tr>
<tr><td>安装费</td><td colspan="2">月折旧率</td><td colspan="2">建造单位</td><td>交工日期</td><td colspan="2">附件</td></tr>
<tr><td></td><td colspan="2"></td><td colspan="2"></td><td>2019 年 12 月 17 日</td><td colspan="2"></td></tr>
<tr><td>验收部门</td><td>生产二部</td><td>验收人员</td><td>周帅帅</td><td>管理部门</td><td>生产二部</td><td>管理人员</td><td></td></tr>
<tr><td>备注</td><td colspan="7"></td></tr>
</table>

审核：　　　　　　　制单：邓思

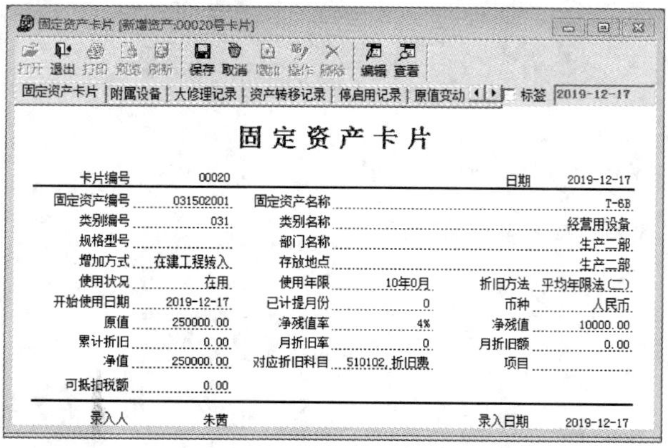

图 4-49　“固定资产卡片”窗口

【实训指导—业务 18】

(1) 操作步骤与[业务 8]基本相同，选择资产类别为“031 经营用设备”，打开“固定资产卡片”窗口。

(2) 输入相关信息，“增加方式”选择“在建工程转入”，输入完成后，如图 4-49 所示。

(3) 单击[保存]按钮，系统弹出“填制凭证”窗口，如图 4-50 所示。

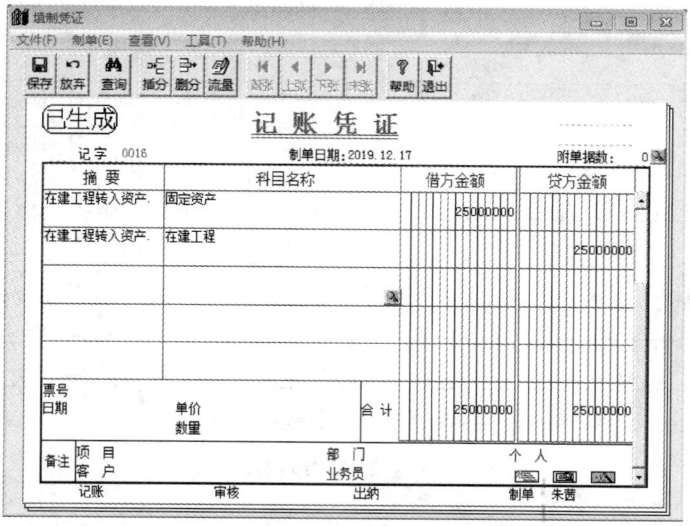

图 4-50　[业务 18]“填制凭证”窗口

视频：在建工程转入

[业务 19]　12 月 19 日，开出转账支票，支付武汉正大律师事务所法律顾问咨询费 3 180 元，并于当天收到律师事务所开来的收据。取得相关原始凭证如表 4-33、表

4-34、图 4-51 所示。

表 4-33

4200151140　　　　**湖北增值税专用发票**　　　　No 7778454　　4200151140 77784540

抵扣联

开票日期：2019年12月19日

购买方	名　　称：武汉阳光有限责任公司 纳税人识别号：914201127846753 地 址 、电 话：武汉市汉阳区龙阳路 11 号 027-86894588 开户行及账号：中国工商银行武汉汉阳支行 40586681237				密码区	172312-4-275 <1+46*54* 82*59* 181321> <8182*59*09618153</ <4<3*2702-9> 9*+153</0 >2-3 *08/4>*> >2-3*0/9/> >25-275<1		
货物或应税劳务、服务名称	规格型号	单位	数　量	单　价	金　额	税率	税　额	
咨询费			1	3 000.00	3 000.00	6%	180.00	
合计					¥3 000.00		¥180.00	
价税合计(大写)	⊗叁仟壹佰捌拾元整				(小写)¥3 180.00			
销售方	名　　称：武汉正大律师事务所 纳税人识别号：91420112151114897 地 址 、电 话：武汉市徐东大街 109 号 027-83050447 开户行及账号：中国招商银行武汉武昌支行 120907115022446				备注	武汉正大律师事务所 91420112151114897 发票专用章		

收款人：王华　　　复核：易东　　　开票人：王华　　　销售方：(章)

税总函[2019]××号××××公司

第二联：抵扣联　购买方扣税凭证

表 4-34

4200151140　　　　**湖北增值税专用发票**　　　　No 7778454　　4200151140 77784540

发票联

开票日期：2019年12月19日

购买方	名　　称：武汉阳光有限责任公司 纳税人识别号：914201127846753 地 址 、电 话：武汉市汉阳区龙阳路 11 号 027-86894588 开户行及账号：中国工商银行武汉汉阳支行 40586681237				密码区	172312-4-275 <1+46*54* 82*59* 181321> <8182*59*09618153</ <4<3*2702-9> 9*+153</0 >2-3 *08/4>*> >2-3*0/9/> >25-275<1		
货物或应税劳务、服务名称	规格型号	单位	数　量	单　价	金　额	税率	税　额	
咨询费			1	3 000.00	3 000.00	6%	180.00	
合计					¥3 000.00		¥180.00	
价税合计(大写)	⊗叁仟壹佰捌拾元整				(小写)¥3 180.00			
销售方	名　　称：武汉正大律师事务所 纳税人识别号：91420112151114897 地 址 、电 话：武汉市徐东大街 109 号 027-83050447 开户行及账号：中国招商银行武汉武昌支行 120907115022446				备注	武汉正大律师事务所 91420112151114897 发票专用章		

收款人：王华　　　复核：易东　　　开票人：王华　　　销售方：(章)

税总函[2019]××号××××公司

第三联：发票联　购买方记账凭证

中国工商银行
转账支票存根
10200020
00342212
海南华森印务有限公司·2011年印制
附加信息

出票日期2019 年12 月 19 日

收款人:	武汉正大律师事务所
金　额:	¥3 180.00
用　途:	支付咨询费

单位主管 吴月　　会计 朱茜

图 4-51　支票存根

【实训指导—业务 19】

会计分录如下：

借：管理费用(660205)　　3 000.00

　应交税费——应交增值税——进项税额(22210101)　　180.00

　贷：银行存款(1002)　　3 180.00

［业务 20］　12 月 20 日，计提并支付本月借款利息。取得相关原始凭证如表4-35、图 4-52 所示。

表 4-35

短期借款利息计提表

2019 年 12 月 20 日　　　　单位：元

本金	月利率	计息期限	利息
100 000	0.004 7	30 天	470
500 000	0.004 7	7 天	548
合计			1 018

会计主管:吴月　　　　制表：红梅

收费回单

日期：2019年12月20日　　业务类型：扣款　　业务流水号：277955616238

扣费账号：40586681237

户名：武汉阳光有限责任公司

开户行：中国工商银行武汉汉阳支行

实收金额：￥1018

摘要：支付借款利息

收费时段：

回单编号：6251764238　　回单验证码：524024053239

提示：1. 电子回单验证相同表示同一笔业务回单，请勿重复记账使用。

2. 已在银行柜台领用业务回单的单位，请注意核对，勿重复记账使用。

打印时间：　　2019年12月20日

中国工商银行武汉汉阳支行 电子回单 专用章

图4-52　收费回单

【实训指导—业务20】

会计分录如下：

借：财务费用——利息支出(660301)　　1 018

　贷：银行存款(1002)　　1 018

［业务21］　12月21日，收到四维公司发出的材料，取得相关原始凭证如表4-36所示。

表4-36

入　库　单　　No. 23524930

供货单位：四维公司　　2019　年　12　月　21　日

编　号	品　　名	规　格	单位	数　量	单价	金　　额	备　注
	甲材料		千克	4 000		0.00	
	乙材料		千克	1 500		0.00	
合　计						0.00	

仓库主管：　　记账：　　保管：　　经手人：雪芬　　制单：雪芬

【实训指导—业务21】

(1) 选择[采购]→[采购入库单]命令，输入相关信息，如图4-53所示，单击[保存]按钮。

(2) 进入库存管理模块，单击[采购入库单审核][审核]按钮。

［业务22］　12月21日，收到工商银行转来供电局付款凭证，支付电费50 500元，增值税额6 565元。取得相关原始凭证如表4-37至表4-39所示。

视频：材料暂估入库

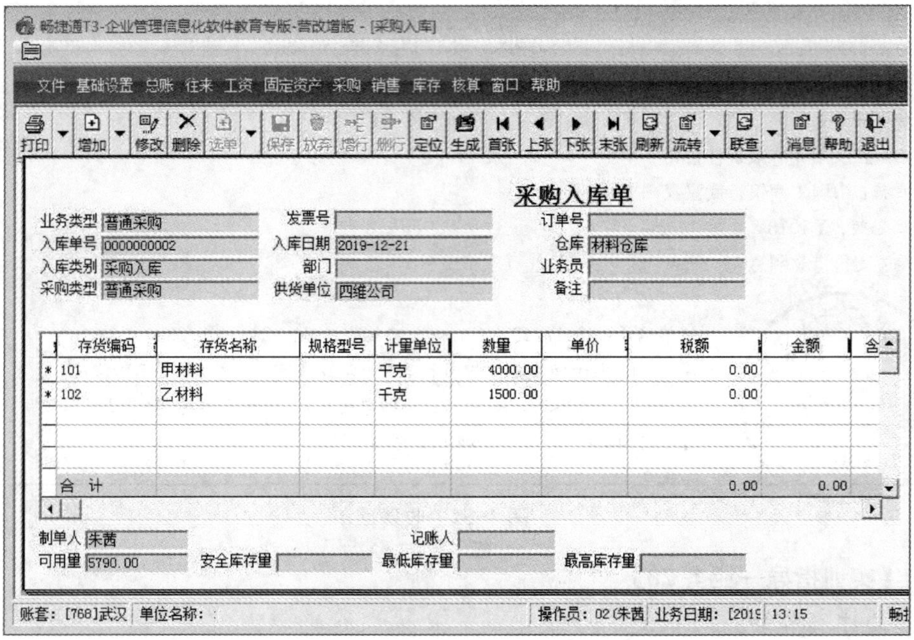

图 4-53 “采购入库单”窗口

表 4-37

4200151140 湖北增值税专用发票 №61209919 4200151140 61209919

抵扣联

机器编号：982888812388 开票日期：2019年12月21日

购买方	名　　称：武汉阳光有限责任公司 纳税人识别号：914201127846753 地址、电话：武汉市汉阳区龙阳路11号 027-86894588 开户行及账号：中国工商银行武汉汉阳支行 40586681237			密码区	172312-4-275<1+46*54* 82*59*181321><8182*59*09618153</<4<3*2702-9>9*+153</0 >2-3*08/4>*>>2-3*0/9/>>25-275<1		
货物或应税劳务、服务名称	规格型号	单位	数量	单价	金额	税率	税额
*电力产品*电费			50 500	1.00	50 500.00	13%	6 565.00
合计					¥50 500.00		¥6 565.00
价税合计(大写)	⊗伍万柒仟零陆拾伍元整				(小写)¥57 065.00		
销售方	名　　称：武汉市供电局 纳税人识别号：914201011062260611 地址、电话：武汉市汉阳区龙阳大道102号 027-86653715 开户行及账号：工行武汉汉阳分行 0110520110387			备注	校验码 52118 02817 08248 65199		

收款人：　　复核：　　开票人：　　销售方：(章)

税总函[2019]××号××××公司

第二联：抵扣联 购买方扣税凭证

表 4-38

4200151140　　　　**湖北增值税专用发票**　　　　No 61209919　4200151140

发票联　　　　　　　　　　　　　　　　　　　　　　　61209919

机器编号:982888812388　　　　　　　　　　　开票日期：2019年12月21日

购买方	名　　称：武汉阳光有限责任公司 纳税人识别号：914201127846753 地 址 、电 话：武汉市汉阳区龙阳路 11 号 027-86894588 开户行及账号：中国工商银行武汉汉阳支行 40586681237	密码区	172312-4-275 <1+46*54* 82*59* 181321> <8182*59*09618153 </ <4 <3*2702-9> 9*+153 </0 >2-3 *08/4>*> >2-3*0/9/> >25-275 <1

货物或应税劳务、服务名称	规格型号	单位	数　量	单　价	金　额	税率	税　额
*电力产品*电费		度	50 500	1.00	50 500.00	13%	6 565.00
合计					¥50 500.00		¥6 565.00
价税合计（大写）	⊗伍万柒仟零陆拾伍元整				（小写）¥57 065.00		

销售方	名　　称：武汉市供电局 纳税人识别号：914201011062260611 地 址 、电 话：武汉市汉阳区龙阳大道 102 号 027-86653715 开户行及账号：工行武汉汉阳分行 0110520110387	备注	校验码 52118 02817 08248 65199 （印章：武汉市供电局 914201011062260 发票专用章）

收款人：　　　　复核：　　　　开票人：　　　　销售方：（章）

税总函[2019]××号××××公司

第三联：发票联　购买方记账凭证

表 4-39

同城委托收款凭证（付款通知）

委收号码：99609682

特约　委托日期　2019　年　12　月　21　日　　　　第　　号

付款人	全　　称	武汉阳光有限责任公司	收款人	全　　称	武汉市供电局
	账　　号	40586681237		账　　号	0110520110387
	开户银行	中国工商银行武汉汉阳支行		开户银行	工行武汉汉阳分行

金额	人民币（大写）	伍万柒仟零陆拾伍元整	千	百	十	万	千	百	十	元	角	分
					¥	5	7	0	6	5	0	0

款项内容	电费	委托收款凭据名称		附寄单证张数	

备注：

（印章：工行武汉汉阳分行 2019.12.21 转讫）

收款人开户行盖章

2019　年　12　月　21　日

此联付款人开户银行给付款人按时付款的通知

【实训指导—业务 22】

会计分录如下：

借：应付账款——应付货款(220201)　　50 500

　　应交税费——应交增值税——进项税额(22210101)　　6 565

　　贷：银行存款(1002)　　57 065

［业务 23］　12 月 22 日，采购员朱伟杰从华宇公司购入甲材料 2 500 千克，不含税单价 30 元，乙材料 2 000 千克，不含税单价 82 元。材料验收入库，以现金支付运费 300 元，运费按甲、乙的数量分配，开出 3 个月期限不带息商业汇票一张支付货款。取得相关原始凭证如表 4-40 至表 4-45 所示。

表 4-40

4200151140　　湖北增值税专用发票　　No 77780742　4200151140 77780742

抵扣联

机器编号：982888812388　　开票日期：2019年12月22日

购买方	名　　称：武汉阳光有限责任公司 纳税人识别号：914201127846753 地 址 、电 话：武汉市汉阳区龙阳路 11 号 027-86894588 开户行及账号：中国工商银行武汉汉阳支行 40586681237				密码区	172312-4-275 <1+46*54* 82*59* 181321> <8182*59*09618153 </ <4 <3*2702-9> 9*+153 </0 >2-3 *08/4>*> >2-3*0/9/> >25-275 <1	
货物或应税劳务、服务名称	规格型号	单位	数　量	单　价	金　额	税率	税　额
*木质家具零配件*甲材料		千克	2 500	30.00	75 000.00	13%	9 750.00
*木质家具零配件*乙材料		千克	2 000	82.00	164 000.00	13%	21 320.00
合计					¥239 000.00		¥31 070.00
价税合计（大写）	⊗贰拾柒万零柒拾元整				（小写）¥270 070.00		
销售方	名　　称：华宇公司 纳税人识别号：914201011010853357 地 址 、电 话：武汉市洪山区珞狮路 111 号 027-83339458 开户行及账号：工行武汉华农分行 0105439821994				备注	校验码 52118 02817 08248 65199	

收款人：田磊　　复核：杨娟　　开票人：田磊　　销售方：（章）

税总函[2019]××号×××公司

第二联：抵扣联　购买方扣税凭证

表 4-41

4200151140

湖北增值税专用发票

全国统一发票监制章 湖北 国家税务总局监制

发票联

No 77780742 4200151140 77780742

机器编号：982888812388

开票日期：2019年12月22日

购买方	名　　称：武汉阳光有限责任公司 纳税人识别号：914201127846753 地 址 、电 话：武汉市汉阳区龙阳路 11 号 027-86894588 开户行及账号：中国工商银行武汉汉阳支行 40586681237				密码区	172312-4-275＜1+46*54* 82*59* 181321＞＜8182*59*09618153＜/ ＜4＜3*2702-9＞9*+153＜/0 ＞2-3 *08/4＞*＞＞2-3*0/9/＞＞25-275＜1	
货物或应税劳务、服务名称	规格型号	单位	数　量	单　价	金　额	税率	税　额
*木质家具零配件*甲材料		千克	2 500	30.00	75 000.00	13%	9 750.00
*木质家具零配件*乙材料		千克	2 000	82.00	164 000.00	13%	21 320.00
合计					¥239 000.00		¥31 070.00
价税合计（大写）	⊗贰拾柒万零柒拾元整				（小写）¥270 070.00		
销售方	名　　称：华宇公司 纳税人识别号：914201011010853357 地 址 、电 话：武汉市洪山区路狮路 111 号 027-83339458 开户行及账号：工行武汉华农分行 0105439821994				备注	校验码 52118 02817 08248 65199	

华宇公司 914201011010853 发票专用章

收款人：田磊　　复核：杨娟　　开票人：田磊　　销售方：（章）

税总函[2019]××号××××公司

第三联：发票联　购买方记账凭证

表 4-42

4200151140

湖北增值税专用发票

全国统一发票监制章 湖北 国家税务总局监制

抵扣联

No 48161963 4200151140 48161963

机器编号：982888812388

开票日期：2019年12月22日

购买方	名　　称：武汉阳光有限责任公司 纳税人识别号：914201127846753 地 址 、电 话：武汉市汉阳区龙阳路 11 号 027-86894588 开户行及账号：中国工商银行武汉汉阳支行 40586681237				密码区	172312-4-275＜1+46*54* 82*59* 181321＞＜8182*59*09618153＜/ ＜4＜3*2702-9＞9*+153＜/0 ＞2-3 *08/4＞*＞＞2-3*0/9/＞＞25-275＜1	
货物或应税劳务、服务名称	规格型号	单位	数　量	单　价	金　额	税率	税　额
*国内航空货物运输服务*运输费			1	275.23	275.23	9%	24.77
合计					¥275.23		¥24.77
价税合计（大写）	⊗叁佰元整				（小写）¥300.00		
销售方	名　　称：德邦物流有限公司 纳税人识别号：914200112885474900 地 址 、电 话：武汉市汉阳区康达街 456 号 027-83394528 开户行及账号：中国建设银行武汉汉阳支行 42125258763666				备注	校验码 52118 02817 08248 65199	

德邦物流有限公司 914200112885474900 发票专用章

收款人：　　复核：　　开票人：　　销售方：（章）

税总函[2019]××号××××公司

第二联：抵扣联　购买方扣税凭证

表 4-43

4200151140　　**湖北增值税专用发票**　　No 48161963　4200151140 48161963

发票联

机器编号:982888812388　　开票日期:2019年12月22日

税总函[2019]××号×××公司

购买方	名　　称:武汉阳光有限责任公司 纳税人识别号:914201127846753 地 址 、电 话:武汉市汉阳区龙阳路11号027-86894588 开户行及账号:中国工商银行武汉汉阳支行40586681237				密码区	172312-4-275〈1+46*54* 82*59* 181321〉〈8182*59*09618153〈/ 〈4〈3*2702-9〉9*+153〈/0 〉2-3 *08/4〉*〉〉2-3*0/9/〉〉25-275〈1	
货物或应税劳务、服务名称	规格型号	单位	数　量	单　价	金　额	税率	税　额
*国内航空货物运输服务*运输费			1	275.23	275.23	9%	24.77
合计					¥275.23		¥24.77
价税合计(大写)	⊗叁佰元整				(小写)¥300.00		
销售方	名　　称:德邦物流有限公司 纳税人识别号:914200112885474900 地 址 、电 话:武汉市汉阳区康达街456号027-83394528 开户行及账号:中国建设银行武汉汉阳支行42125258763666				备注	校验码 52118 02817 08248 65199	

收款人:　　复核:　　开票人:　　销售方:(章)

第三联:发票联 购买方记账凭证

表 4-44

入　库　单　　No. 49838148

供货单位: 华宇公司　　2019 年 12 月 22 日

编　号	品　　名	规　格	单位	数　量	单价	金　　额	备　注
	甲材料		千克	2 500		0.00	
	乙材料		千克	2 000		0.00	
合　计						0.00	

仓库主管:　　记账:　　保管:　　经手人:　　制单:朱伟杰

表 4-45

中国工商银行　银行承兑汇票

2　10200050
61632001

出票日期（大写）　贰零壹玖　年　壹拾贰月　壹拾贰日

出票人全称	武汉阳光有限责任公司	收款人	全　称	华宇公司
出票人账号	40586681237		账　号	0105439821994
付款行全称	中国工商银行武汉汉阳支行		开户银行	工行武汉华农分行
出票金额	人民币（大写）贰拾柒万零柒拾元整		亿千百十万千百十元角分	￥27007000
汇票到期日（大写）	贰零贰零年零叁月壹拾贰日	付款行	行号	
承兑协议编号	55367802		地址	武汉市汉阳区龙阳路11号
本汇票请你行承兑，到期无条件付款。出票人签章		本汇票已经承兑，到期日由本行付款。承兑行签章　承兑日期 2020年03月12日　备注：	密押	复核　记账

此联收款人开户行随托收凭证寄付款行作借方凭证附件

【实训指导—业务 23】

（1）选择[采购]→[采购发票]命令，打开“采购发票”窗口。

（2）单击[增加]按钮，输入发票号，选择“部门名称”“供货单位”以及“采购类型”，输入“税率”“存货编码”“数量”等信息，单击[保存][现付]按钮，输入现付内容，点击[保存][复核]按钮，如图 4-54 所示。

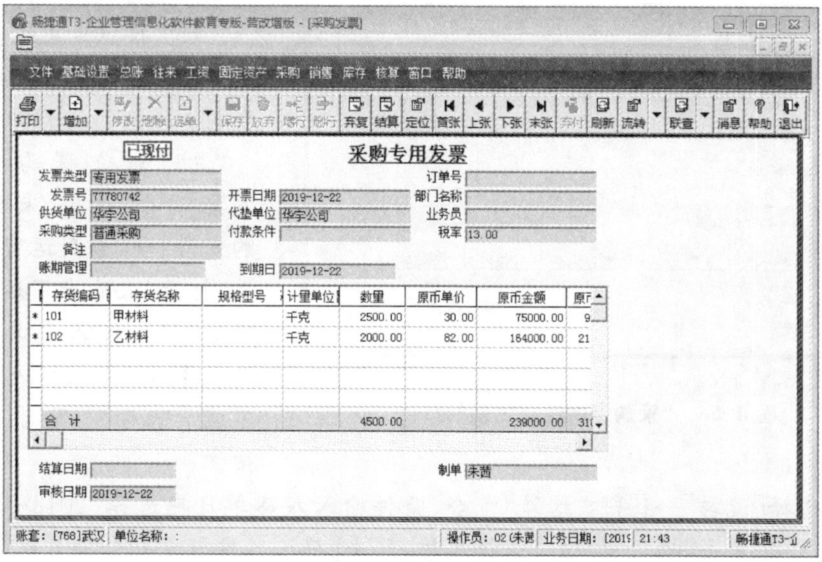

图 4-54　“采购专用发票”窗口

视频：运费分摊

(3) 单击[流转]按钮,选择“采购入库单”,“仓库”选择“材料仓库”,“入库类别”选择“采购入库”,如图 4-55 所示,单击[保存]按钮。

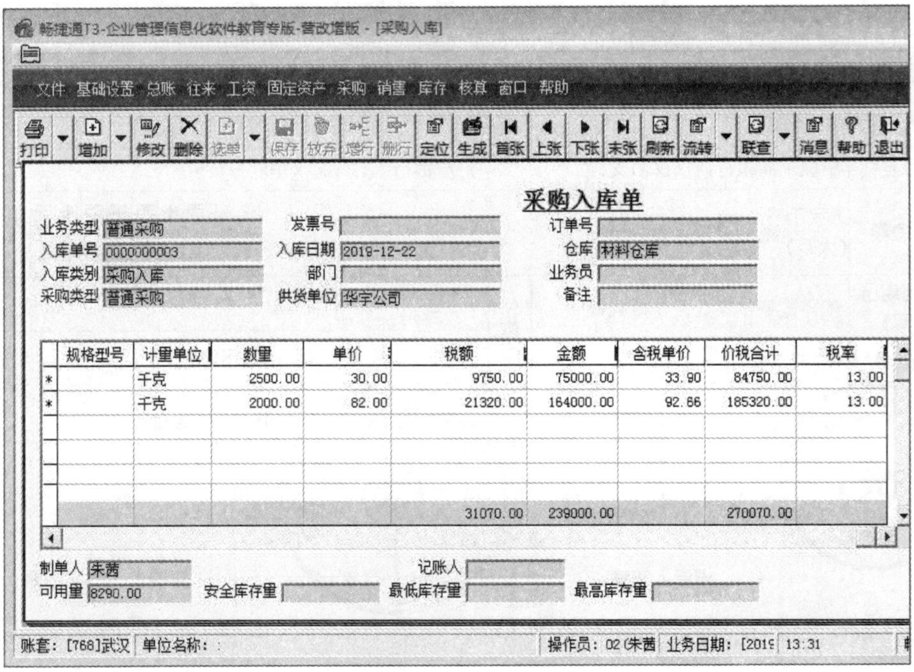

图 4-55 “采购入库单”窗口

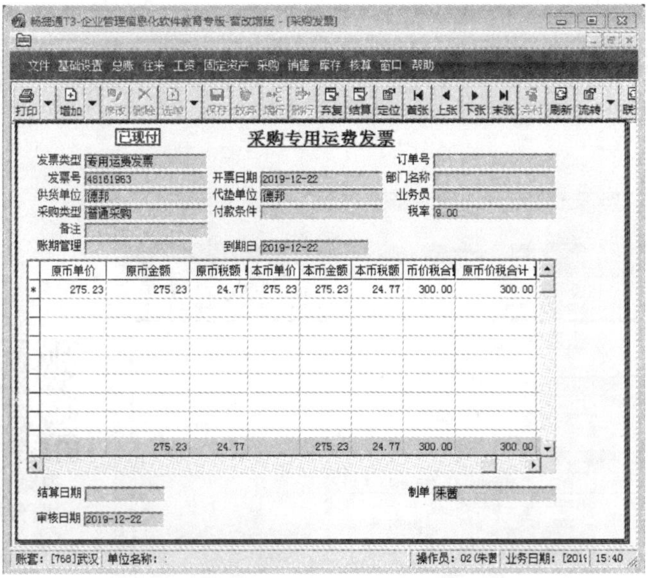

图 4-56 “采购专用运费发票”窗口

(4) 选择[基础设置]→[单据编码设置]→[采购]→[采购专用运费发票]命令,单击[修改]按钮,勾选[完全手工编号],单击[保存]按钮。

(5) 按照专用运费发票增加新供应商德邦物流有限公司。

(6) 选择[采购]→[采购发票]命令,选择[采购]→[采购发票]→[专用运费发票]命令,打开“采购专用运费发票”窗口,依次输入发票内容,修改税率 9%,如图 4-56 所示。单击[保存][现付][复核]按钮。

(7) 选择[流转]→[手工结算]命令,条件输入入库单日期选择“2018-06-01 至 2018-06-30”,单击[确认]按钮。选择单据,单击[确认][按数量][分摊][结算]按钮,如图 4-57、图 4-58 所示。

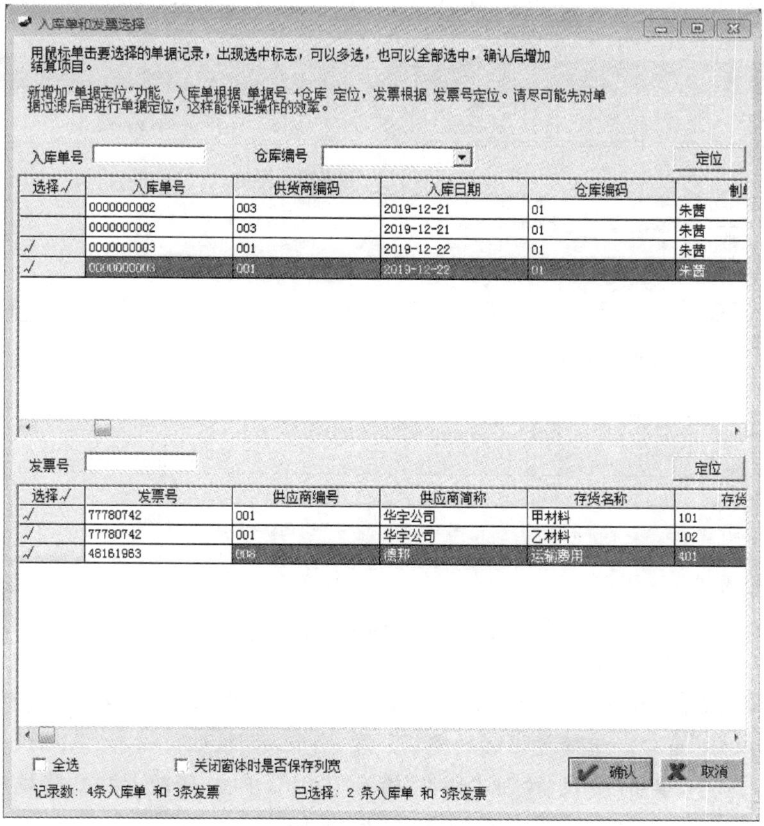

图 4-57 "手工结算"窗口

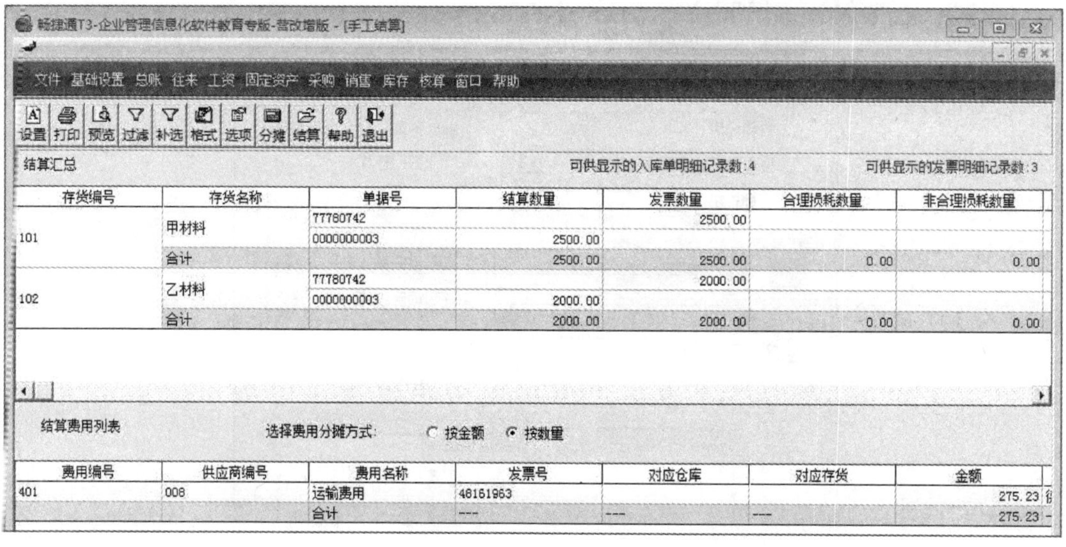

图 4-58 "结算汇总"窗口

(8) 选择[库存]→[采购入库单审核]命令,单击[审核]按钮,如图 4-59 所示。

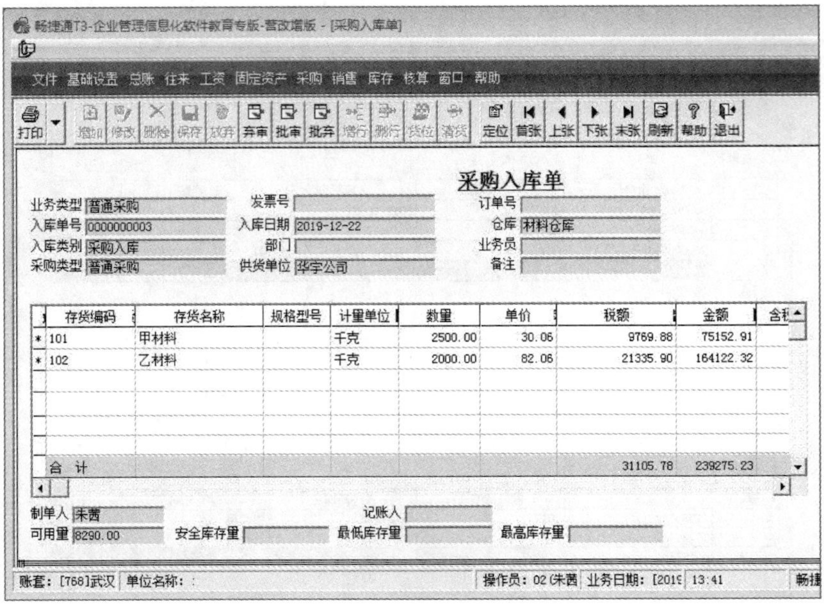

图 4-59 “采购入库单”窗口

(9) 选择[核算]→[正常单据记账]命令,打开“正常单据记账”窗口,单击[确定]按钮,打开“正常单据记账”窗口。选择要记账的单据。单击[记账]按钮。选择[基础设置]→[财务]→[会计科目]命令,单击[查找]按钮,“科目”输入“2201”,单击[修改]按钮,将辅助核算的“供应商往来”受控系统改为“无”,多次单击[确定]按钮并退出,如图 4-60 所示。

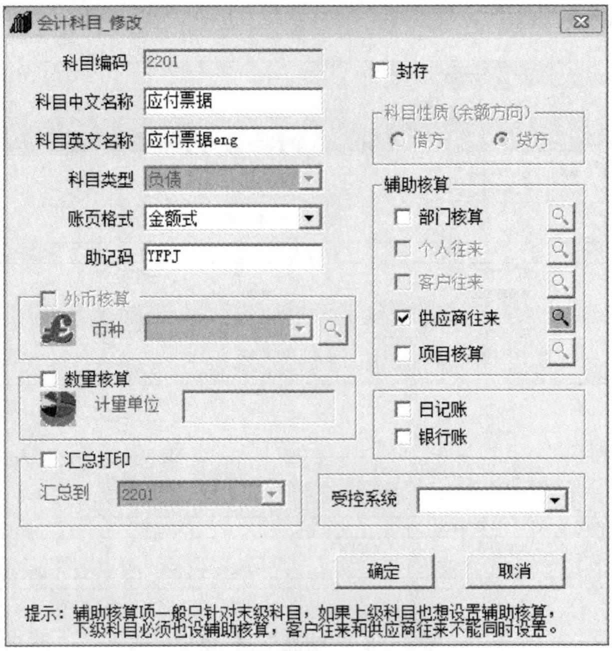

图 4-60 “修改科目”窗口

(10) 选择[核算]→[购销单据制单]命令,打开“生成凭证”窗口。单击[选择]按钮,打开“查询条件”窗口,选中“采购入库单(报销记账)”,单击[确认]按钮,单击“未生成凭证一览表”,双击选择需要审核的单据,单击[制单]按钮,如图4-61所示。

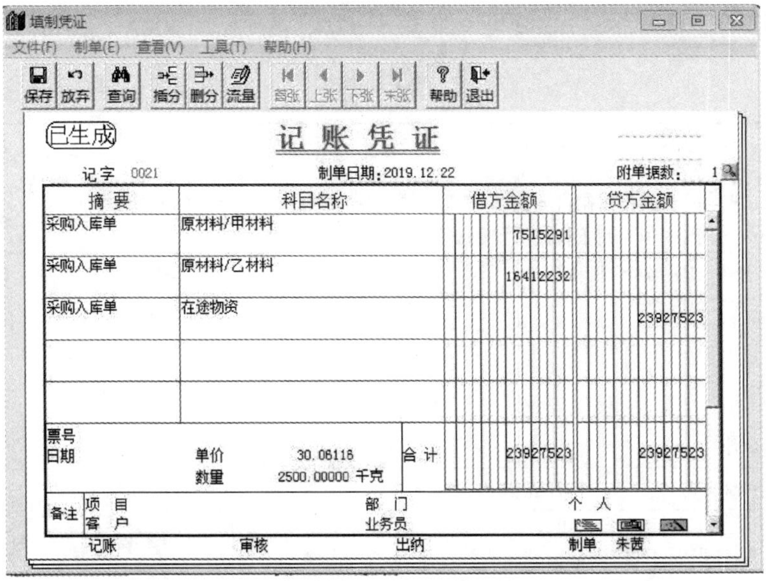

图4-61 [业务23]“填制凭证”窗口

(11) 选择[核算]→[供应商往来制单]→[发票制单]命令,单击[确认]按钮,双击选择需要审核的单据,单击[合并]按钮,改贷方科目为“应付票据”,单击[制单][保存]按钮,凭证左上角出现“已生成”标志,表示凭证已传递到总账,如图4-62所示。

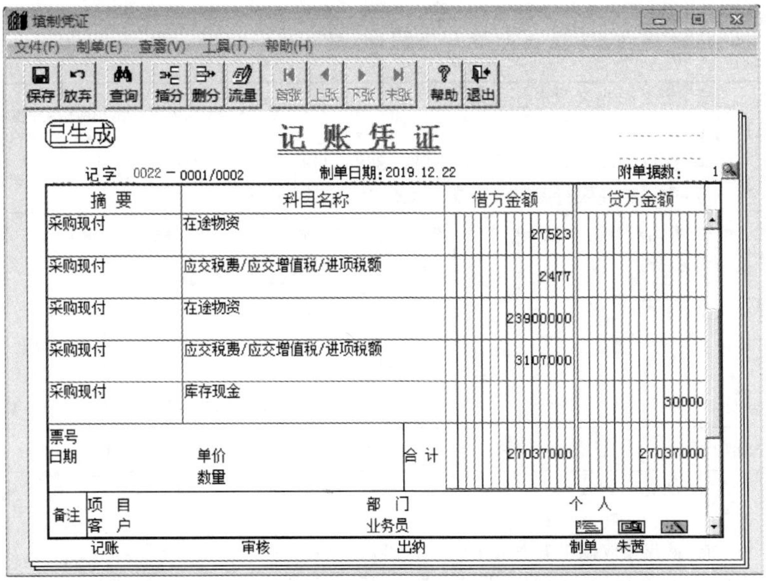

图4-62 [业务23]“填制凭证”窗口

会计类 规划教材 *Kuaijilei Guihua Jiaocai*

［业务 24］ 12 月 22 日，开出转账支票，支付广告费 5 000 元。取得相关原始凭证如表 4-46、表 4-47、图 4-63 所示。

表 4-46

4200151140　　**湖北增值税专用发票**　　№ 33748850　4200151140 33748850

（全国统一发票监制章 湖北 国家税务总局监制）

抵扣联

开票日期：2019年12月22日

税总函[2019]××号×××公司

购买方	名　　称：武汉阳光有限责任公司 纳税人识别号：914201127846753 地 址 、电 话：武汉市汉阳区龙阳路 11 号 027-86894588 开户行及账号：中国工商银行武汉汉阳支行 40586681237				密码区	172312-4-275 <1+46*54* 82*59* 181321 > <8182*59*09618153 </ <4 <3*2702-9 > 9*+153 </0 >2-3 *08/4 >* > >2-3*0/9/ > >25-275 <1	
货物或应税劳务、服务名称	规格型号	单位	数　量	单　价	金　额	税率	税　额
*互联网广告发布服务*广告费			1	4 716.98	4 716.98	6%	283.02
合计					¥4 716.98		¥283.02
价税合计（大写）	⊗伍仟元整				（小写）¥5 000.00		
销售方	名　　称：创意广告公司 纳税人识别号：914200005668489 地 址 、电 话：武汉市汉阳区五里墩 4 号 027-87768539 开户行及账号：中国交通银行武汉汉阳支行 995000154678325				备注	（创意广告公司 914200005668489 发票专用章）	

收款人：　　复核：　　开票人：　　销售方：（章）

第二联：抵扣联 购买方扣税凭证

表 4-47

4200151140　　**湖北增值税专用发票**　　№ 33748850　4200151140 33748850

（全国统一发票监制章 湖北 国家税务总局监制）

发票联

开票日期：2019年12月22日

税总函[2019]××号×××公司

购买方	名　　称：武汉阳光有限责任公司 纳税人识别号：914201127846753 地 址 、电 话：武汉市汉阳区龙阳路 11 号 027-86894588 开户行及账号：中国工商银行武汉汉阳支行 40586681237				密码区	172312-4-275 <1+46*54* 82*59* 181321 > <8182*59*09618153 </ <4 <3*2702-9 > 9*+153 </0 >2-3 *08/4 >* > >2-3*0/9/ > >25-275 <1	
货物或应税劳务、服务名称	规格型号	单位	数　量	单　价	金　额	税率	税　额
*互联网广告发布服务*广告费			1	4 716.98	4 716.98	6%	283.02
合计					¥4 716.98		¥283.02
价税合计（大写）	⊗伍仟元整				（小写）¥5 000.00		
销售方	名　　称：创意广告公司 纳税人识别号：914200005668489 地 址 、电 话：武汉市汉阳区五里墩 4 号 027-87768539 开户行及账号：中国交通银行武汉汉阳支行 995000154678325				备注	（创意广告公司 914200005668489 发票专用章）	

收款人：　　复核：　　开票人：　　销售方：（章）

第三联：发票联 购买方记账凭证

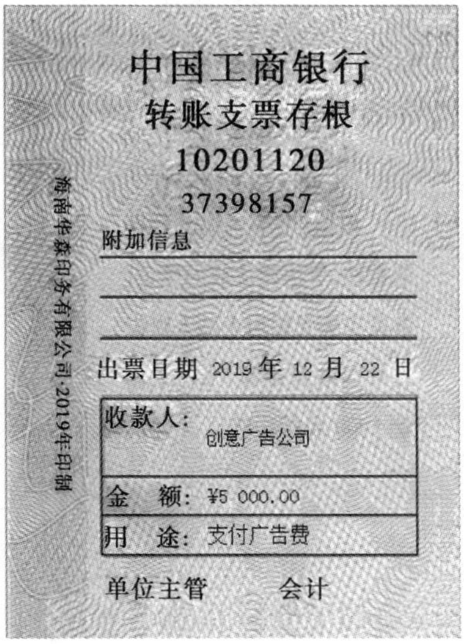
中国工商银行
转账支票存根
10201120
37398157
海南华森印务有限公司·2019年印制
附加信息
出票日期 2019 年 12 月 22 日
收款人: 创意广告公司
金　额: ¥5 000.00
用　途: 支付广告费
单位主管　　会计

图 4-63　支票存根

【实训指导—业务 24】

会计分录如下：

借：销售费用——广告费(660102)　　4 716.98

　　应交税费——应交增值税(进项税额)(22210101)　　283.02

　　贷：银行存款(1002)　　5 000.00

[业务 25]　12 月 23 日，生产一部生产产品领用甲材料 2 000 千克、领用乙材料 1 900千克。取得相关原始凭证如表 4-48 所示。

表 4-48

领　料　单

领用部门：生产一部

仓库：材料仓库　　2019　年　12　月　23　日　　编号：651

编号	类别	材料名称	规格	单位	数量		实际成本	
					请领	实发	单价	金额
C01		甲材料		千克	2 000	2 000		0.00
C02		乙材料		千克	1 900	1 900		0.00
用途	生产一部生产产品				领料部门		发料部门	
					负责人	领料人	核准人	发料人
					杨志亮	林沙	苏摩	吴小琴

第三联　记账联

【实训指导—业务25】

(1) 选择[库存]→[材料出库单]命令,单击[增加]按钮,选择“仓库名称”“部门”“出库类别”,输入“材料编码”“数量”等信息。单击[保存][审核]按钮,如图4-64所示。

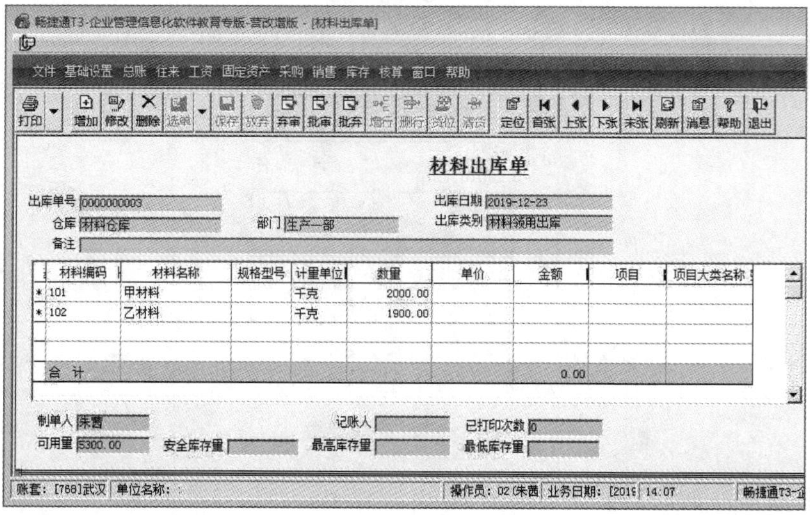

图4-64 “材料出库单”窗口

(2) 选择[核算]→[正常单据记账]命令,打开“正常单据记账条件”窗口,选择左方“材料仓库”和右方“材料出库单”,单击[确定]按钮,弹出“正常单据记账”窗口,选择当日所做的单据进行记账(也可留至月末一次共同记账)。

[业务26] 12月24日,财务部出售打印机一台,取得现金收入2 000元,该打印机原值5 000元。取得相关原始凭证如图4-65所示。

注:取得现金收入在总账系统中完成,销售固定资产在固定资产系统中完成。

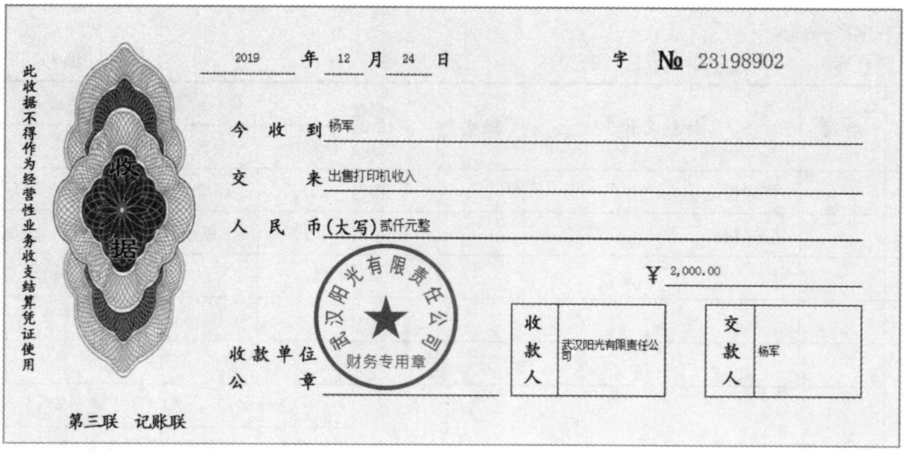
此收据不得作为经营性业务收支结算凭证使用

收据

2019 年 12 月 24 日 字 № 23198902

今收到 杨军

交来 出售打印机收入

人民币(大写) 贰仟元整

¥ 2,000.00

收款单位公章 (武汉阳光有限责任公司 财务专用章)

收款人 武汉阳光有限责任公司

交款人 杨军

第三联 记账联

图4-65 收据

【实训指导—业务 26】

[点睛]

只有当账套开始计提折旧后，才可以使用资产减少功能，否则资产减少只能通过删除卡片来完成。

(1) 选择[固定资产]→[处理]→[计提本月折旧]命令，系统弹出“本操作将计提本月折旧，并花费一定时间，是否要继续?”提示框。单击[是]按钮，系统弹出“是否要查看折旧清单?”提示框，单击[否]按钮。(不生成记账凭证)

(2) 选择[固定资产]→[卡片]→[资产减少]命令，打开“资产减少”窗口。

(3) “卡片编号”选择“00012(打印机1)”，单击[增加]按钮，“减少方式”选择“出售”，“清理收入”输入“2000”，如图 4-66 所示。

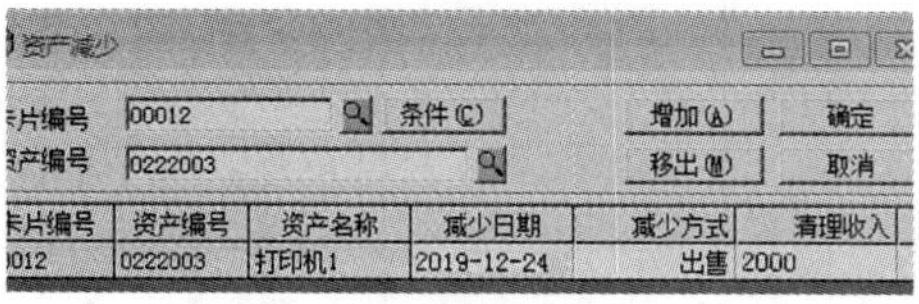

图 4-66 “资产减少”窗口

(4) 单击[确定]按钮，弹出“填制凭证”窗口，如图 4-67 所示，单击[保存]按钮。

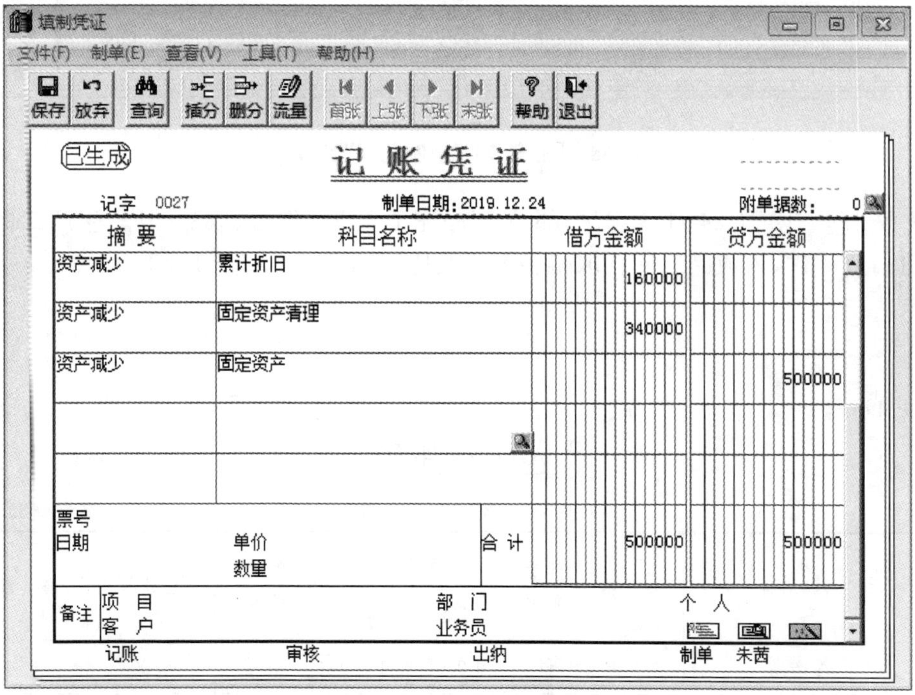

图 4-67 [业务 26]“填制凭证”窗口

视频：出售固定资产

(5) 选择[总账]→[凭证]→[填制凭证]命令，录入相关信息，包括“制单日期”“摘要”“借方科目”“借方金额”“贷方科目”“贷方金额”等，完成后单击[保存]按钮，如图 4-68所示。

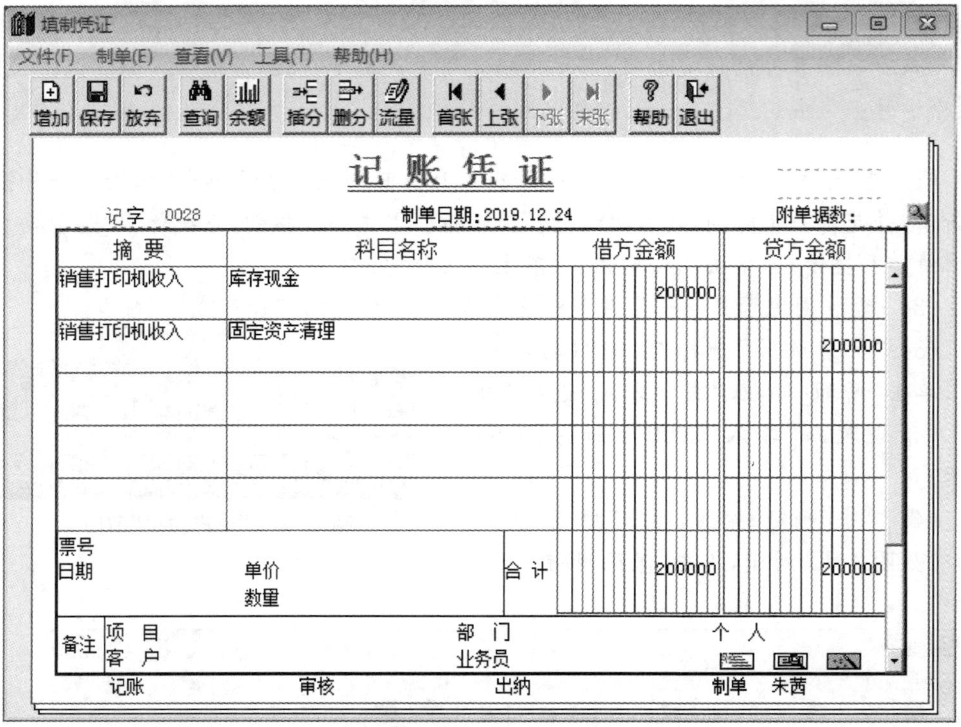

图 4-68 [业务 26]“填制凭证”窗口

[业务 27] 12 月 24 日，生产一部 A 产品完工 1 000 件，入成品一库；生产二部 B 产品完工 1 000 件，入成品二库。取得相关原始凭证如表 4-49、表 4-50 所示。

表 4-49

产成品入库单

仓库：

交库单位： 2019 年 12 月 24 日 编号：935

产品编号	产品名称	规格	计量单位	数量		单位成本	总成本	备注
				送检	实收			
K01	A 产品		件	1 000	1 000		0.00	

仓库主管： 保管员： 记账： 制单：林沙

表 4-50

产成品入库单

仓库：

交库单位：　　　　2019 年 12 月 24 日　　　　编号：159

产品编号	产品名称	规格	计量单位	数量		单位成本	总成本	备注
				送检	实收			
K02	B产品		件	1 000	1 000		0.00	

仓库主管：　　　　保管员：　　　　记账：　　　　制单：邓思

【实训指导—业务 27】

进入库存管理模块，增加两张“产成品入库单”，分别填入 A、B“产成品入库单”。单击[保存][审核]按钮，如图 4-69、图 4-70 所示。

视频：产品完工入库

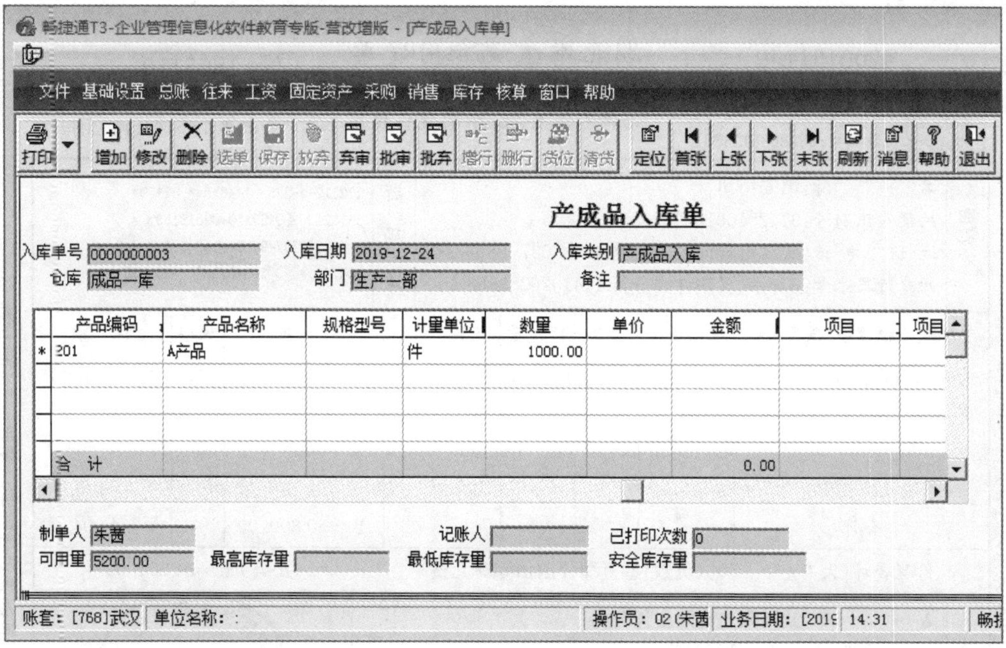

图 4-69 “产成品入库单”窗口

[业务 28] 12 月 24 日，因发出商品有误，恒安公司将 12 日购入的 A 产品退回 100 件，开出红字发票，款已退。A 产品 100 件，单价 308 元，价款 30 800 元，增值税额

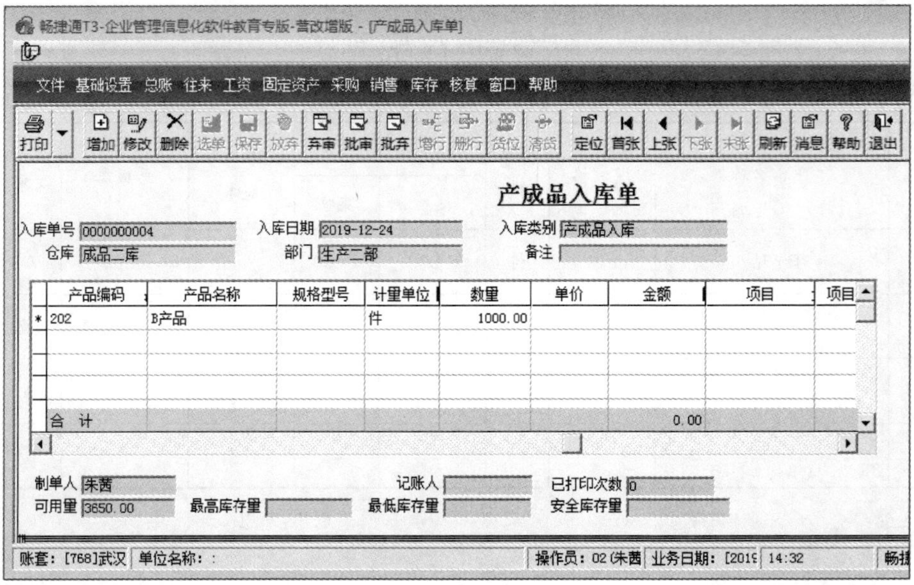

图 4-70 "产成品入库单"窗口

4 004 元。取得相关原始凭证,如表 4-51 至表 4-53 所示。(开具红字增值税专用发票通知单从略)

表 4-51

4200151140　　**湖北增值税专用发票**　　No 18651102　4200151140 18651102

此联不作报销、扣税凭证使用

机器编号:982888812388　　开票日期:2019年12月24日

购买方	名　称:恒安公司 纳税人识别号:914201001080625852 地址、电话:武汉市蔡甸区安定路 49 号 027-88668442 开户行及账号:工行武汉软件园分行 11410262833683			密码区	172312-4-275<1+46*54* 82*59* 181321><8182*59*09618153</ <4<3*2702-9>9*+153</0 >2-3 *08/4>*>>2-3*0/9/>>25-275<1		
货物或应税劳务、服务名称	规格型号	单位	数量	单价	金额	税率	税额
*木质家具*A产品			−100	308.00	−30 800.00	13%	−4 004.00
合计					¥−30 800.00		¥−4 004.00
价税合计(大写)	⊗(负数)叁万肆仟捌佰零肆元整				(小写)¥−34 804.00		
销售方	名　称:武汉阳光有限责任公司 纳税人识别号:914201127846753 地址、电话:武汉市汉阳区龙阳路 11 号 027-86894588 开户行及账号:中国工商银行武汉汉阳支行 40586681237			备注	校验码 12118 02817 08298 65199		

收款人:　　复核:　　开票人:　　销售方:(章)

第一联:记账联　销售方记账凭证

税总函[2019]××号××××公司

表 4-52

出 库 单

No. 58992238

购货单位：恒安公司　　　　2019 年 12 月 24 日

编 号	品 名	规 格	单位	数 量	单价	金 额	备 注
	A产品		件	−100		0.00	
合 计						0.00	

第一联 存根联

仓库主管：　　记账：　　保管：杨志高　　经手人：邓思　　制单：邓思

表 4-53

同城委托收款凭证(付款通知)

特约　委托日期　2019 年 12 月 24 日　　委收号码：90568589　第 4 号

付款人	全 称	武汉阳光有限责任公司	收款人	全 称	恒安公司
	账 号	40586681237		账 号	11410262833683
	开户银行	中国工商银行武汉汉阳支行		开户银行	工行武汉软件园分行

金额	人民币(大写)	千	百	十	万	千	百	十	元	角	分
	叁万肆仟捌佰零肆元整			¥	3	4	8	0	4	0	0

款项内容	货款	委托收款凭据名称		附寄单证张数	

备注：

工行武汉软件园分行 2019.12.24 转讫

收款人开户行盖章

2019 年 12 月 24 日

此联付款人开户银行给付款人按时付款的通知

【实训指导—业务 28】

(1) 选择[销售]→[退货单]命令，选择“客户名称”“销售类型”，输入“仓库名称”“货物名称”“数量”，单击[保存][审核]按钮，如图 4-71 所示。

(2) 流转生成“销售专用发票”，输入“发票号”“无税单价”等信息，单击[保存][现结][复核]按钮，如图 4-72 所示。

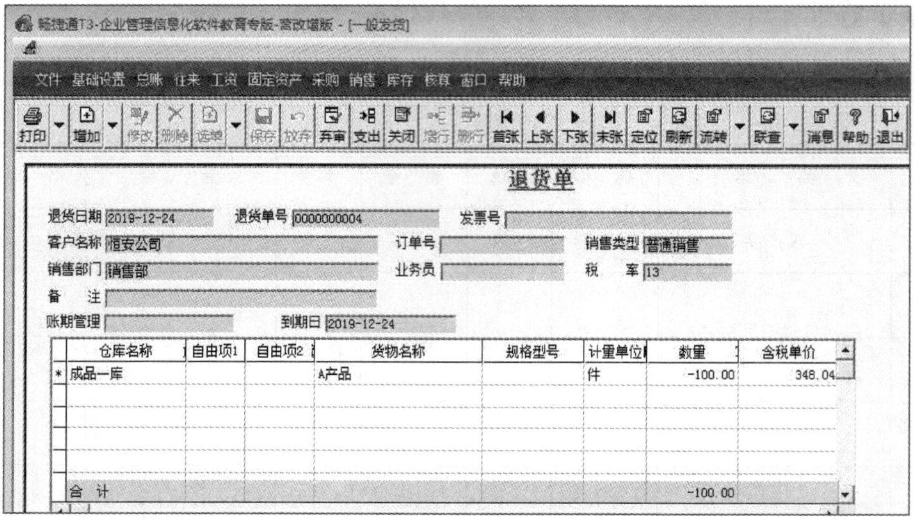

图 4-71 “退货单”窗口

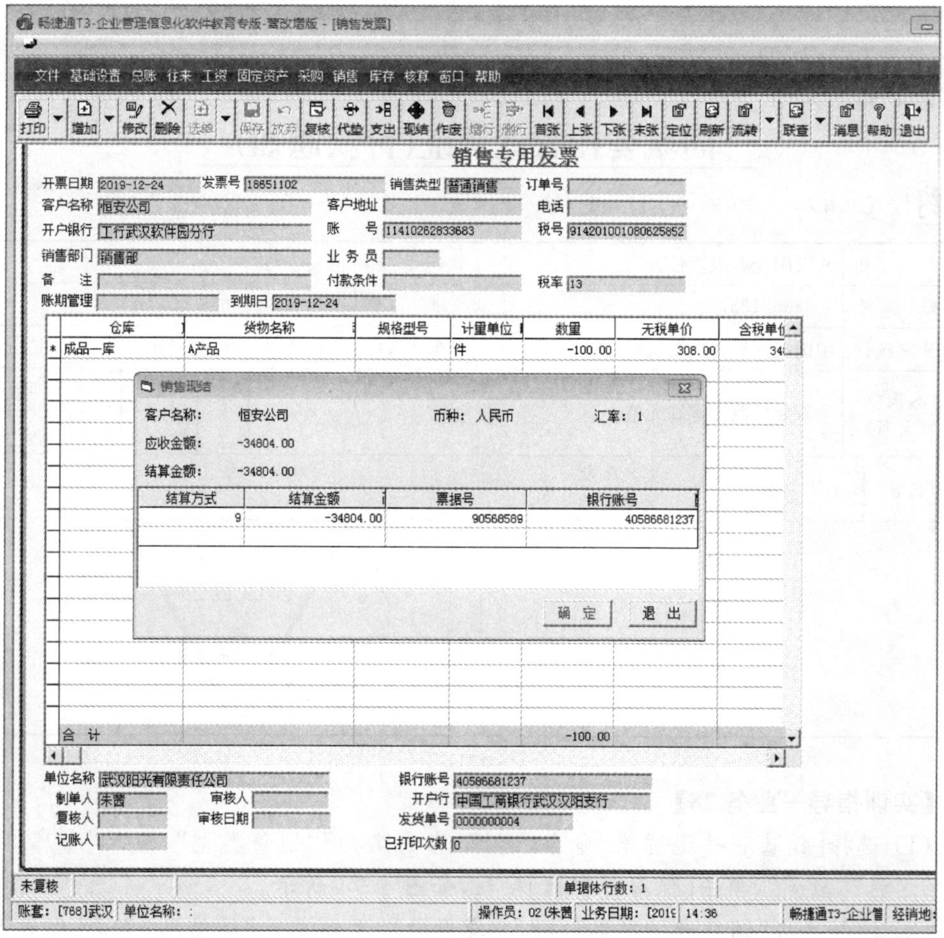

图 4-72 “销售专用发票”窗口

(3) 进入库存管理模块，选择“销售出库单生成”命令，单击[生成][刷新]按钮，选择本题“发货单”，单击[确定][审核]按钮，如图4-73所示。

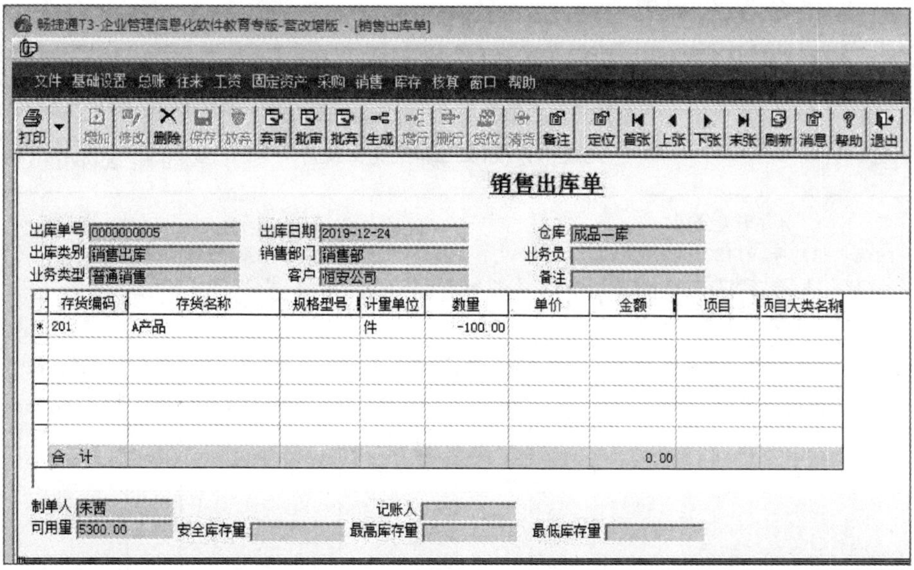

图4-73 “销售出库单”窗口

(4) 选择[核算]→[正常单据记账]命令，选择所需单据进行记账；选择[客户往来制单]→[现结制单]命令，选择本题对应的单据进行制单，借方为“1002”，贷方为“6001”，输入辅助核算为A产品，单击[保存]按钮，如图4-74所示。

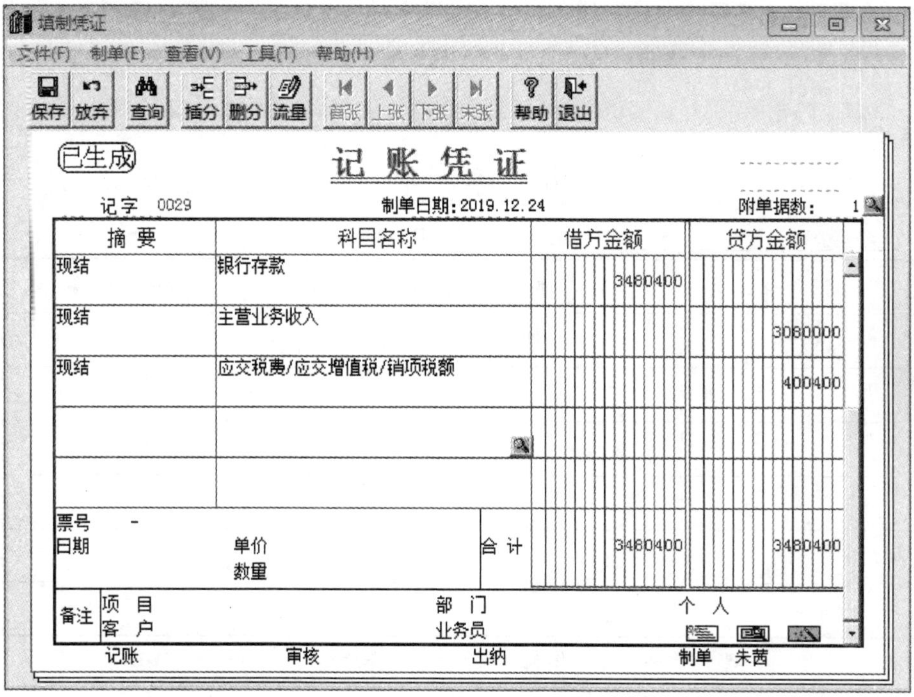

图4-74 [业务28]“填制凭证”窗口

视频：销售退回

［业务 29］ 12 月 25 日，向华美公司发出 A 产品 3 000 件，并开出增值税专用发票，对方签发转账支票(票号 866937)结清货款，当日送存工商银行。取得相关原始凭证如表 4-54 至表 4-56 所示。

表 4-54

4200151140　　　　**湖北增值税专用发票**　　　　№ 41125008　4200151140 41125008

此联不作报销、扣税凭证使用　　　　开票日期：2019年12月25日

购买方	名　　称：华美公司 纳税人识别号：914201010152762789 地 址 、电 话：武汉市洪山区临湖路 88 号 027-80073632 开户行及账号：工行武汉花桥分行 01087245630082				密码区	172312-4-275＜1+46*54* 82*59* 181321＞＜8182*59*09618153＜/ ＜4＜3*2702-9＞9*+153＜/0 ＞2-3 *08/4＞*＞＞2-3*0/9/＞＞25-275＜1	
货物或应税劳务、服务名称	规格型号	单位	数 量	单 价	金 额	税率	税 额
A 产品		件	3 000	310.00	930 000.00	13%	120 900.00
合计					￥930 000.00		￥120 900.00
价税合计(大写)	⊗壹佰零伍万零玖佰元整				(小写)￥1 050 900.00		
销售方	名　　称：武汉市阳光有限责任公司 纳税人识别号：914201127846753 地 址 、电 话：武汉市汉阳区龙阳路 11 号 027-86894588 开户行及账号：中国工商银行武汉汉阳支行 40586681237				备注	武汉阳光有限责任公司 发票专用章	

收款人：　　　　复核：　　　　开票人：　　　　销售方：(章)

税总函[2019]××号××××公司

第一联：记账联 销售方记账凭证

表 4-55

出　库　单　　　　No. 28763578

购货单位：华美公司　　　　2019 年 12 月 25 日

编 号	品 名	规 格	单位	数 量	单价	金 额	备 注
	A 产品		件	3 000		0.00	
合 计						0.00	

仓库主管：　　　　记账：　　　　保管：　　　　经手人：　　　　制单：

第一联 存根联

表 4-56

中国工商银行　进账单(收账通知)　3

2019 年12月25日

出票人	全　　称	华美公司
	账　　号	01087245630082
	开户银行	工行武汉花桥分行
金额	人民币(大写)	
收款人	全　　称	武汉阳光有限责任公司
	账　　号	40586681237
	开户银行	中国工商银行武汉汉阳支行

亿	千	百	十	万	千	百	十	元	角	分
	¥	1	0	5	0	9	0	0	0	0

票据种类	转账支票	票据张数	一张
票据号码	866937		
			收款人开户银行签章

中国工商银行武汉汉阳支行 2019.12.25 转讫

复核　　记账

此联是收款人开户银行交给收款人的收账通知

【实训指导—业务 29】

(1) 选择[销售]→[发货单]命令,单击[增加]按钮,选择“客户名称”“销售部门”“仓库”“货物名称”,输入“存货编码”“数量”“单价”等信息,单击[保存][审核]按钮,如图 4-75 所示。

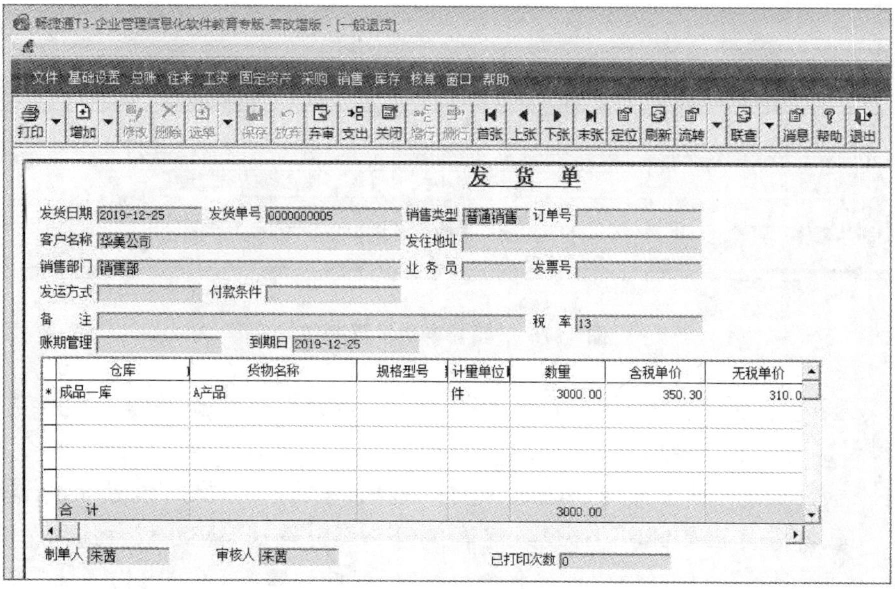

图 4-75　“发货单”窗口

(2) 选择[流转]→[生成专用发票]命令,修改发票号为"41125008",单击[保存][现结][审核]按钮,如图 4-76 所示。

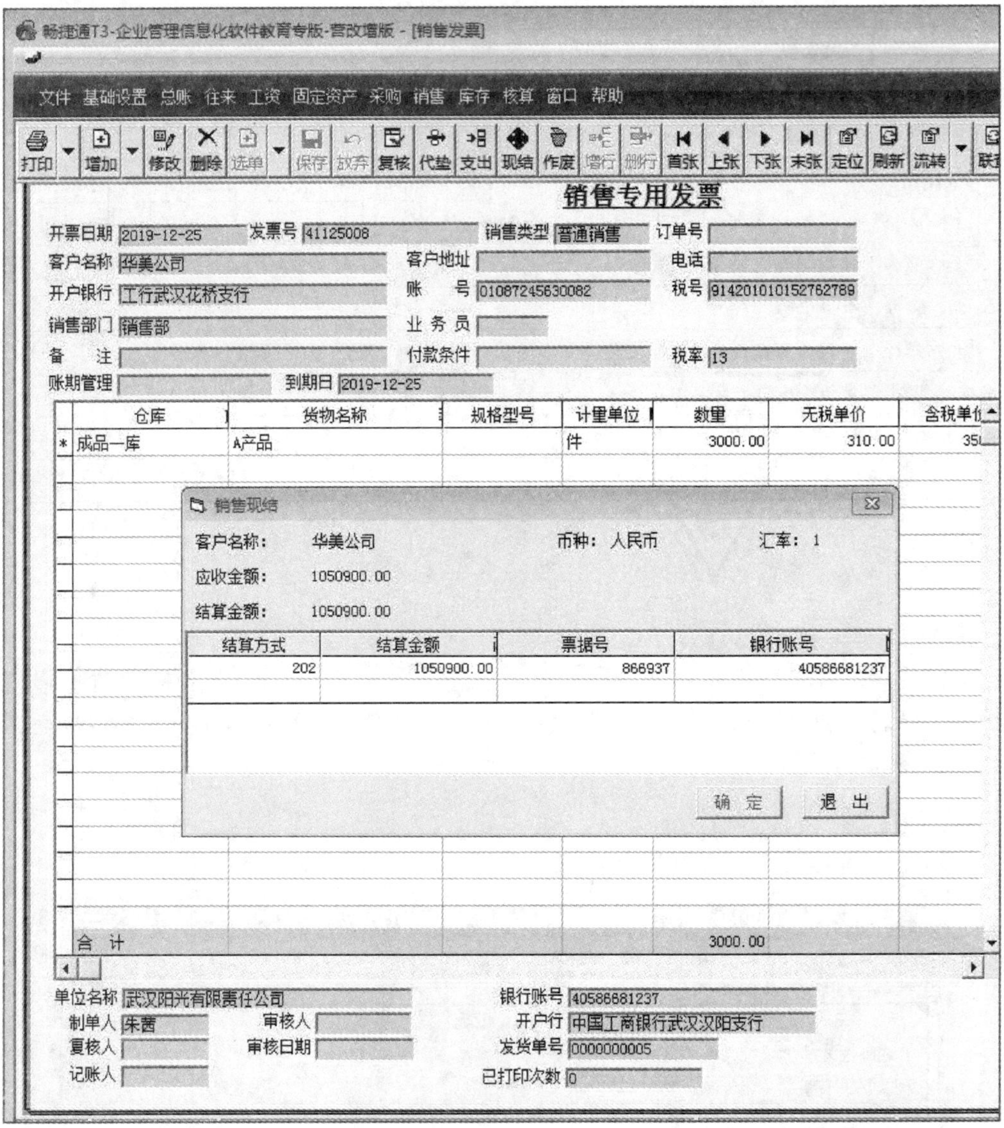

图 4-76 "销售专用发票"窗口

(3) 选择[库存]→[销售出库单生成/审核]→[生成]→[刷新]命令,单击[选择]按钮,选择本题发货单,单击[确认][审核]按钮。

(4) 选择[核算]→[正常单据记账]命令,选择该单据进行记账,单击[记账]按钮。

(5) 选择[客户往来制单]→[现结制单]命令,单击[确认]按钮,双击选择需要制单的单据,单击[制单]按钮,修改"主营业务收入"的辅助核算为"A 产品",单击[保存]按钮,凭证左上角出现"已生成"标志,如图 4-77 所示,表示凭证已传递到总账。单击[退出]按钮。

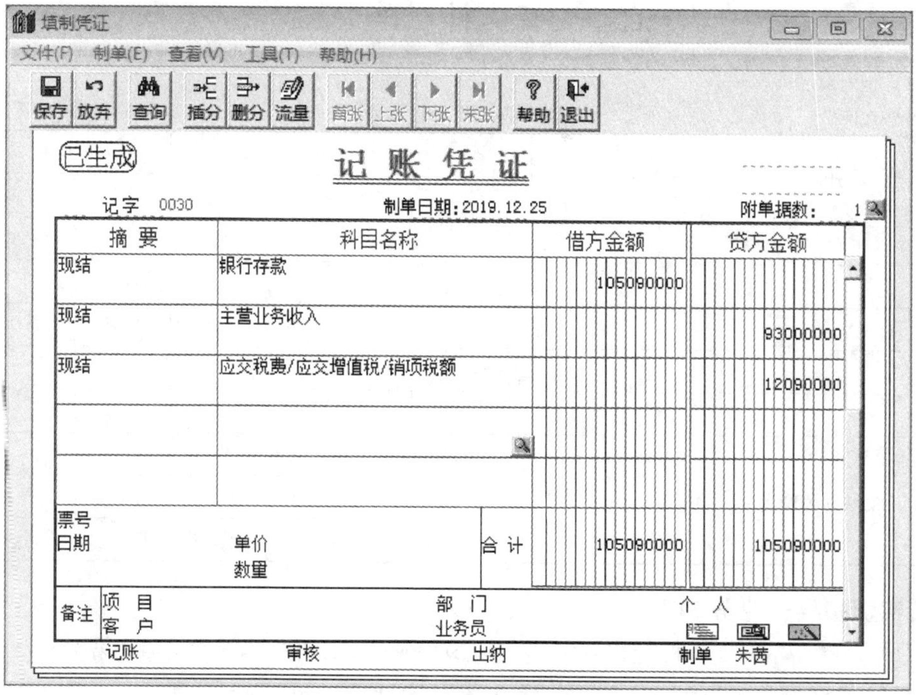

填制凭证

文件(F) 制单(E) 查看(V) 工具(T) 帮助(H)

保存 放弃 查询 插分 删分 流量 首张 上张 下张 末张 帮助 退出

已生成

记账凭证

记字 0030 制单日期：2019.12.25 附单据数：1

摘要	科目名称	借方金额	贷方金额
现结	银行存款	105090000	
现结	主营业务收入		93000000
现结	应交税费/应交增值税/销项税额		12090000
票号 日期	单价 数量 合计	105090000	105090000

备注 项目 部门 个人 客户 业务员

记账 审核 出纳 制单 朱茜

图 4-77 ［业务 29］“填制凭证”窗口

［业务 30］ 12 月 25 日，采购员雪芬以现金支付租入包装物押金 800 元。取得相关原始凭证如表 4-57 所示。

表 4-57

收款收据

2019 年 12 月 25 日 No. 7337773

今收到 武汉阳光有限责任公司

交来 包装物押金

金额(大写) 零 拾 零 万 零 仟 捌 佰 零 拾 零 元 零 角 零 分

¥ 800.00 收款单位(公章)

（公章：天 物资有限公）

第一联 存根

核准： 会计： 记账： 出纳： 经办人：雪芬

【实训指导—业务 30】

会计分录如下：

借：其他应收款——存出保证金(122102) 800

　　贷：库存现金(1001) 800

［业务 31］ 12 月 25 日，企划部领用乙材料 200 千克。取得相关原始凭证如表 4-58所示。

表 4-58

领 料 单

领用部门:企划部

仓库:材料仓库　　　　2019 年 12 月 25 日　　　　编号:977

编号	类别	材料名称	规格	单位	数量		实际成本	
					请领	实发	单价	金额
C02		乙材料		千克	200	200		0.00
用途	企划部装修				领料部门		发料部门	
					负责人	领料人	核准人	发料人
					左　敏	刘莹莹	苏　摩	吴小琴

第三联 记账联

【实训指导—业务 31】

(1) 选择[库存]→[材料出库单]→[增加]命令,打开“材料出库单”窗口,输入“仓库”“部门”“出库类别”等信息,单击[保存][审核]按钮,如图 4-78 所示。

图 4-78 “材料出库单”窗口

(2) 选择[核算]→[正常单据记账]命令,选择该单据进行记账。

[业务 32] 12 月 26 日,财务部申请银行汇票,已将 300 000 元交存银行,取得银行汇票。取得相关原始凭证如表 4-59 所示。

表 4-59

中国工商银行汇票申请书

申请日期：2019 年 12 月 26 日　　　　第 8802 号

申请人	武汉阳光有限责任公司	收款人	武汉阳光有限责任公司
账号或地址	40586681237	账号或地址	40586681237
用途	购买原材料	代理付款行	中国工商银行武汉汉阳支行

汇款金额	人民币（大写）	亿	千	百	十	万	千	百	十	元	角	分
	叁拾万元整			¥	3	0	0	0	0	0	0	0

上列款项请从我账号内支付。（武汉阳光有限责任公司 财务专用章）（夏海印） 申请人签章	科目＿＿＿＿ 对方科目＿＿＿＿ 财务主管　复核　经办

此联汇款人留存

【实训指导—业务 32】

在总账中编制会计分录如下：

借：其他货币资金——银行汇票存款(101201)　　　300 000

　贷：银行存款(1002)　　　300 000

［业务 33］ 12 月 27 日，蕙普公司因生产力下降不能销售乙材料，故将我公司支付的订金 100 000 元退还。取得相关原始凭证如图 4-79 所示。

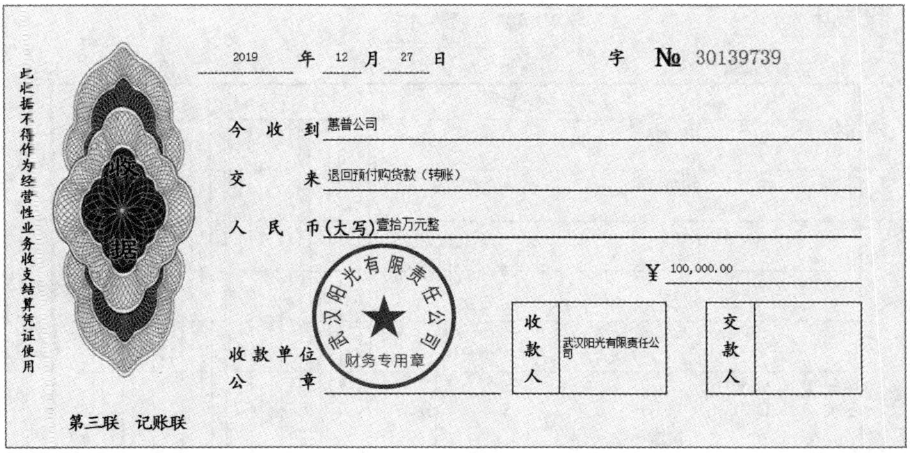
2019 年 12 月 27 日　　字 № 30139739

今收到 蕙普公司

交来 退回预付购货款（转账）

人民币（大写）壹拾万元整

¥ 100,000.00

收款单位公章（武汉阳光有限责任公司 财务专用章）

收款人 武汉阳光有限责任公司

交款人

此收据不得作为经营性业务收支结算凭证使用

收据

第三联 记账联

图 4-79 收据

【实训指导—业务 33】

(1) 选择[采购]→[付款结算]命令，选择供应商“005 蕙普公司”，预付合计处显示金额为“100 000.00”，单击右上“切换”按钮，“付款单”会切换至“收款单”。

(2) 单击[增加]按钮，输入“结算方式”“结算科目”“金额”等信息，单击[保存][核销]按钮,如图 4-80 所示,选择表体相对应单据核销,单击[保存]按钮。

视频：订金退回

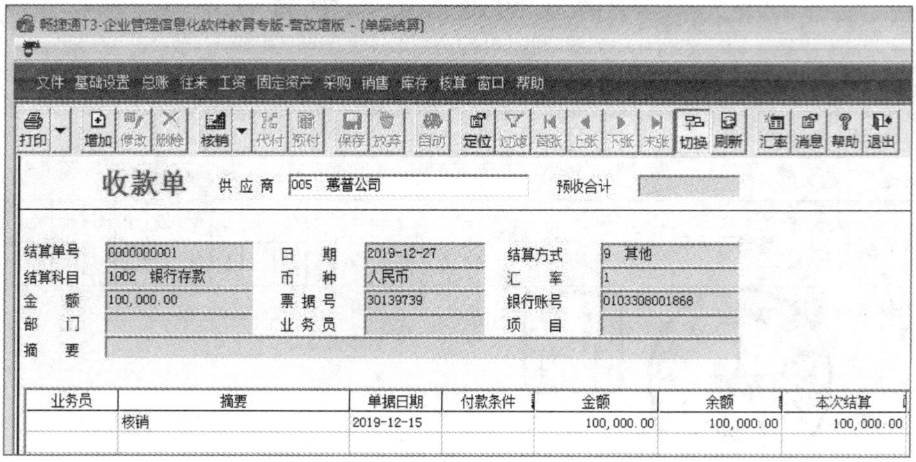

图 4-80 "收款单"窗口

(3) 选择[核算]→[供应商往来制单]→[核销制单]命令,单击[确定]按钮,然后双击选择需要制单的凭证,单击[制单]。单击[保存]按钮,凭证左上角出现"已生成"标志,表示凭证已传递到总账,然后单击[退出]按钮,如图 4-81 所示。

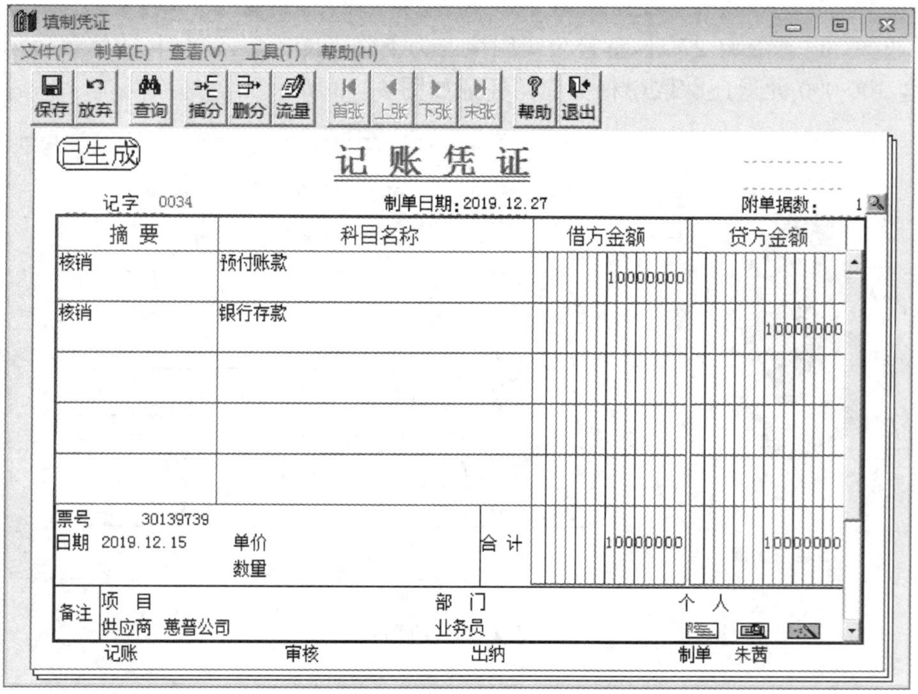

图 4-81 [业务 33]"填制凭证"窗口

[业务 34] 12 月 28 日,因生产需要将财务部的台式电脑 1 移交给生产一部使用。取得相关原始凭证如表 4-60 所示。

表 4-60

固定资产交接单

2019 年 12 月 28 日

移交单位	财务部	接受单位	生产一部
固定资产名称	台式电脑 1	数　量	1 台
原　值	4 000 元	开始使用时间	2019 年 12 月 28 日
移交单位负责人	吴月	接受单位负责人	杨志亮

【实训指导—业务 34】

(1) 选择[固定资产]→[资产变动]→[部门转移]命令。

(2) “卡片编号”选择“00010”,“变动后部门”选择“生产一部”,“变动原因”输入“生产需要”,单击[保存]按钮。输入完成后如图 4-82 所示。

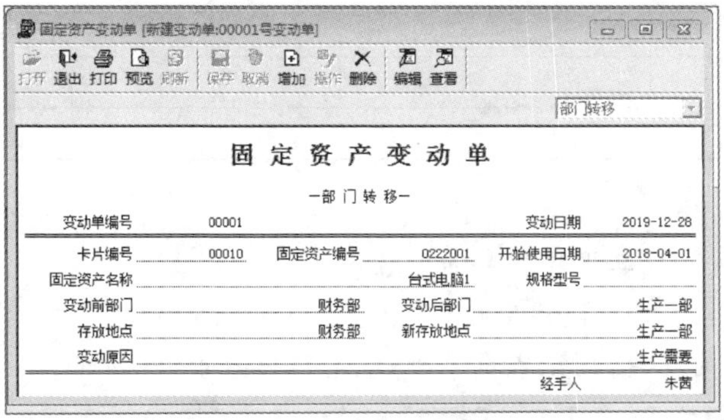

图 4-82 “固定资产变动单”窗口

视频：部门变动

[业务 35] 12 月 29 日,向振兴公司发出 B 产品 1 800 件,已开出增值税专用发票,使用预收款结清一部分货款。取得相关原始凭证如表 4-61、表 4-62 所示。

表 4-61

4200151140　　湖北增值税专用发票　　No 02217268　4200151140 02217268

机器编号:982888812388　　此联不作报销、扣税凭证使用　　开票日期: 2019年12月29日

购买方	名　称:振兴公司 纳税人识别号:911349429839101258 地 址 、电 话:北京市朝阳区康平路 76 号 0110-45152684 开户行及账号:工行北京中关村支行 22110003234197				密码区	172312-4-275 <1+46*54* 82*59* 181321><8182*59*09618153</ <4<3*2702-9>9*+153</0 >2-3 *08/4>*>>2-3*0/9/>>25-275<1	
货物或应税劳务、服务名称	规格型号	单位	数　量	单　价	金　额	税率	税　额
*木质家具*B产品			1 800	350.00	630 000.00	13%	81 900.00
合计					¥630 000.00		¥81 900.00
价税合计(大写)	⊗柒拾壹万壹仟玖佰元整				(小写)¥711 900.00		
销售方	名　称:武汉阳光有限责任公司 纳税人识别号:914201127846753 地 址 、电 话:武汉市汉阳区龙阳路 11 号 027-86894588 开户行及账号:中国工商银行武汉汉阳支行 40586681237				备注	校验码 21118 02817 08248 65199	

收款人:　　复核:　　开票人:　　销售方:(章)

武汉阳光有限责任公司 914201127846753 发票专用章

税总函[2019]××号××××公司

第一联:记账联 销售方记账凭证

表 4-62

出 库 单

No. 07828392

购货单位：振兴公司　　　　2019 年 12 月 29 日

编 号	品 名	规 格	单位	数 量	单价	金 额	备 注
	B产品		件	1 800		0.00	
	合 计					0.00	

第一联 存根联

仓库主管：　　记账：　　保管：　　经手人：邓思　　制单：邓思

【实训指导—业务 35】

(1) 操作步骤与[业务 29]基本相同，选择“销售管理”模块，填写发货单并流转成专用发票，切记不要单击“现结”，如图 4-83 所示。

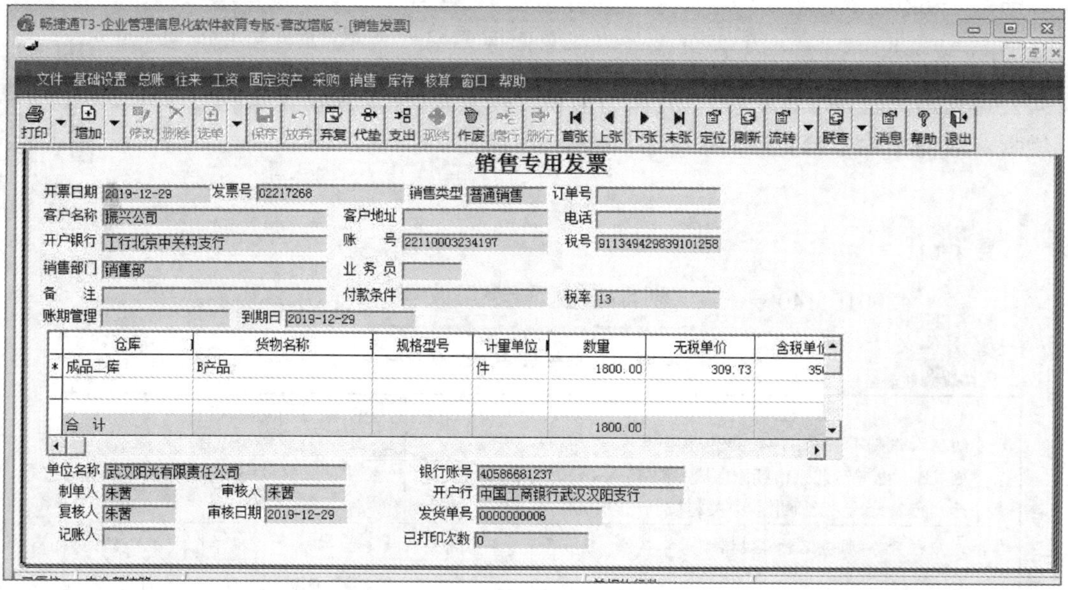

图 4-83 “销售专用发票”窗口

(2) 选择“库存管理”模块，生成并审核销售出库单。步骤同[业务 29]。

(3) 选择“核算管理”模块，进行“正常单据记账”，“客户往来制单”中选择发票制单，选择本题凭证并单击[制单]按钮，输入“主营业务收入”核算项目为“B 产品”，完成后单击[保存]按钮，如图 4-84 所示。步骤同[业务 28]。

(4) 选择“销售管理”模块，选择[客户往来]→[预收冲应收]命令，“客户”选择“002 振兴公司”，单击右方[过滤]按钮，表体转账金额处输入“200 000.00”。表头切换为“应收款”，单击[过滤]按钮，表体在本题转账金额处输入“200 000.00”。完成后单击[确

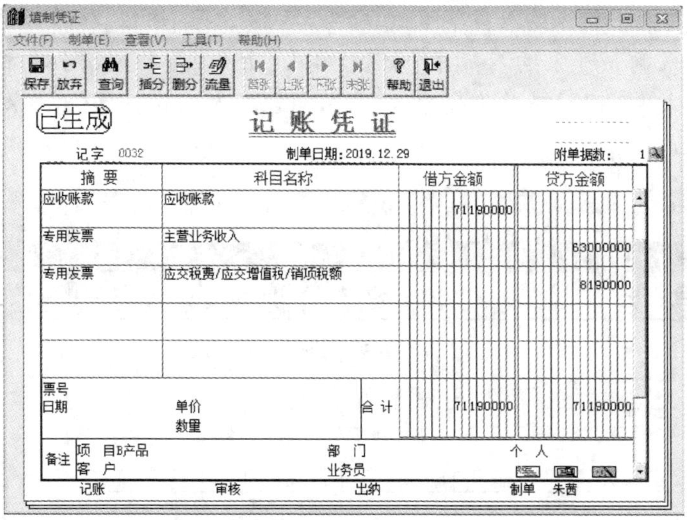

图 4-84 [业务 35]"联查凭证"窗口

视频：销售 B 产品

认]按钮。提示操作成功。

(5) 选择"核算管理"模块，选择[客户往来制单]→[转账制单]命令，单击[确认]按钮，选择对应凭证并制单保存，如图 4-85 所示。

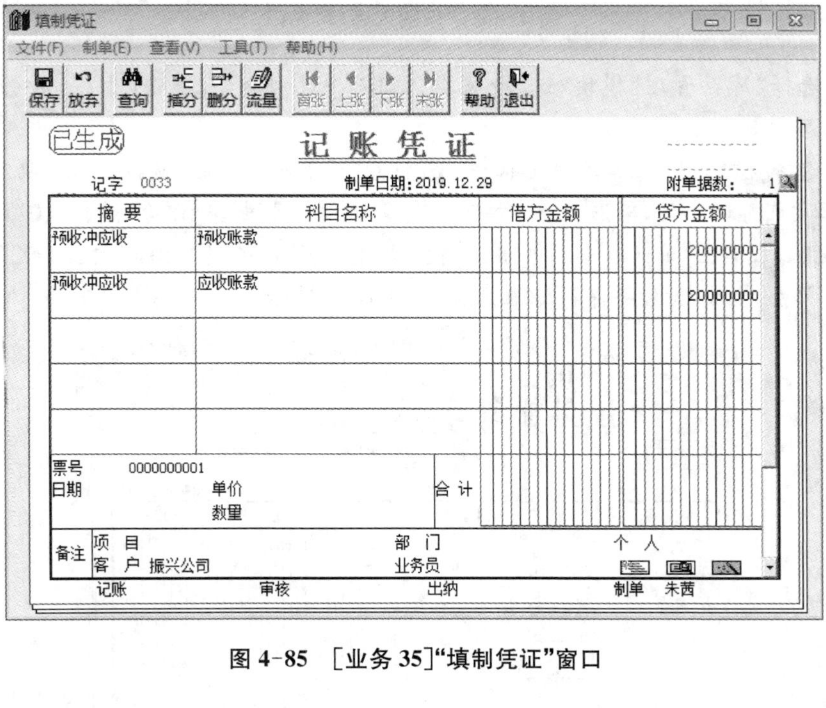

图 4-85 [业务 35]"填制凭证"窗口

[业务 36] 12 月 31 日，将 21 日收到的四维公司的材料按期初成本暂估入库。

【实训指导—业务 36】

(1) 选择[库存]→[期初数据]→[库存期初]命令，进入"仓库期初余额"窗口，选择"01 材料仓库"，查看甲材料与乙材料期初单价为"25"与"80"。

(2) 选择[库存]→[采购入库单审核]命令,单击[上张]按钮,取消本题入库单审核。

(3) 选择[采购]→[采购入库单]命令,单击[上张]按钮,找到四维公司材料入库单,单击[修改]按钮,甲材料单价处输入“25”,同理输入乙材料单价,如图4-86所示,单击[保存]按钮。

图4-86 “采购入库单”窗口

(4) 选择“库存管理”模块,选择[采购入库单审核]命令,单击[上张]按钮,重新审核本题入库单。

(5) 选择[核算]→[正常单据记账]命令,打开“正常单据记账”窗口,单击[确定][选择]按钮,选择要记账的单据,单击[记账]按钮。选择[购销单据制单]命令,选择[(01)采购入库单(暂估记账)],单击[确认][全选][确认]按钮。输入科目编码“140301”“220202”“140302”“220202”,单击[生成]按钮并保存记账凭证,如图4-87所示。

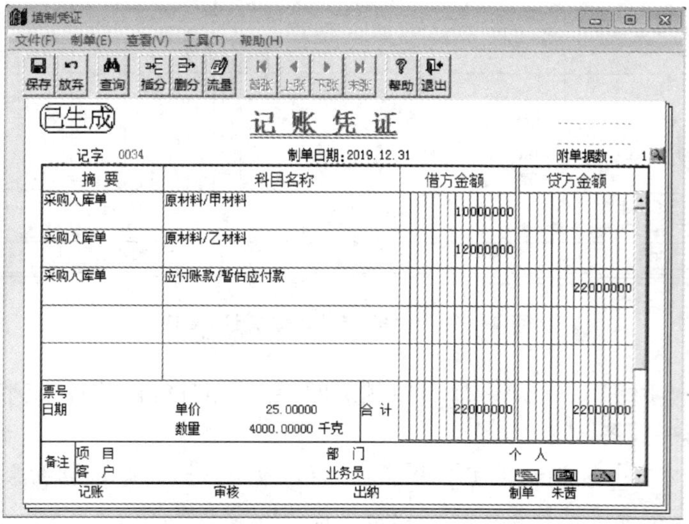

图4-87 [业务36]“填制凭证”窗口

[业务37]　12月31日，经分管领导批准，将24日出售的固定资产作为资产处置损益处理。

【实训指导—业务37】

会计分录如下：

借：资产处置损益(6605)　　1 400
　贷：固定资产清理(1606)　　1 400

[业务38]　12月31日，按各部门电费耗用比例、填制电费分配表如表4-63、表4-64所示。

表4-63　　**各部门电费耗用比例表**

部　　门	耗用比例
生产车间	65%
行管部门	20%
销售部门	15%

表4-64　　**电费分配表**

年　　月　　日　　单位：元

使用部门	分配金额
合　　计	

【实训指导—业务38】

前往[业务22]寻找电费分配金额，并乘以各部门耗用比例，在总账中填制分录如下：

借：制造费用——水电费(510104)　　32 825
　　管理费用——水电费(660206)　　10 100
　　销售费用——水电费(660103)　　7 575
　贷：应付账款——应付款(220201)　　50 500

[业务39]　12月31日，收到振兴公司转账支票，用于支付29日购买B产品的剩余款511 900元。取得相关原始凭证如图4-88所示。

【实训指导—业务39】

(1) 选择[销售]→[收款结算]命令，打开"收款单"窗口，选择客户"002 振兴公司"，单击[增加]按钮，输入相应信息，单击[保存][核销]按钮，选择表体对应金额并保存，如图4-89所示。

(2) 选择[核算]→[客户往来制单]→[核销制单]命令，单击[确认]按钮，然后双击选择需要制单的凭证，单击[制单]按钮，单击[保存]按钮，凭证左上角出现"已生成"标志，表示凭证已传递到总账，如图4-90所示，单击[退出]按钮。

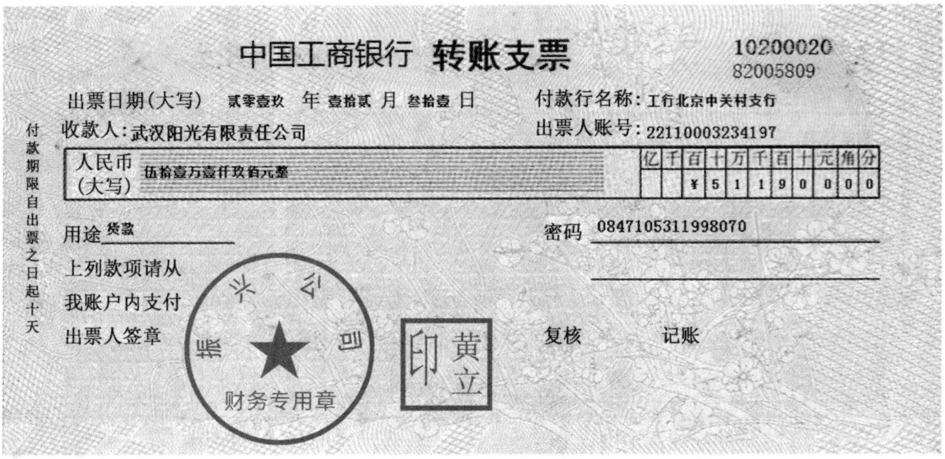

图 4-88 转账支票

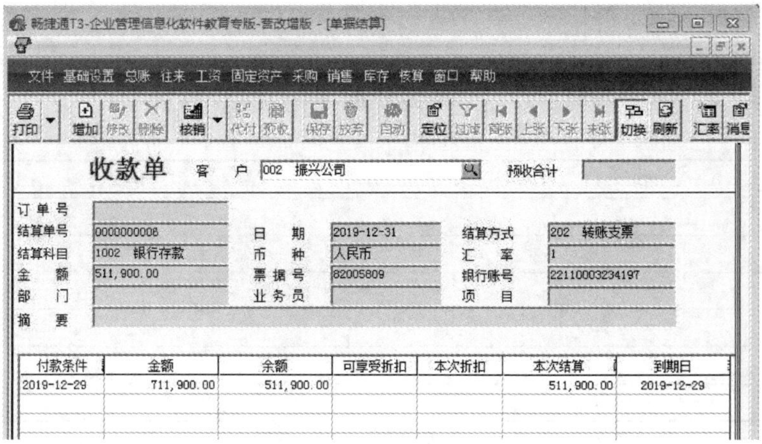

图 4-89 “收款单”窗口

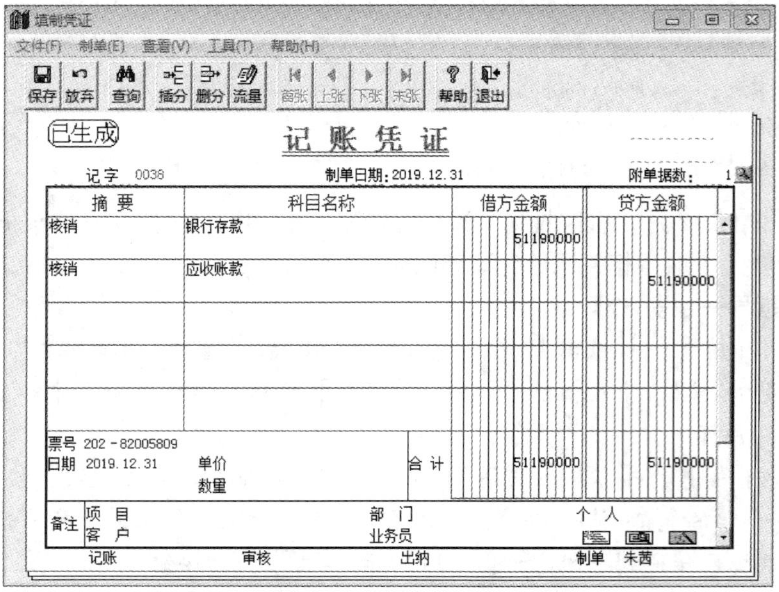

图 4-90 ［业务 39］“填制凭证”窗口

会计类

Kuaijilei 规划教材 Guihua Jiaocai

视频：支付前欠货款

［业务40］ 12月31日，因恒安公司经营出现问题，上月销售给该公司的200件A产品全部价税款合计69 608元已经无法收回。经总经理批准，准许将该笔应收账款确认为坏账，予以注销。取得相关原始凭证如图4-91所示。

坏账损失确认通知

因恒安公司经营出现问题，上月销售给该公司的200件A产品全部价税款合计￥69 608.00已经无法收回，经总经理批准，将该笔应收款确认为坏账，予以注销。

单位负责人：夏海　　　　财务负责人：吴月

日期：2019年12月31日

（印章：武汉阳光有限责任公司）

图4-91　坏账损失确认通知

【实训指导—业务40】

按业务日期进入系统，进入总账，填制凭证，如图4-92所示。

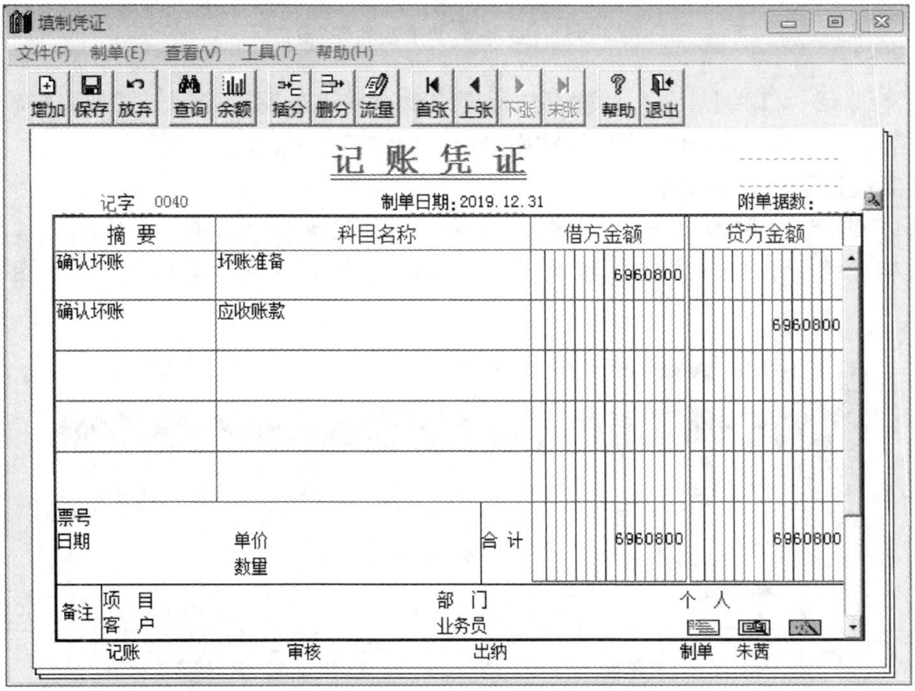

图4-92　［业务40］“填制凭证”窗口

［业务41］ 12月31日，计提本期坏账，按应收账款余额百分比法计提坏账准备，提取比例为0.5%。

【实训指导—业务41】

以操作员“02朱茜”的身份进入T3，选择［总账］→［凭证］命令，填制凭证，如图4-93所示。

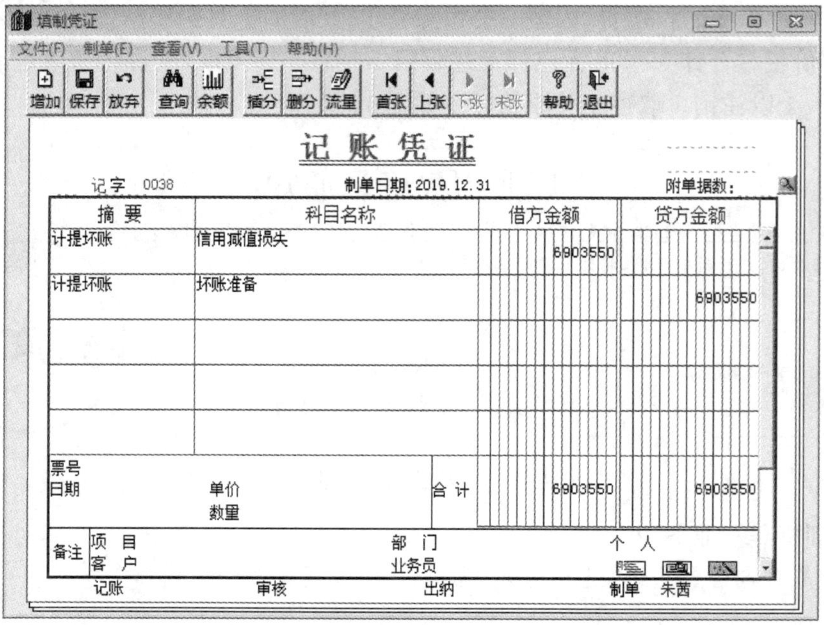

图 4-93 [业务 41]"填制凭证"窗口

[实训 42] 12 月 31 日，对库存进行期末盘点并进行期末处理。发现甲材料盘亏 90 千克，经查明盘点损耗的原因为被盗，领导已经核实并批准。

【实训指导—业务 42】

(1) 选择[库存管理]→[库存盘点]命令，单击[增加]按钮，填制表头相关信息，单击[盘库]按钮，将 101 的盘点数量改为"6 200.00"，单击[保存][审核]按钮，如图 4-94 所示。

视频：存货清查

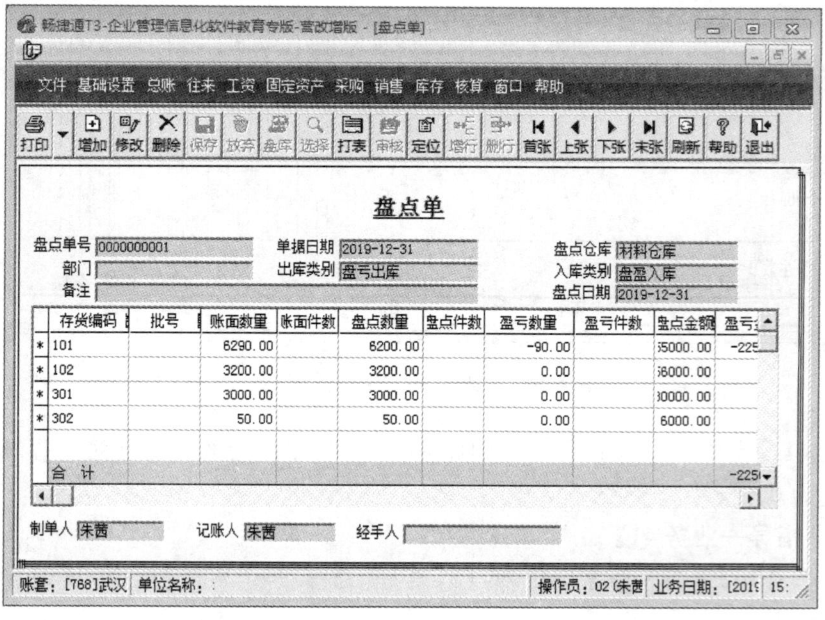

图 4-94 "盘点单"窗口

(2) 选择[库存管理]→[其他出库单]命令,单击[审核]按钮,如图 4-95 所示。

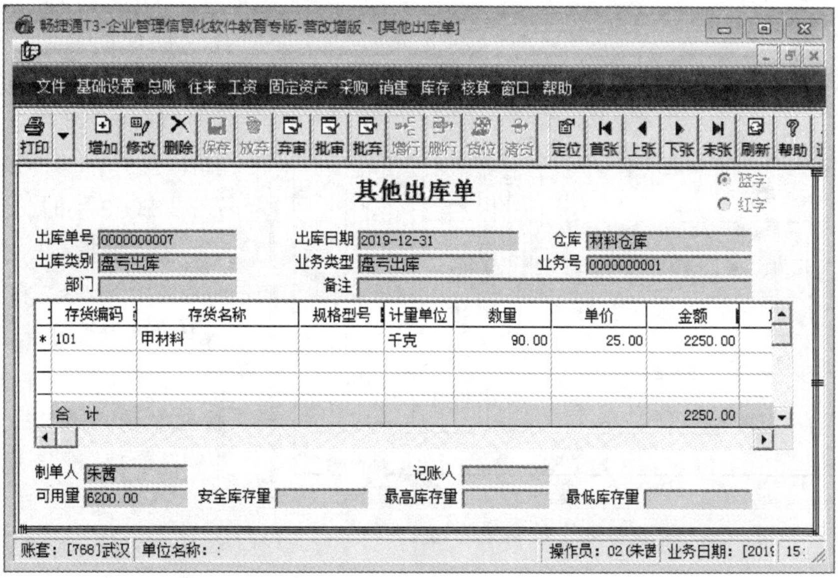

图 4-95 “其他出库单”窗口

(3) 选择[核算]→[正常单据记账]命令,勾选需要记账的单据,单击[记账]按钮。单击[购销单据制单]按钮,勾选“其他出库单”复选框,单击[制单]按钮,生成凭证如图 4-96 所示。

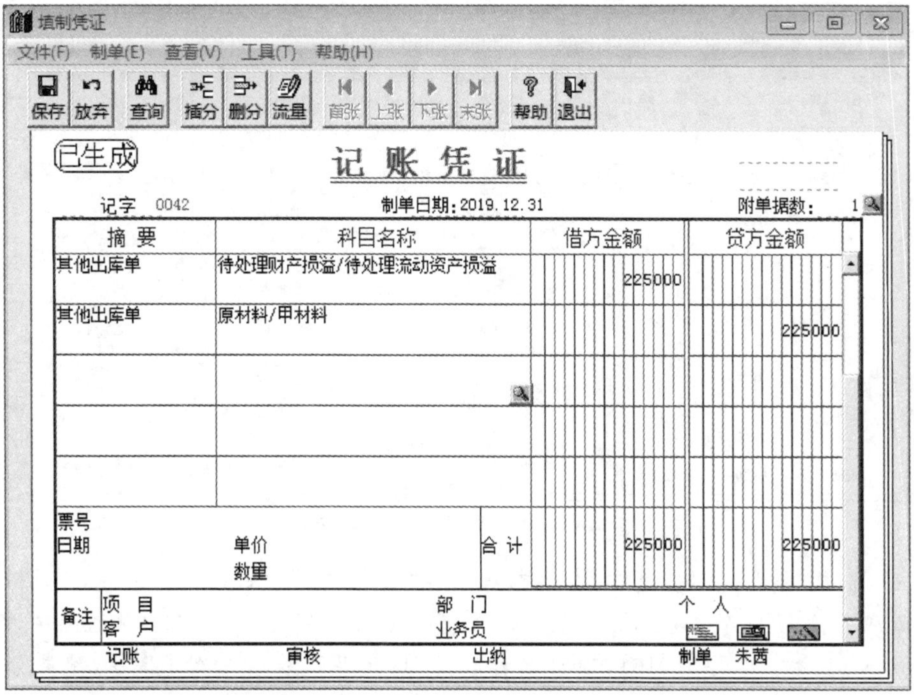

图 4-96 [业务 42]“填制凭证”窗口

(4) 选择[总账]→[凭证]命令,填制凭证如图 4-97 所示。

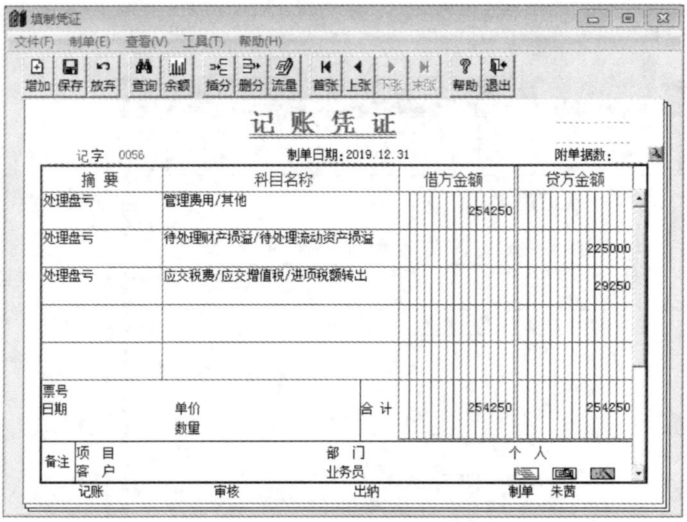

图 4-97 [业务 42]"填制凭证"窗口

[业务 43] 12 月 31 日,采用全月一次加权平均法,结转发出材料成本。直接材料的分配按工时比例,其中 A 产品 4 000 小时,B 产品 3 000 小时。

【实训指导—业务 43】

(1) 选择"采购管理"模块,选择[月末结账]命令,选中 12 月,单击[结账]按钮。依次对"销售管理""库存管理"进行月末结账。

(2) 选择"核算管理"模块,选择[月末处理]命令,选中"材料仓库",单击[确定][确定][确认][确定]按钮。

(3) 单击[购销单据制单][选择][全选][确认][全选][确认]按钮,在"科目编码处"输入对应材料编码,企划部领用材料,借方科目将"500101 直接材料"改为"660204 物料消耗",销售部领用材料,借方科目将"6401 主营业务成本"改为"6402 其他业务成本",完成后如图 4-98 所示。

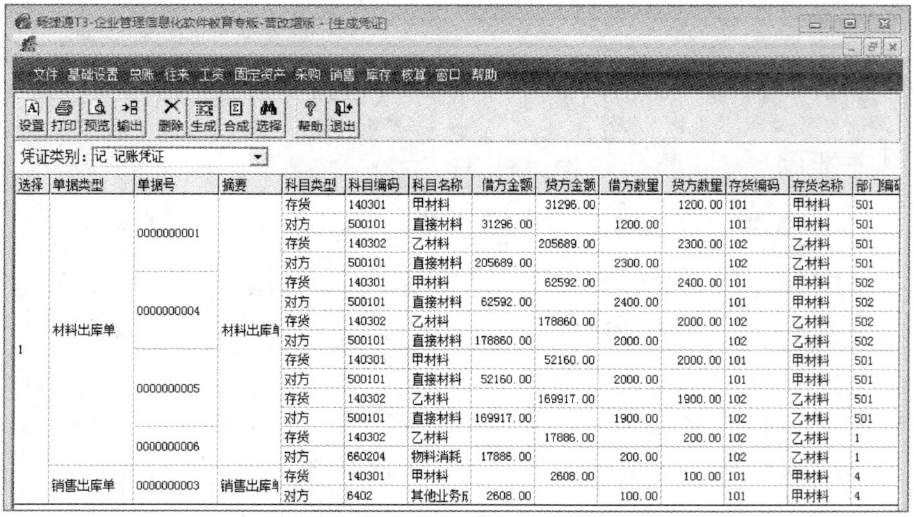

选择	单据类型	单据号	摘要	科目类型	科目编码	科目名称	借方金额	贷方金额	借方数量	贷方数量	存货编码	存货名称	部门编码
1	材料出库单	0000000001	材料出库单	存货	140301	甲材料		31296.00		1200.00	101	甲材料	501
				对方	500101	直接材料	31296.00		1200.00		101	甲材料	501
				存货	140302	乙材料		205689.00		2300.00	102	乙材料	501
				对方	500101	直接材料	205689.00		2300.00		102	乙材料	501
		0000000004		存货	140301	甲材料		62592.00		2400.00	101	甲材料	502
				对方	500101	直接材料	62592.00		2400.00		101	甲材料	502
				存货	140302	乙材料		178860.00		2000.00	102	乙材料	502
				对方	500101	直接材料	178860.00		2000.00		102	乙材料	502
		0000000005		存货	140301	甲材料		52160.00		2000.00	101	甲材料	501
				对方	500101	直接材料	52160.00		2000.00		101	甲材料	501
				存货	140302	乙材料		169917.00		1900.00	102	乙材料	501
				对方	500101	直接材料	169917.00		1900.00		102	乙材料	501
		0000000006		存货	140302	乙材料		17886.00		200.00	102	乙材料	1
				对方	660204	物料消耗	17886.00		200.00		102	乙材料	1
	销售出库单	0000000003	销售出库单	存货	140301	甲材料		2608.00		100.00	101	甲材料	4
				对方	6402	其他业务成	2608.00		100.00		101	甲材料	4

图 4-98 "勾选材料出库单"窗口

(4) 单击[合成]按钮,选中第一排,双击"项目",选择项目名称"A 产品"并根据题目分配 A 产品与 B 产品分别分配金额。A 产品分配金额为 400 293.60 元。在第二行处插分一行,输入编码 500101,项目名称改为"B 产品",在金额处按[=]键使分录平衡,保存凭证。完成后如图 4-99、图 4-100 所示。

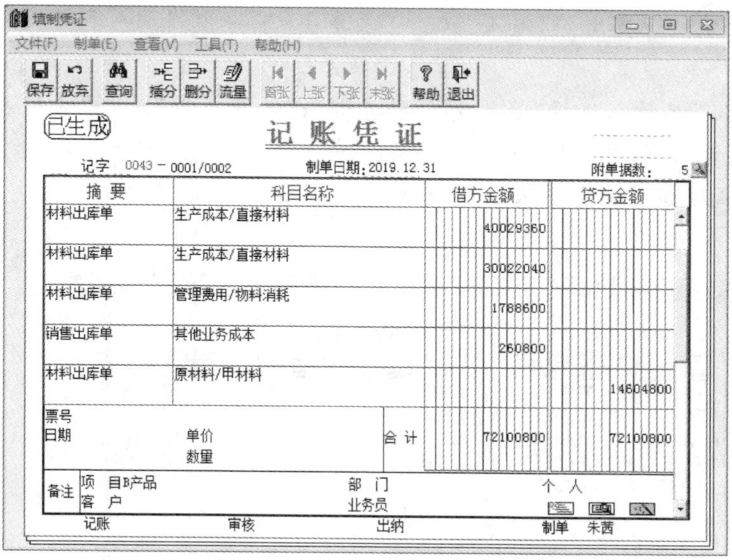

图 4-99 ［业务 43］“填制凭证”窗口 1/2

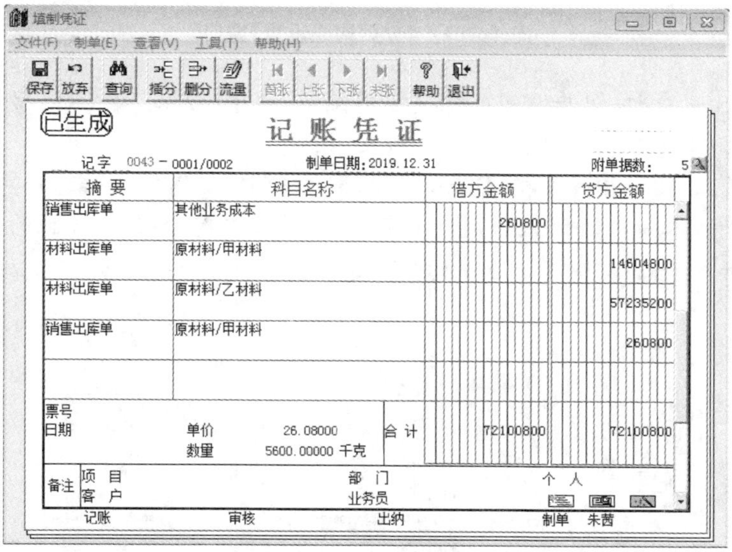

图 4-100 ［业务 43］“填制凭证”窗口 2/2

视频：结转发出材料成本

［业务 44］ 12 月 31 日，以“应发合计”为基数计算并分配工资，其中，生产人员工资按工时比例分配。以“月缴费工资”为基数，计提社会保险费、工会经费和职工教育经费。

【实训指导—业务 44】

1. 计提并分配工资

(1) 以操作员“02 朱茜”的身份进入 T3，打开“人员档案”窗口，记下每个部门对应人员类别；选择［工资］→［工资分摊］命令，打开“工资分摊”窗口。

(2) 单击［工资分摊设置］按钮，打开“分摊计提比例设置”窗口，“计提类型名称”输入“分配工资”,“分摊计提比例”输入“100%”。单击[下一步]按钮,打开“分摊构成设置”窗口。

(3) 双击“部门名称”,选择“企划部”“财务部”,“人员类别”选择“管理人员”,“项目”选择“应发合计”,“借方科目”选择“660201”,“贷方科目”选择“22110101”。依次设置其他部门,完成后如图 4-101 所示。

图 4-101 “分摊构成设置”窗口

(4) 单击[完成]按钮并返回,“计提费用类型”选中“分配工资”,选中所有部门,右方勾选“明细到工资项目”复选框,单击[确定]按钮。

(5) 勾选上方“合并科目相同、辅助项相同的分录”复选框,单击[制单]按钮,分别单击两行生产成本输入项目 A 产品与 B 产品,按产品工时分配 A 与 B 的金额,进行修改。完成后如图 4-102、图 4-103 所示。

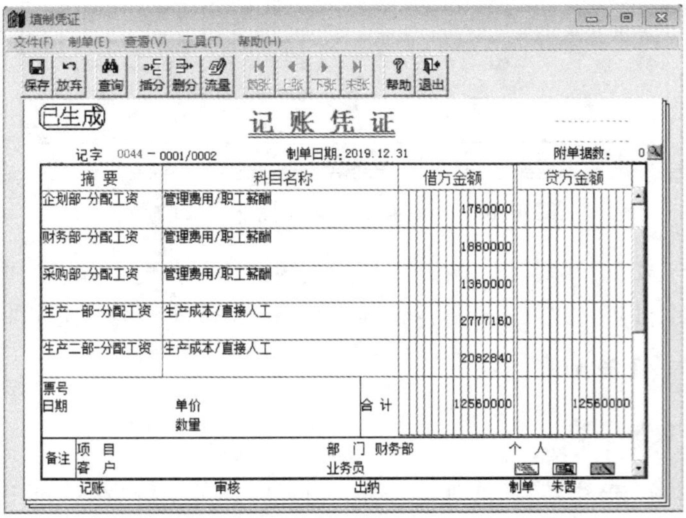

图 4-102 [业务 44]“填制凭证”窗口

会计类
规划教材 Kuaijilei Guihua Jiaocai

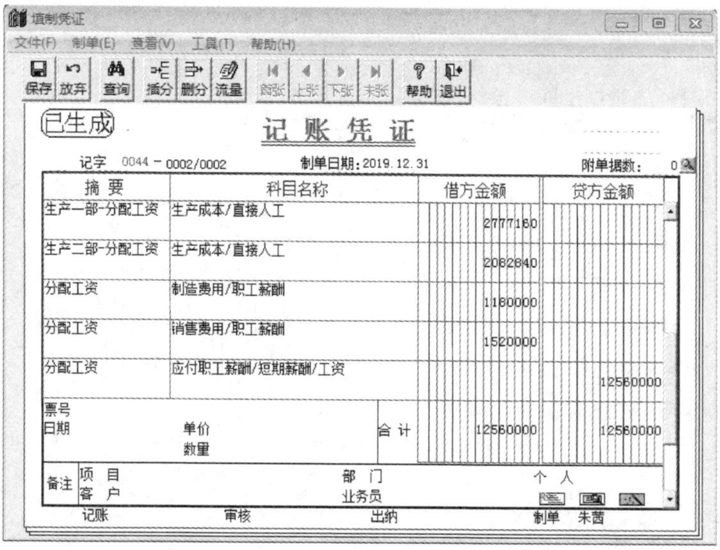

图 4-103 [业务 44]“填制凭证”窗口

2. 计提并分配社保费、工会经费和职工教育经费

(1) 选择“工资管理”模块，选择[工资分摊]→[工资分摊设置]命令，单击[增加]按钮，“计提类型名称”输入“计提社保”，期初查看养老保险、医疗保险、失业保险、工伤保险、生育保险的比例分别为 20%、10%、2%、1%、0.8%，单击[下一步]按钮，双击“部门名称”，选中“企划部”和“财务部”，单击[确定]按钮，“人员类别”输入“管理人员”，“项目”输入“月缴费工资”，“借方科目”输入“660201”，“贷方科目”输入“22110102”，依次设置其他分摊构成，如图 4-104、图 4-105 所示。

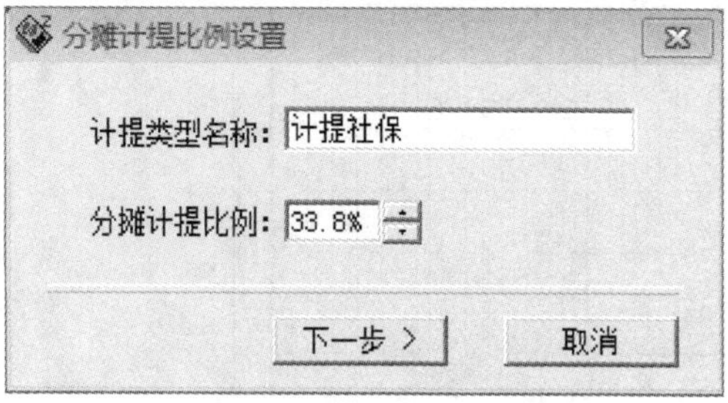

图 4-104 “分摊计提比例设置”窗口

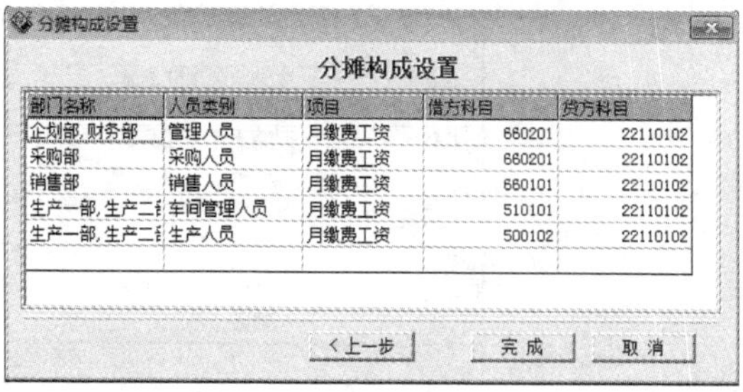

图 4-105 “分摊构成设置”窗口

(2) 单击[完成]按钮并返回，“计提费用类型”输入“计提社保”，选中所有部门，勾选右方“明细到工资项目”复选框，单击[确定]按钮。勾选上方“合并科目相同、辅助项相同的分录”复选框，单击[制单]按钮，分别单击两行生产成本输入项目 A 产品与 B 产品，按产品工时分配 A 与 B 的金额，进行修改。结果如图 4-106、图 4-107 所示。

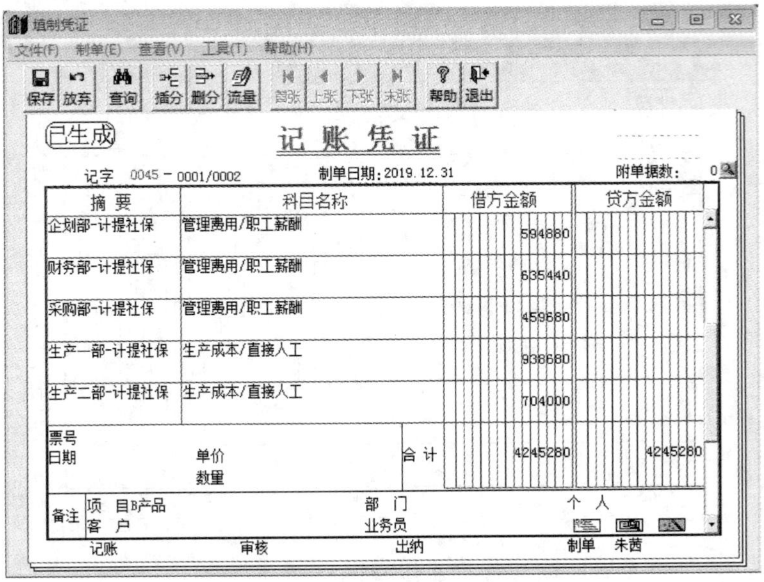

图 4-106 [业务 44]“填制凭证”窗口

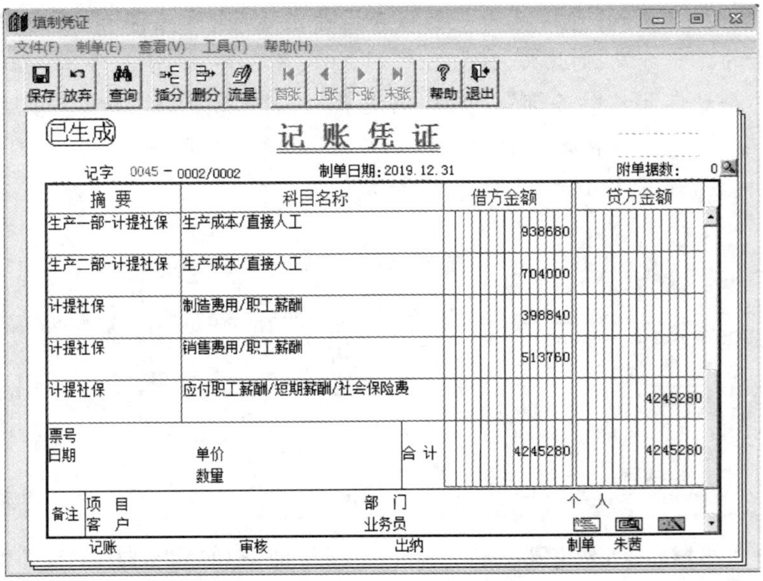

图 4-107 [业务 44]“填制凭证”窗口

(3) 同上设置工会经费、职工教育经费分摊,并生成记账凭证如图 4-108 至图 4-111 所示。

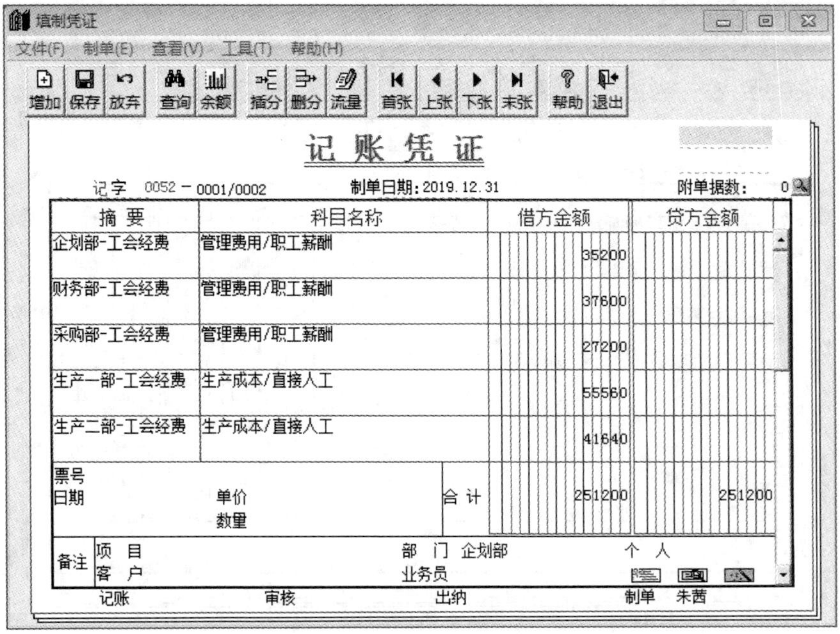

摘要	科目名称	借方金额	贷方金额
企划部-工会经费	管理费用/职工薪酬	35200	
财务部-工会经费	管理费用/职工薪酬	37600	
采购部-工会经费	管理费用/职工薪酬	27200	
生产一部-工会经费	生产成本/直接人工	55560	
生产二部-工会经费	生产成本/直接人工	41640	
票号 日期	单价 数量 合计	251200	251200

图 4-108 ［业务 44］“填制凭证”窗口

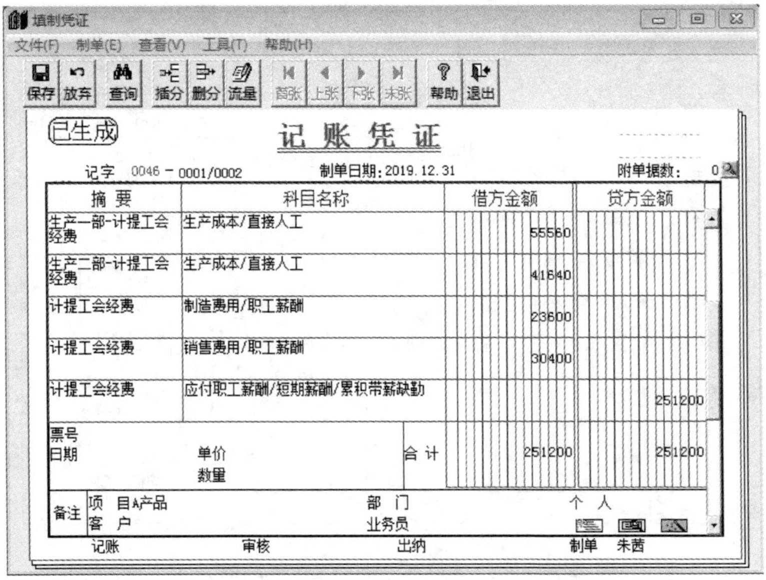

摘要	科目名称	借方金额	贷方金额
生产一部-计提工会经费	生产成本/直接人工	55560	
生产二部-计提工会经费	生产成本/直接人工	41640	
计提工会经费	制造费用/职工薪酬	23600	
计提工会经费	销售费用/职工薪酬	30400	
计提工会经费	应付职工薪酬/短期薪酬/累积带薪缺勤		251200
票号 日期	单价 数量 合计	251200	251200

图 4-109 ［业务 44］“填制凭证”窗口

［业务 45］ 12 月 31 日，根据工资管理中的“工资表”，以银行存款发放本月职工工资并代扣个人所得税及三险一金。

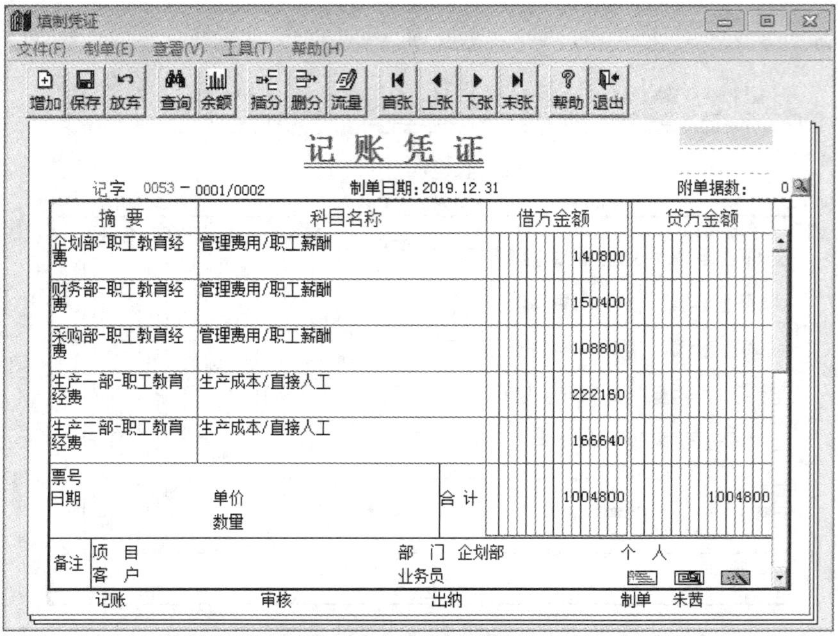

图 4-110 [业务 44]"填制凭证"窗口

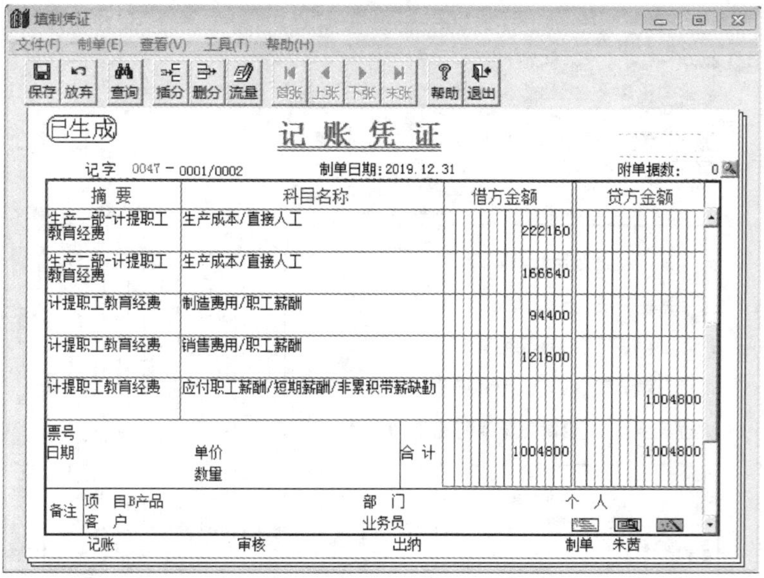

图 4-111 [业务 44]"填制凭证"窗口

视频：计提工资和社保工会经费、职工教育经费

【实训指导—业务 45】

(1) 选择[工资]→[统计分析]→[账表]→[工资分析表]命令。

(2) 选择"分类统计表(按项目)"选项，单击[确认]按钮，再单击[确认]按钮。

(3) 将“应发合计”“实发合计”“养老保险”“医疗保险”“失业保险”“代扣税”“住房公积金”等代扣款项移至右方，单击[确认]按钮，结果如图 4-112 所示。

分类统计表 （按项目）

2019 年 度 1 月 至 12 月

类 别	平均人数	代扣税	应发合计	住房公积金	医疗保险	失业保险	养老保险	实发合计	比重%
管理人员	5	106.14	36,400.00	4,368.00	763.00	364.00	2,912.00	27,886.86	28.93%
采购人员	2	13.74	13,600.00	1,632.00	286.00	136.00	1,088.00	10,444.26	10.83%
销售人员	2	50.70	15,200.00	1,824.00	318.00	152.00	1,216.00	11,639.30	12.07%
车间管理人	2		11,800.00	1,416.00	250.00	118.00	944.00	9,072.00	9.41%
生产人员	9		48,600.00	5,832.00	1,035.00	486.00	3,888.00	37,359.00	38.76%
合 计	20	170.58	125,600.00	15,072.00	2,652.00	1,256.00	10,048.00	96,401.42	100.00%

图 4-112 “分类统计表(按项目)”窗口

(4) 总账中根据上表查询金额填制会计分录如下：

借：应付职工薪酬——短期薪酬——工资(22110101)　　125 600.00

　贷：银行存款(1002)　　96 401.42

　　应交税费——应交个人所得税(222108)　　170.58

　　其他应付款——个人(224102)　　29 028.00

[业务 46]　12 月 31 日，计提累积带薪缺勤。本公司于 2019 年 12 月 1 日实行累积带薪缺勤制度，公司的管理人员可享受 5 个工作日带薪年休假，未行使的权利只能结转 1 年，超过 1 年未行使的权利将作废。职工离开公司时，未行使的权利不会获得现金补偿，按照后进先出法计算扣除年假的顺序。相关考勤资料如表 4-65 所示。

表 4-65　　2019 年职工考勤资料表

姓名	部门	属性	标准日工资	本年已享受带薪缺勤天数	未使用带薪缺勤天数	累积带薪缺勤
夏　海	企划部	管理人员	227.27	2	3	681.81
刘莹莹	企划部	管理人员	218.18	2	3	654.54
吴　月	财务部	管理人员	136.36	2	3	409.08
朱　茜	财务部	管理人员	127.27	1	4	509.08
洪　梅	财务部	管理人员	127.27	3	2	254.54
合计						2 509.05

【实训指导—业务 46】

(1) 选择[工资]→[工资变动]命令，打开“工资变动”窗口。

(2) 按照表格需求填入“本年已享受带薪缺勤天数”“未使用带薪缺勤天数”的数据，单击[保存][汇总]按钮并退出。

(3) 总账系统中填制凭证，如图 4-113 所示。

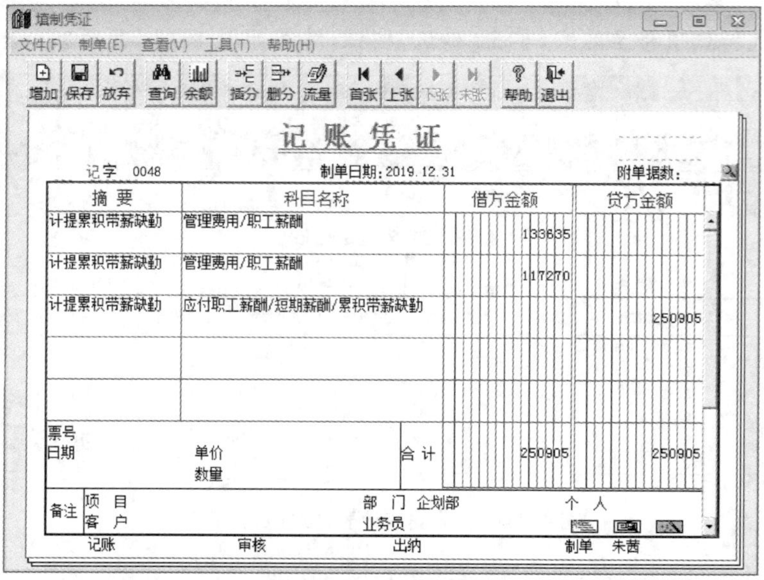

图 4-113 [业务 46]“填制凭证”窗口

[业务 47] 12 月 31 日,计提本月固定资产折旧费。

【实训指导—业务 47】

(1) 选择“固定资产”模块,选择[计提本月折旧]命令,单击[是][否]按钮。单击[批量制单]按钮,在“制单选择”中选中制单,在制单设置中单击[制单]按钮,输入摘要并保存,如图 4-114、图 4-115 所示。

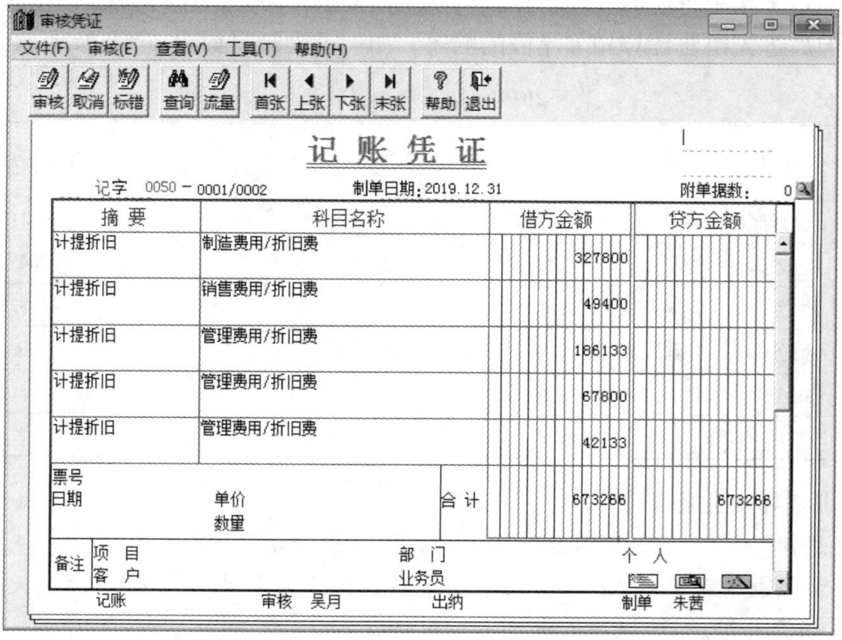

图 4-114 [业务 47]“填制凭证”窗口

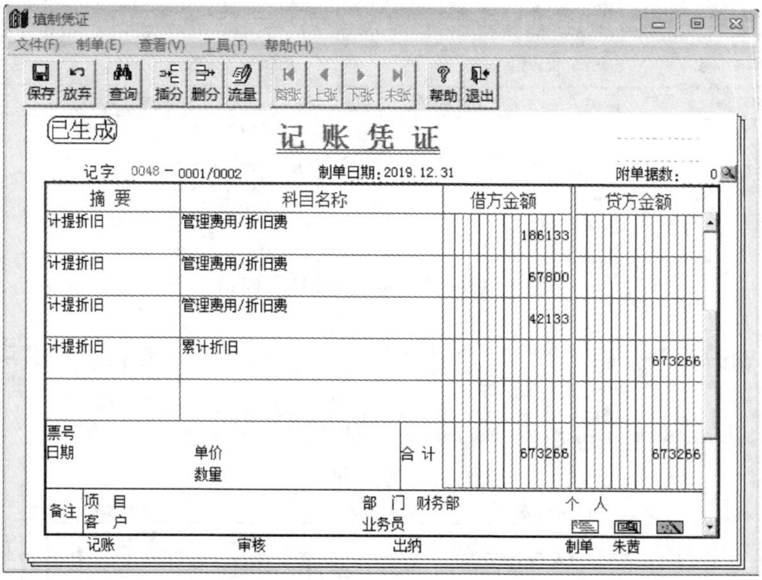

视频：计提折旧

图 4-115 ［业务 47］“填制凭证”窗口

［业务 48］ 12 月 31 日，归集并分配本月的制造费用，如表 4-66 所示。

表 4-66　　　　制造费用分配表

2019 年 12 月 31 日

项目 / 分配对象	生产工时	分配率	分配金额
A 产品			
B 产品			
合计			

请编制此表，小数点保留 4 位小数。

【实训指导—业务 48】

（1）选择［总账］→［转账定义］→［自定义转账］命令，打开“自动转账设置”窗口。

（2）单击［增加］按钮，增加一张转账凭证，打开“转账目录”窗口，输入“转账序号”“转账说明”等信息，单击［确定］按钮，打开“自动转账设置”窗口，输入“摘要”“科目编码”，“项目”选择“A 产品”，“方向”选择“借”，“金额公式”输入“JG()/7000 * 4000”。

（3）单击［增行］按钮，输入“摘要”“科目编码”，“项目”选择“B 产品”，“方向”选择“借”，“金额公式”输入“CE()”。

（4）重复相同步骤，依次设置贷方科目、金额公式，如图 4-116 所示，单击［保存］按钮。

（5）退出“自动转账设置”窗口，双击右方 0001 号凭证，勾选左下角“包含未记账凭证”复选框，单击［确定］按钮并保存凭证，如图 4-117、图 4-118 所示。

图 4-116 “自动转账设置”窗口

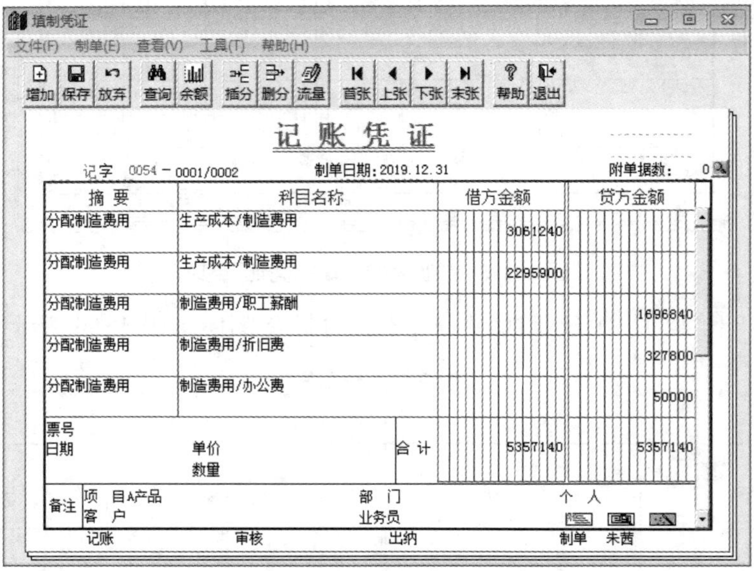

图 4-117 [业务 48]“填制凭证”窗口 1/2

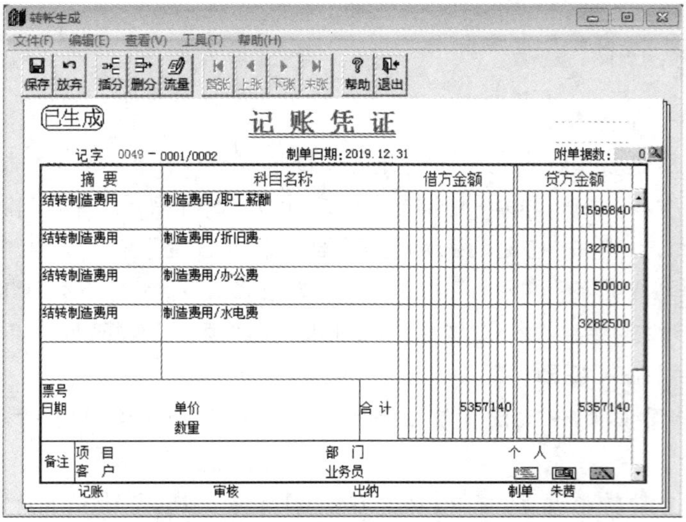

图 4-118 [业务 48]“填制凭证”窗口 2/2

视频:结转
制造费用

［业务 49］ 12 月 31 日，按约当产量法计算并结转 A 和 B 产品的完工产品成本和月末在产品成本。原材料在开始生产时一次投入，月末在产品完工程度为 60%，A 产品完工产品为 2 200 件，月末在产品为 600 件；B 产品完工产品为 1 400 件，月末在产品为 500 件。相关原始凭证如表 4-67、表 4-68 所示。

表 4-67 **产品成本计算单**

完工产品：

年 月 日　　　在产品：

单位：元

摘　要	直接材料	直接人工	制造费用	合计
月初在产品成本				
本月发生费用				
月末在产品成本				
完工产品成本				
完工产品单位成本				

审核：　　　　制表：

表 4-68 **完工产品成本汇总表**

年 月 日　　　附单据　　张

产品名称			合计
产量(　)			
成本项目	直接材料		
	直接人工		
	制造费用		
合　计			
单位成本			

审核：　　　　制表：

【实训指导—业务 49】

(1) 选择［总账］→［账簿查询］→［明细账］命令，输入科目编码 500101 并勾选“包含未记账凭证”复选框，单击［确认］按钮。记下生产成本下所有明细科目金额并按题意进行分配。计算结果如表 4-69、表 4-70 所示。

表 4-69

产品成本计算单

完工产品：A 产品　2200 件

2019 年 12 月 31 日　　　　在产品：A 产品　600 件

单位：元

摘要	直接材料	直接人工	制造费用	合计
月初在产品成本	0.00	0.00	0.00	0.00
本月发生费用	400 293.60	39 935.60	30 612.40	470 841.60
月末在产品成本	85 781.60	5 615.60	4 300.40	95 697.60
完工产品成本	314 512.00	34 320.00	26 312.00	375 144.00
完工产品单位成本	314 512	34 320	26 312	375 144

审核：　　　　　　　　　　　　制表：

表 4-70

产品成本计算单

完工产品：B 产品　1400 件

2019 年 12 月 31 日　　　　在产品：B 产品　500 件

单位：元

摘要	直接材料	直接人工	制造费用	合计
月初在产品成本	0.00	0.00	0.00	0.00
本月发生费用	300 220.40	29 951.20	22 959.00	353 130.60
月末在产品成本	79 006.40	5 283.20	4 045.00	88 334.60
完工产品成本	221 214.00	24 668.00	18 914.00	264 796.00
完工产品单位成本	221 214	24 668	18 914	264 796

审核：　　　　　　　　　　　　制表：

(2) 在总账系统中填制凭证如图 4-119、图 4-120 所示。

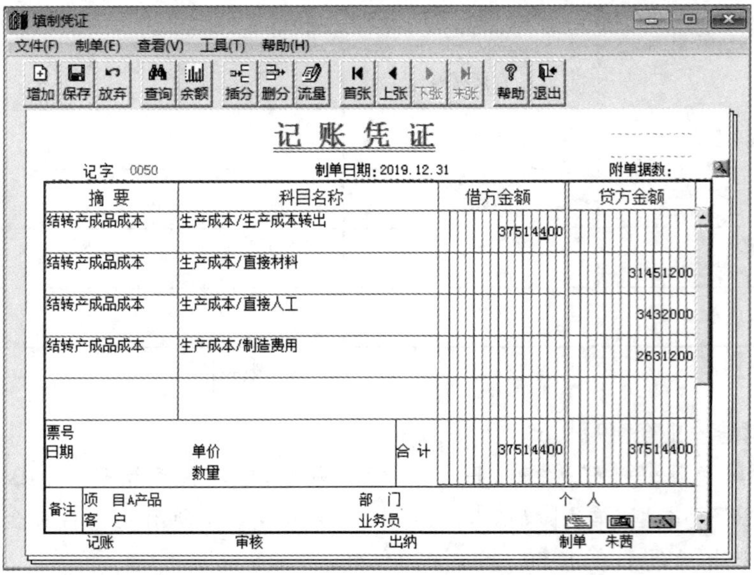

图 4-119 ［业务 49］“填制凭证”窗口

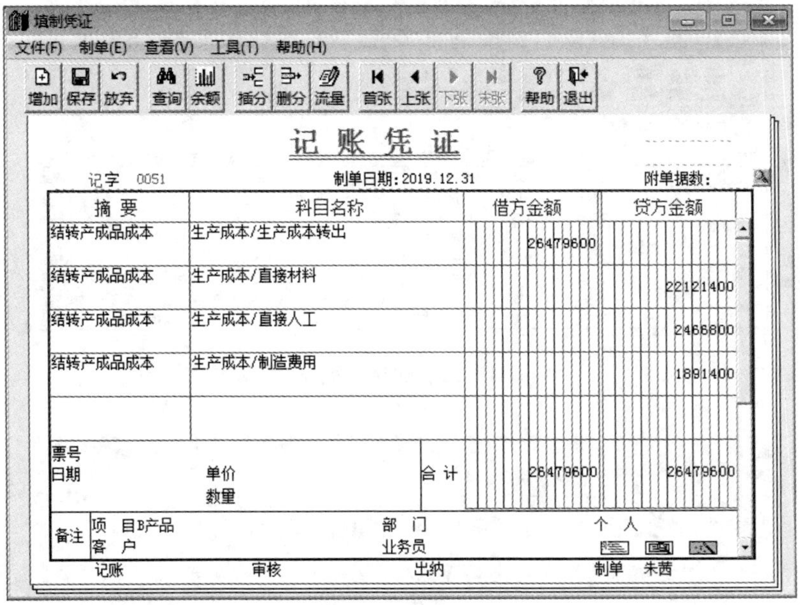

图 4-120 ［业务 49］“填制凭证”窗口

(3) 选择“核算管理”模块，选择[核算]→[核算]→[产成品成本分配]→[查询]命令，勾选“成品一库”与“成品二库”复选框，单击[确认][全选][确定]按钮。在 A 产品金额处输入“375 144.00”，B 产品金额处输入“264 796.00”，如图 4-121 所示，单击[分配][确认][退出]按钮。

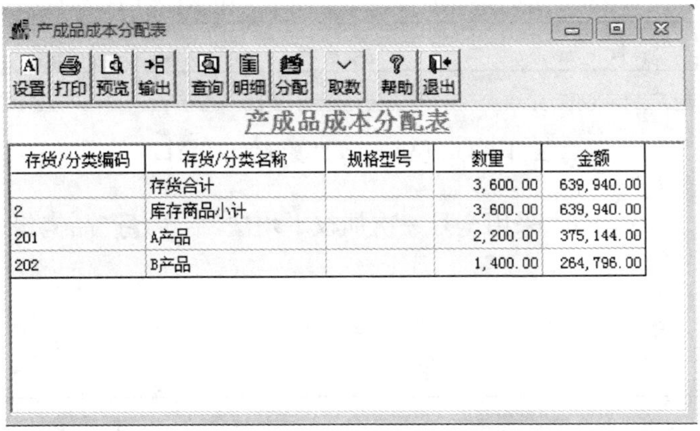

图 4-121 “产成品成本分配表”窗口

(4) 单击[正常单据记账][确定][全选][记账][退出]按钮。单击[购销单据制单][选择]按钮，勾选“产品入库单”复选框，单击[确认][全选][确定]按钮。根据存货名称依次输入贷方科目，移至表格最后处，根据存货名称依次输入“项目大类”及“项目编码”，如图 4-122 所示。单击[合成][保存]按钮，凭证如图 4-123 所示。

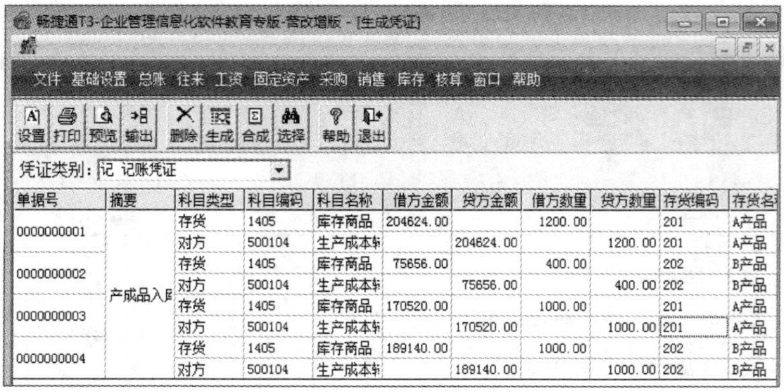

图 4-122　购销单据制单

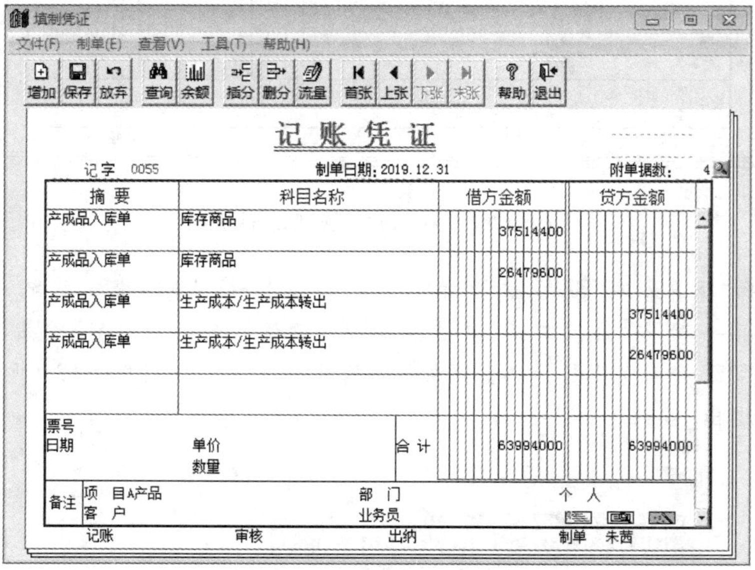

图 4-123　[业务 49]"填制凭证"窗口

视频：完工产品入库

[业务 50]　12 月 31 日，采用全月一次加权平均法，结转各产品销售成本，如表 4-71 所示。

表 4-71　　　　销售成本汇总表

年　　月　　日　　　　　　　　单位：元

产品名称	销售数量	单位成本	销售成本

审核：　　　　　　　　制单：

【实训指导—业务 50】

(1) 选择“核算管理”模块，选择[月末处理]命令，选中两个成品库进行处理。

(2) 选择[购销单据制单]命令，单击[选择]按钮，勾选“销售出库单”复选框，单击[确认][全选][确定]按钮。根据存货名称依次输入贷方科目，移至表格最后处，根据存货名称依次输入“项目大类”及“项目编码”。

(3) 单击[合成]按钮并保存凭证，如图 4-124 所示。

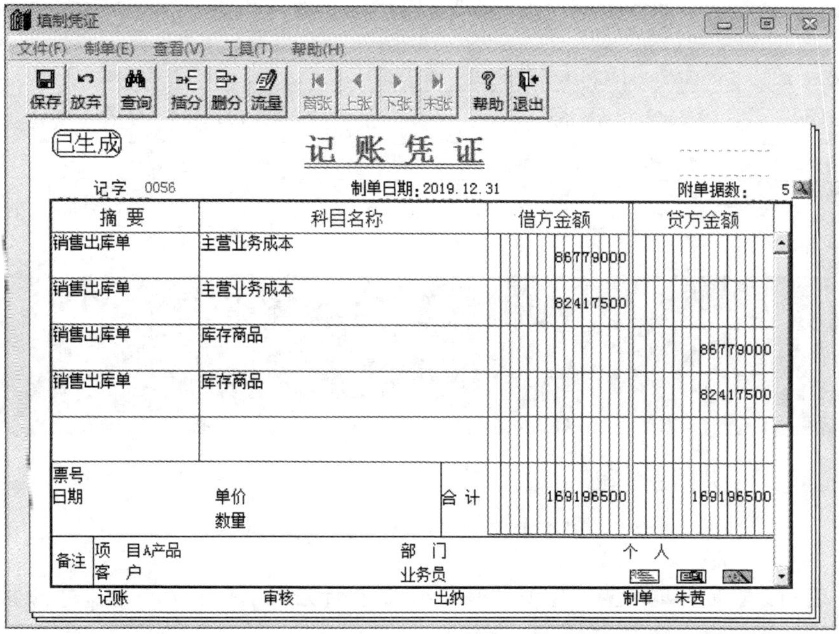

视频：结转销售成本

图 4-124 [业务 50]“填制凭证”窗口

[业务 51] 12 月 31 日，使用期末自定义公式，计算本月应交增值税并结转本月未交增值税，如表 4-72 所示。

表 4-72 **应交增值税计算表**

年 月 日 单位：元

项目	进项税额	销项税额	进项税额转出	本月应交增值税
金额				

审核： 制单：

【实训指导—业务 51】

(1) 选择“总账系统”模块，选择[月末转账]命令，单击[自定义转账]放大镜，单击[增加]按钮，输入转账序号为“0002”，转账说明为计提未交增值税，单击[确定]按钮。输入第一行科目编码为“22210102”，方向为“借”，双击“金额公式”，单击放大镜，选择公式名称“贷方发生额 FS()”，单击[下一步][完成]按钮。

(2) 单击[增行]按钮，输入第二行科目编码为“22210103”，方向为“借”，双击“金额公式”，单击放大镜，选择公式名称“贷方发生额 FS()”，将科目改为“22210102”，单击

[下一步][完成]按钮。

(3) 单击[增行]按钮,输入第三行科目编码为“22210104”,方向为“贷”,双击“金额公式”,单击放大镜,选择公式名称“借贷方差额 CE()”,单击[下一步][完成]按钮。

(4) 单击[增行]按钮,输入第四行科目编码为“22210101 ”,方向为“贷”,双击“金额公式”,单击放大镜,选择公式名称“借方发生额 FS()”,单击[下一步][完成]按钮。完后后如图 4-125 所示。

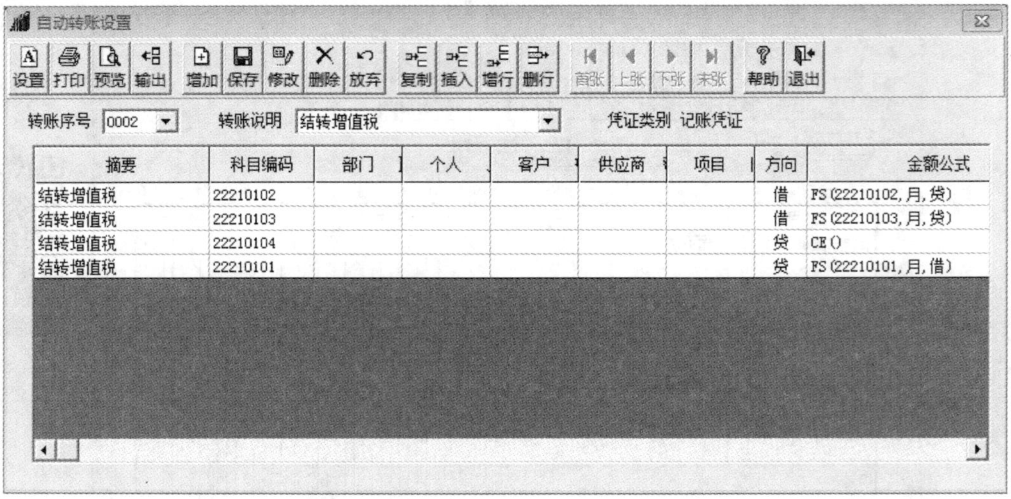

图 4-125 “自动转账设置”窗口

(5) 退出“自动转账设置”窗口,并双击右方对应号,单击左下角“包含未记账凭证”,单击[确定]按钮,并保存凭证,如图 4-126 所示。

视频:计提增值税

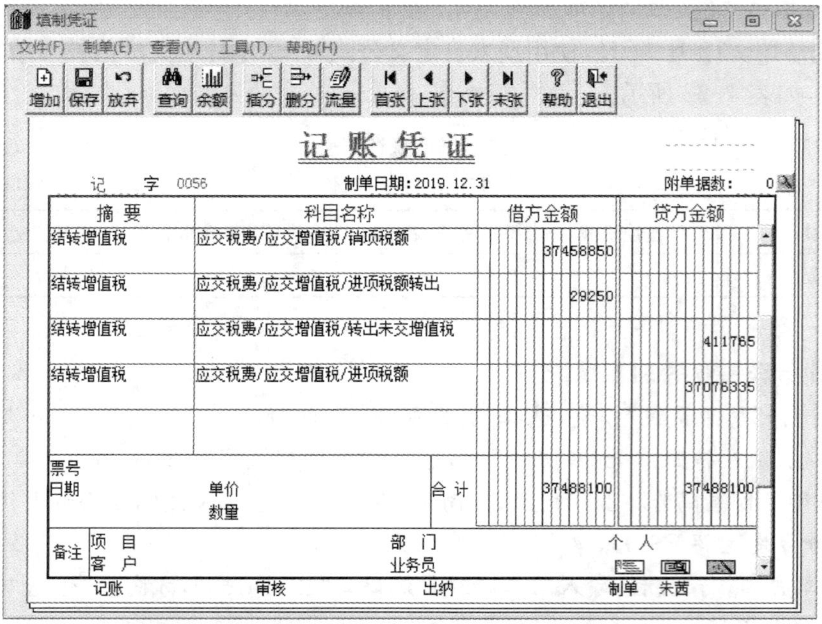

图 4-126 [业务 51]“填制凭证”窗口

(6) 选择“总账系统”模块，选择[月末转账]，单击[自定义转账]放大镜，单击[增加]按钮，输入转账序号为“0003”，转账说明为计提增值税，单击[确定]按钮。输入第一行科目编码为“22210104 ”，方向为“借”，双击“金额公式”，单击放大镜，选择公式名称“贷方发生额 FS()”，单击[下一步][完成]按钮。

(7) 单击[增行]按钮，输入第二行科目编码为“222102 ”，方向为“贷”，双击“金额公式”，单击放大镜，选择公式名称“取对方科目计算结果 JG()”，单击[下一步][完成]按钮。完后如图 4-127 所示。

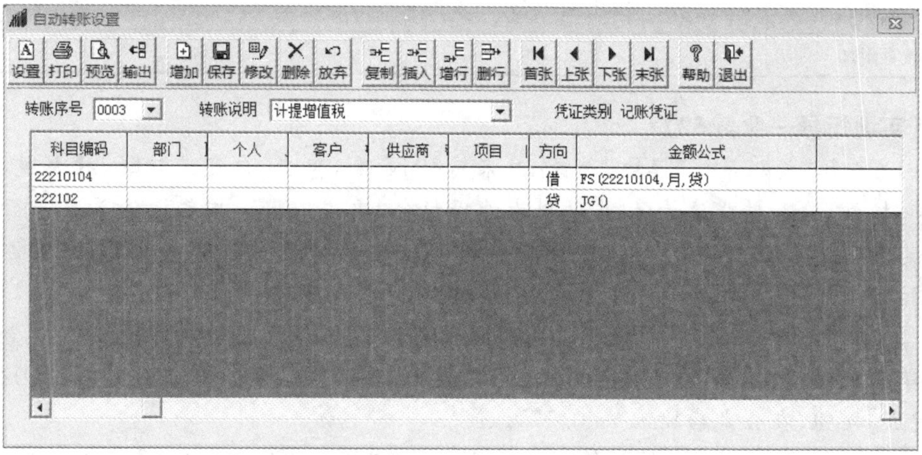

图 4-127 “自动转账设置”窗口

(8) 退出“自动转账设置”窗口，并双击右方对应号，单击左下角“包含未记账凭证”，单击[确定]按钮，并保存凭证，如图 4-128 所示。

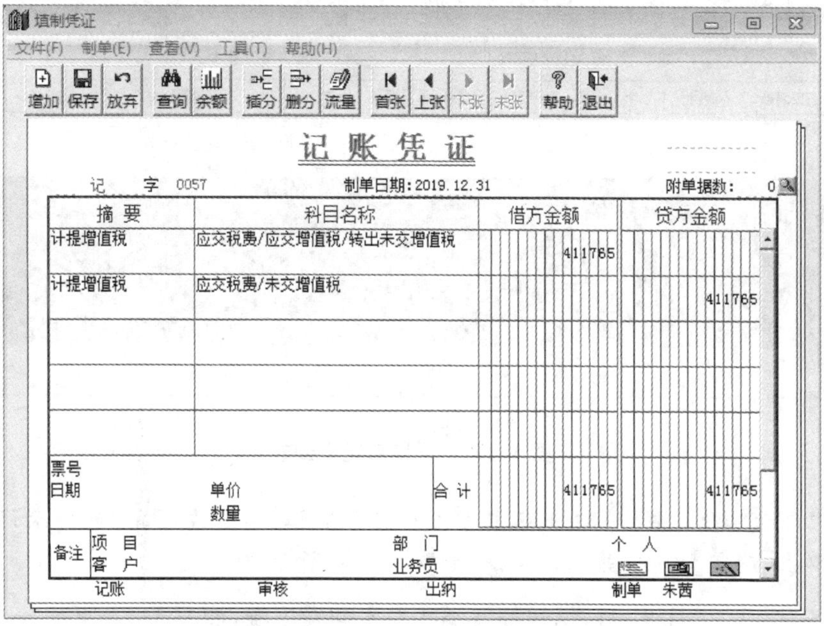

图 4-128 [业务 51]“填制凭证”窗口

[业务 52]　12 月 31 日,计算本月应交纳的城市维护建设税和教育费附加,如表 4-73 所示。

表 4-73　　　　**税金及附加计算表**

年　　月　　日　　　　单位:元

项目	计提基数			计提比例	计提金额
	增值税	消费税	合计		
城市维护建设税					
教育费附加					
地方教育附加					

【实训指导—业务 52】

(1) 选择"总账系统"模块,选择[月末转账]命令,单击[自定义转账]放大镜,单击[增加]按钮,输入转账序号 3,并说明为计提税金,单击[确定]按钮。输入第一行科目编码为"6403",方向为"借",双击"金额公式",单击放大镜,选择公式名称"取对方科目计算结果 JG()"。单击[下一步][完成]按钮。

(2) 单击[增行]按钮,输入第二行科目编码为"222107",方向为"贷",双击"金额公式",单击放大镜,选择"贷方发生额 FS()",单击[下一步]按钮,科目改为"222102",单击[完成]按钮,在公式后输入"＊0.07"。

(3) 单击[增行]按钮,输入第三行科目编码为"222109",方向为"贷",双击"金额公式",单击放大镜,选择"贷方发生额 FS()",单击[下一步]按钮,科目改为"222102",单击[完成]按钮,在公式后输入"＊0.03",如图 4-129 所示。

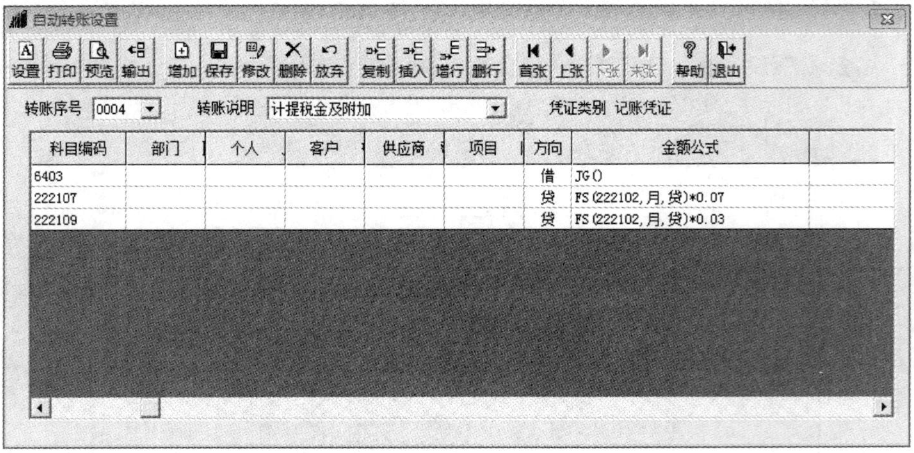

图 4-129　设置自定义公式

(4) "自动转账设置"窗口并双击右方对应号凭证,勾选左下角"包含未记账凭证"复选框,单击[确定]按钮,并保存凭证,如图 4-130 所示。

[业务 53]　12 月 31 日,结转损益类账户本期发生额,如表 4-74 所示。

视频：计提税金及附加

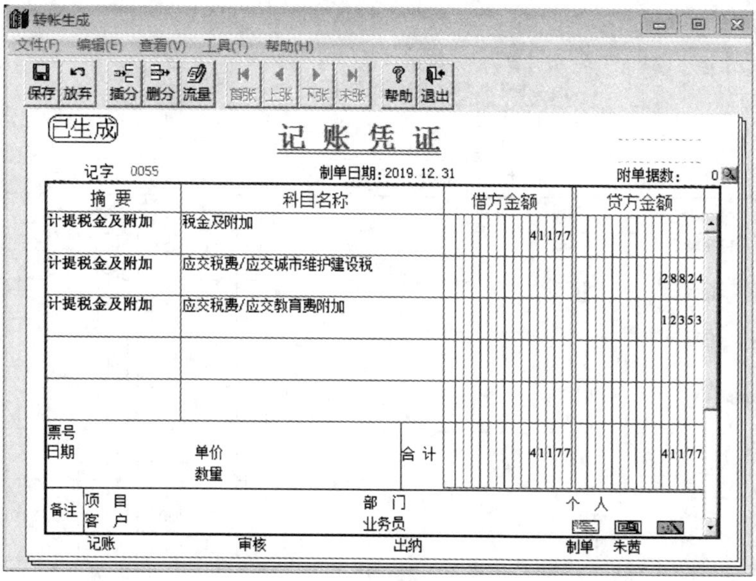

图 4-130 [业务 52]“转账生成”窗口

表 4-74　　　　损益类账户结转前余额

2019 年 12 月 31 日

账　户	借　方	贷　方
主营业务收入		
其他业务收入		
营业外收入		
主营业务成本		
其他业务成本		
税金及附加		
销售费用		
管理费用		
财务费用		
营业外支出		
合计		

请编制此表。

【实训指导—业务 53】

选择“总账系统”模块，选择[月末转账]命令，单击[期间损益结转]放大镜，输入表头本年利润科目“4103”，单击[确定]按钮，类型改为费用全部并全选，勾选左下角“包含未记账凭证”复选框，单击[确定]按钮，并保存凭证，如图 4-131 至图 4-136 所示。

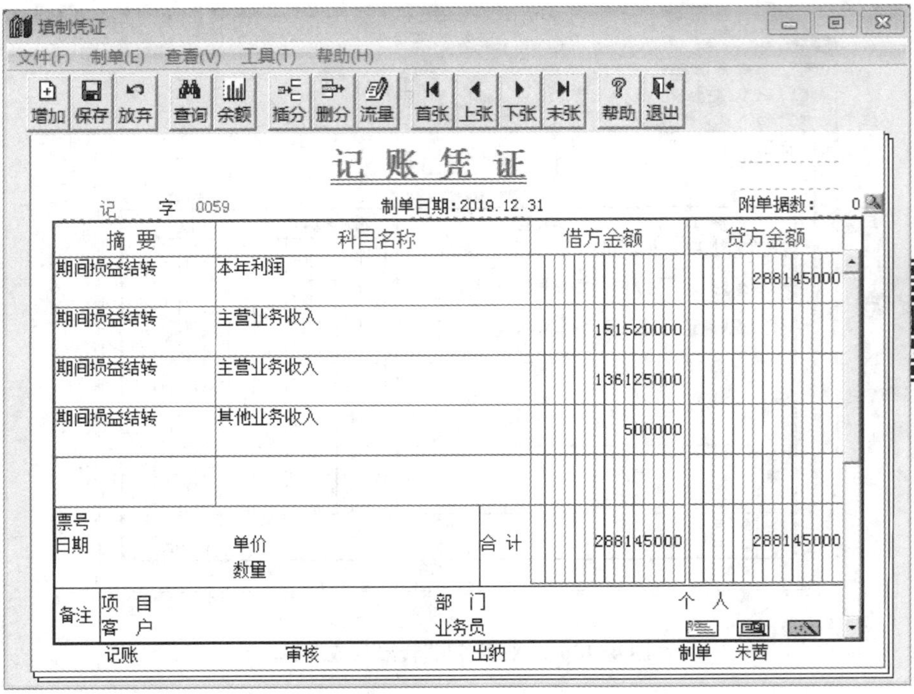

填制凭证

文件(F) 制单(E) 查看(V) 工具(T) 帮助(H)

增加 保存 放弃 查询 余额 插分 删分 流量 首张 上张 下张 末张 帮助 退出

记账凭证

记 字 0059　　制单日期：2019.12.31　　附单据数：0

摘要	科目名称	借方金额	贷方金额
期间损益结转	本年利润		288145000
期间损益结转	主营业务收入	151520000	
期间损益结转	主营业务收入	136125000	
期间损益结转	其他业务收入	500000	
票号 日期	单价 数量 合计	288145000	288145000

备注　项目　部门　个人
客户　业务员

记账　审核　出纳　制单 朱茜

图 4-131 [业务 53]"转账生成"窗口 1/6

视频：结转损益

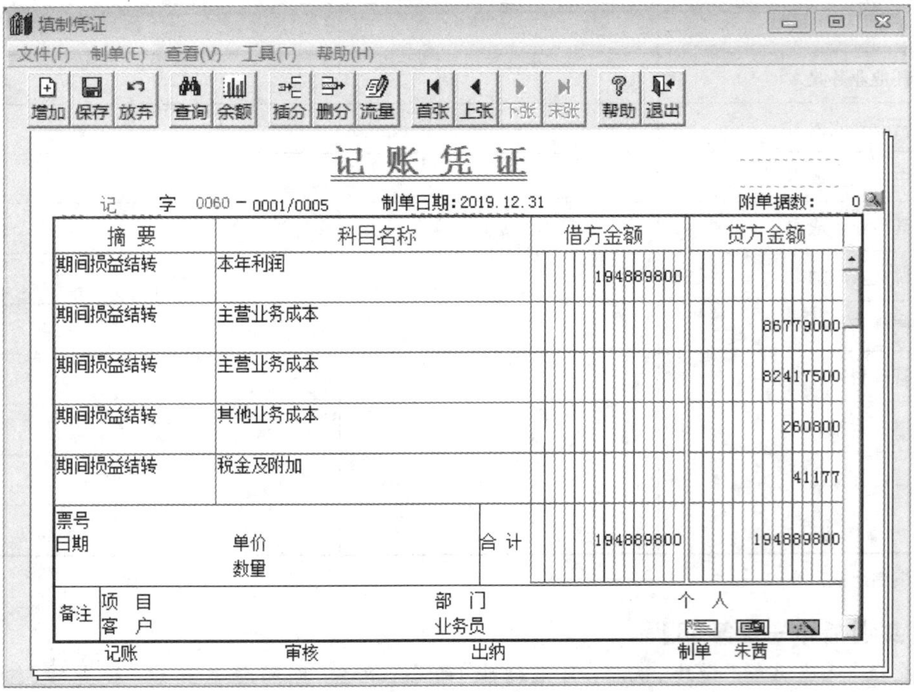

填制凭证

文件(F) 制单(E) 查看(V) 工具(T) 帮助(H)

增加 保存 放弃 查询 余额 插分 删分 流量 首张 上张 下张 末张 帮助 退出

记账凭证

记 字 0060 − 0001/0005　　制单日期：2019.12.31　　附单据数：0

摘要	科目名称	借方金额	贷方金额
期间损益结转	本年利润	194889800	
期间损益结转	主营业务成本		86779000
期间损益结转	主营业务成本		82417500
期间损益结转	其他业务成本		260800
期间损益结转	税金及附加		41177
票号 日期	单价 数量 合计	194889800	194889800

备注　项目　部门　个人
客户　业务员

记账　审核　出纳　制单 朱茜

图 4-132 [业务 53]"转账生成"窗口 2/6

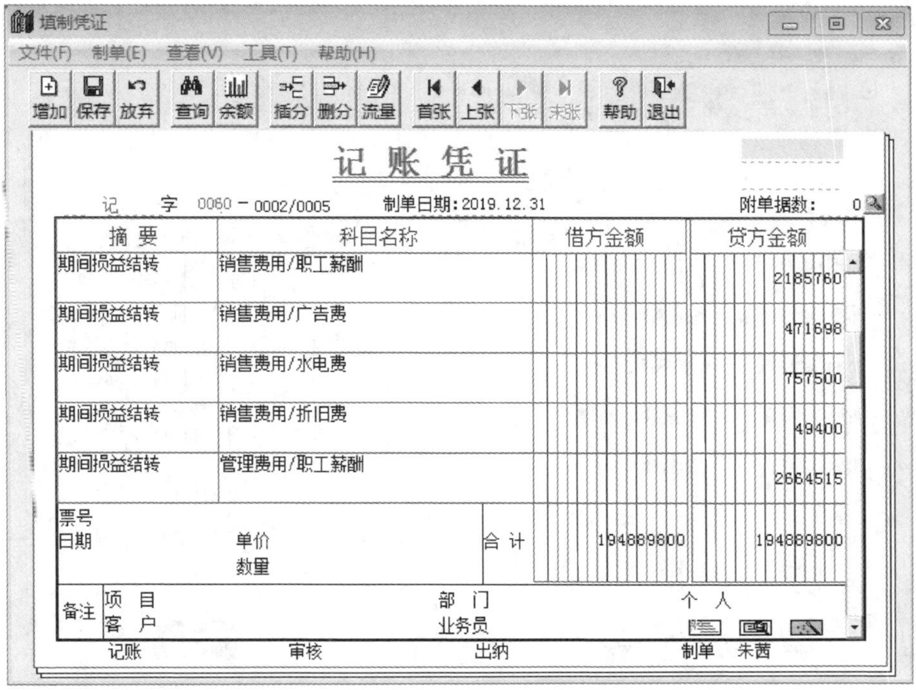

填制凭证

文件(F) 制单(E) 查看(V) 工具(T) 帮助(H)

增加 保存 放弃 查询 余额 插分 删分 流量 首张 上张 下张 末张 帮助 退出

记账凭证

记 字 0060 – 0002/0005 制单日期：2019.12.31 附单据数：0

摘要	科目名称	借方金额	贷方金额
期间损益结转	销售费用/职工薪酬		2185760
期间损益结转	销售费用/广告费		471698
期间损益结转	销售费用/水电费		757500
期间损益结转	销售费用/折旧费		49400
期间损益结转	管理费用/职工薪酬		2664515
票号 日期 单价 数量	合计	194889800	194889800

备注 项目 部门 个人 客户 业务员

记账 审核 出纳 制单 朱茜

图 4-133 ［业务 53］“转账生成”窗口 3/6

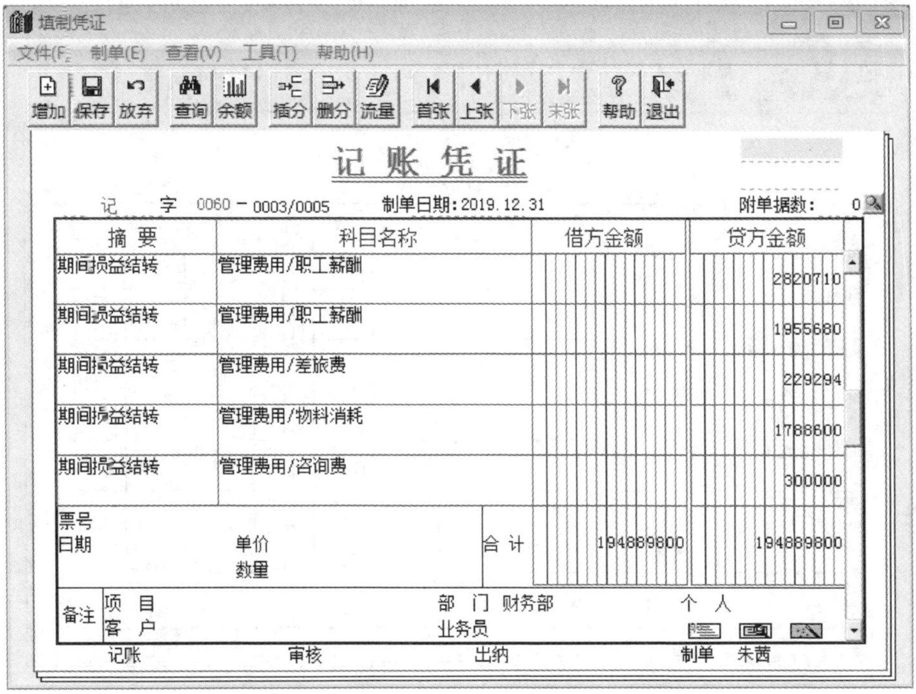

填制凭证

文件(F) 制单(E) 查看(V) 工具(T) 帮助(H)

增加 保存 放弃 查询 余额 插分 删分 流量 首张 上张 下张 末张 帮助 退出

记账凭证

记 字 0060 – 0003/0005 制单日期：2019.12.31 附单据数：0

摘要	科目名称	借方金额	贷方金额
期间损益结转	管理费用/职工薪酬		2820710
期间损益结转	管理费用/职工薪酬		1955680
期间损益结转	管理费用/差旅费		229294
期间损益结转	管理费用/物料消耗		1788600
期间损益结转	管理费用/咨询费		300000
票号 日期 单价 数量	合计	194889800	194889800

备注 项目 部门 财务部 个人 客户 业务员

记账 审核 出纳 制单 朱茜

图 4-134 ［业务 53］“转账生成”窗口 4/6

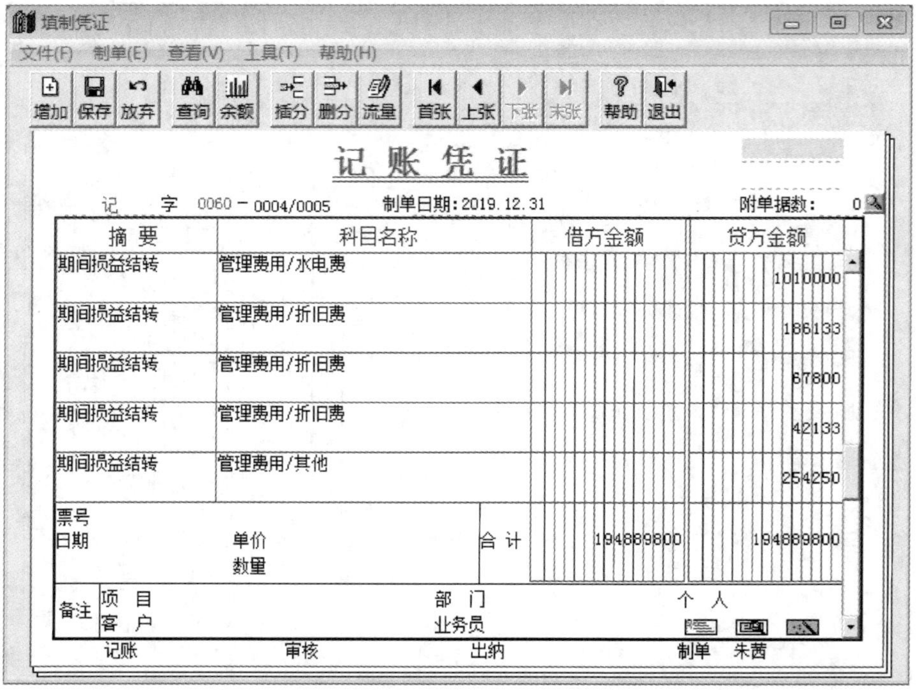

图 4-135 [业务 53]“转账生成”窗口 5/6

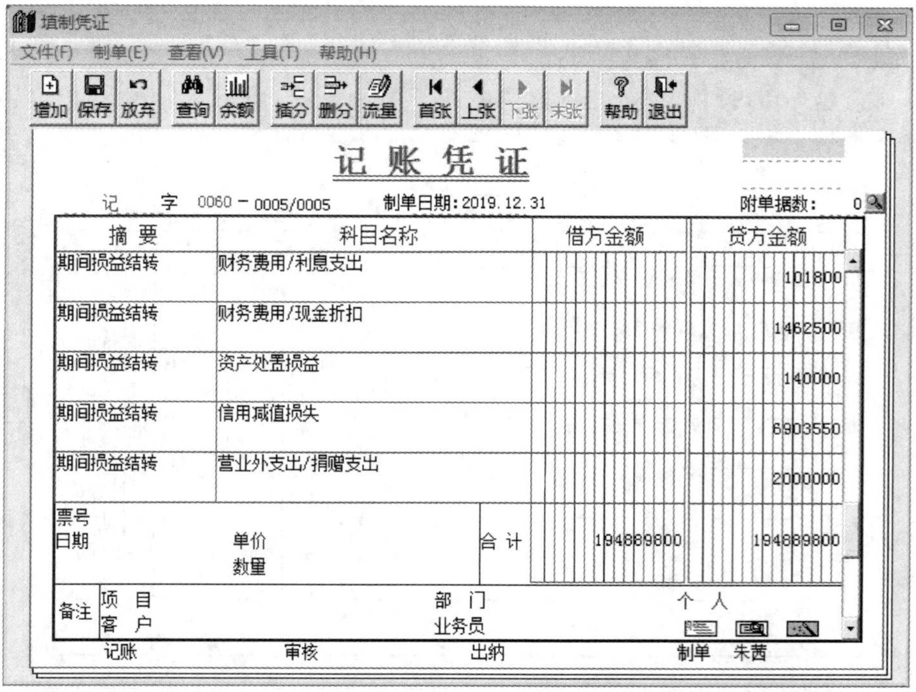

图 4-136 [业务 53]“转账生成”窗口 6/6

[业务 54]　12 月 31 日，使用期末自定义公式，计算并结转本月应交所得税，如表 4-75 所示。

表 4-75　　　　　　　　　　**应交所得税计算表**

年　　月　　日　　　　　　　　　　单位：元

项目	本期利润总额	所得税税率	本期应交所得税
金额			

审核：　　　　　　　　　　　　　　制单：

【实训指导—业务 54】

(1) 操作步骤与[业务 52]基本相同，编辑自定义转账设置，如图 4-137 所示。

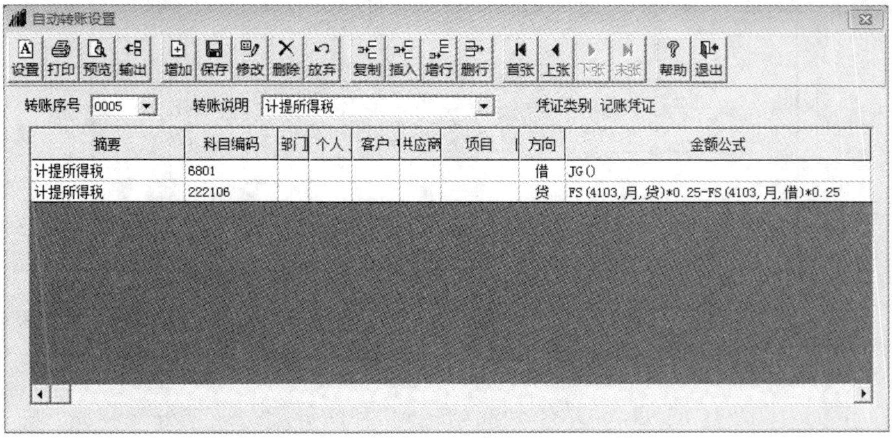

图 4-137　设置自定义公式

(2) 退出“自动转账设置”窗口并双击右方对应编号的凭证，勾选左下角“包含未记账凭证”复选框，单击[确定]按钮，并保存凭证，如图 4-138 所示。

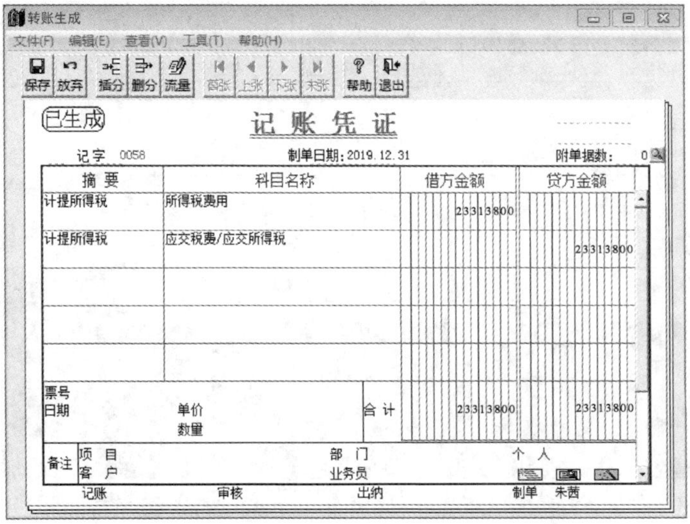

图 4-138　[业务 54]“转账生成”窗口

视频：计提并结转所得税费用

(3) 选择"总账系统"模块,选择[月末转账]命令,单击[期间损益结转]放大镜,输入表头本年利润科目"4103",单击[确定]按钮,类型改为"全部并全选",勾选左下角"包含未记账凭证"复选框,单击[确定]按钮,如图4-139所示。

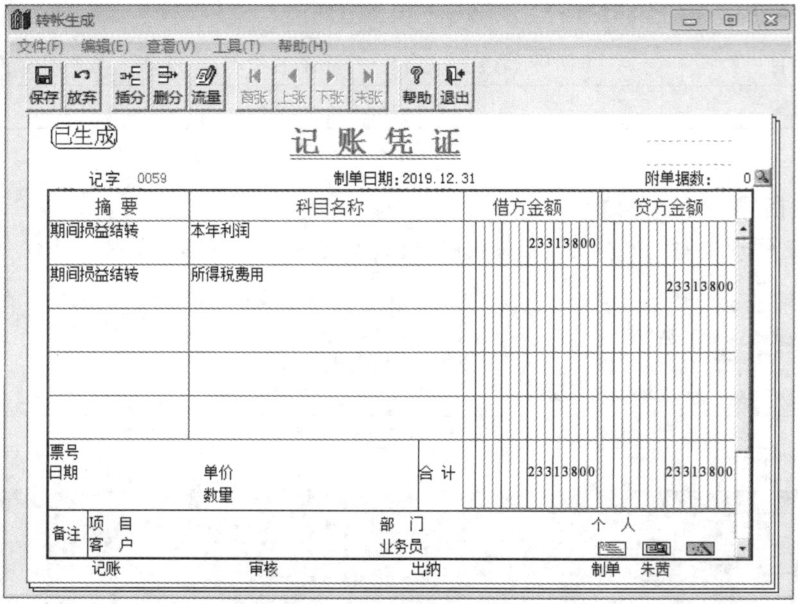

图4-139 [业务54]"转账生成"窗口

[业务55] 12月31日,将本年利润结转到"利润分配——未分配利润"账户。

【实训指导—业务55】

(1) 选择"总账系统"模块,选择[月末转账]命令,单击[对应结转]放大镜,输入转账序号1,摘要为结转本年利润,转出科目编码为4103,单击[增行]按钮,输入转入科目编码410401,单击[保存]按钮,如图4-140所示。

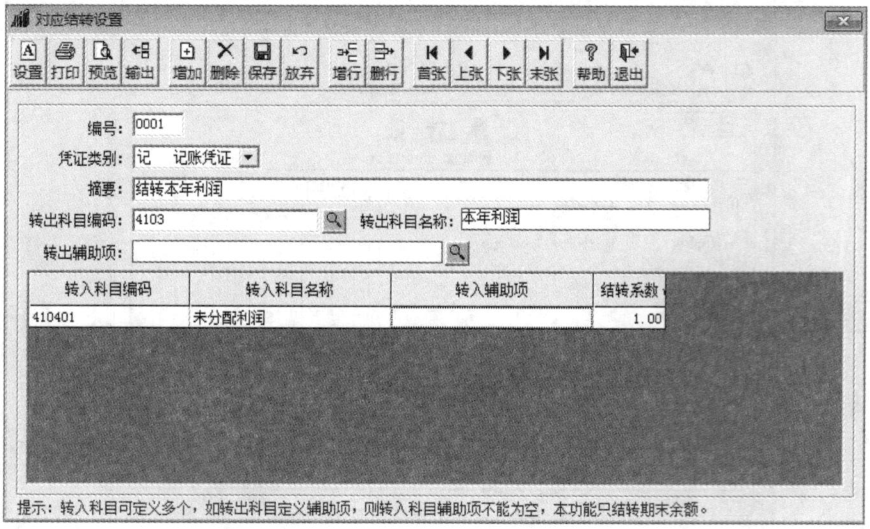

图4-140 "对应结转设置"窗口

(2) 退出“对应结转设置”窗口，双击右方对应编号的凭证，勾选左下角“包含未记账凭证”复选框，单击[确定]按钮并保存凭证，如图 4-141 所示。

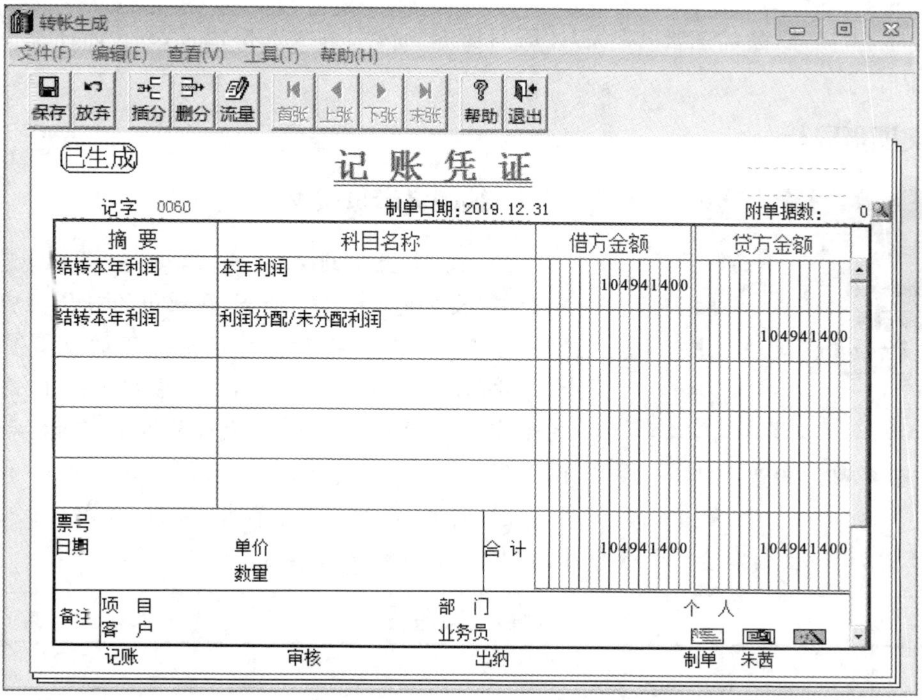

视频：结转本年利润

图 4-141 [业务 55]“转账生成”凭证

任务 4.2 期末业务处理

12 月 31 日，以“03 洪梅”的身份进行出纳签字。

12 月 31 日，以“01 吴月”的身份将所有记账凭证进行审核并记账。

12 月 31 日，以“01 吴月”的身份将所有模块进行结账处理。

【实训指导】

(1) 切换“03 洪梅”进入系统，选择[总账]→[凭证]→[出纳签字]命令，单击[确认]按钮，双击任意一张凭证；选择[出纳]→[成批出纳签字]命令，单击[确定][退出]按钮。

(2) 切换“01 吴月”进入系统，选择[总账]→[凭证]→[审核凭证]命令，单击[确认]按钮，双击任意一张凭证；选择[审核]→[成批审核凭证]命令，单击[确定][退出]按钮。单击[记账]按钮后，连续点击[下一步][确定]按钮。

(3) 分别进入“工资管理”模块、“固定资产”模块、“核算管理”模块进行月末结账。选择[总账]→[月末结账]命令，依次单击[下一步][对账][下一步][下一步]按钮，在屏幕出现笑脸后，单击[结账]按钮。

任务 4.3 编制财务报表

12 月 31 日,以会计主管"01 吴月"的身份编制资产负债表和利润表,并保存至考生文件夹内。

【实训指导】

1. 编制资产负债表

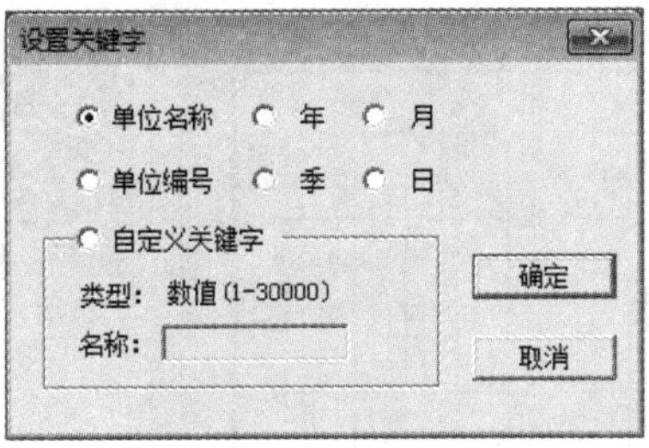

图 4-142 设置关键字

(1) 以 01 身份进入系统,选择"财务报表"模块,选择[文件]→[新建]命令,在弹出的对话框中选择"一般企业(2007 年新会计准则)"下的资产负债表,单击[确认]按钮。单击上方[数据]按钮,选择[关键字]→[设置]命令,依次设置单位名称、年月日,如图 4-142 所示。

(2) 点击 B8 单元格,单击[编辑]按钮,插入一行,资产增加"衍生金融资产",负债增加"衍生金融负债",如图 4-143 所示。

1	资产负债表					
2						会企01表
3	单位名称: xxxxxxxxxxxxxxxxxxxxxxxxxxxxxxxxxx年		xx 月	xx 日		单位:元
4	资　　产	期末余额	年初余额	负债和所有者权益(或股东权益)	期末余额	年初余额
5	流动资产:			流动负债:		
6	货币资金	公式单元	公式单元	短期借款	公式单元	公式单元
7	交易性金融资产	公式单元	公式单元	交易性金融负债	公式单元	公式单元
8	衍生金融资产			衍生金融负债		

图 4-143 增加项目

(3) 将"流动资产合计"的"期末余额"定义公式修改为等于"货币资金"项目至"其他流动资产"项目的金额合计,"年初余额"定义公式修改为等于"货币资金"项目至"其他流动资产"项目的金额合计,如图 4-144、图 4-145 所示。

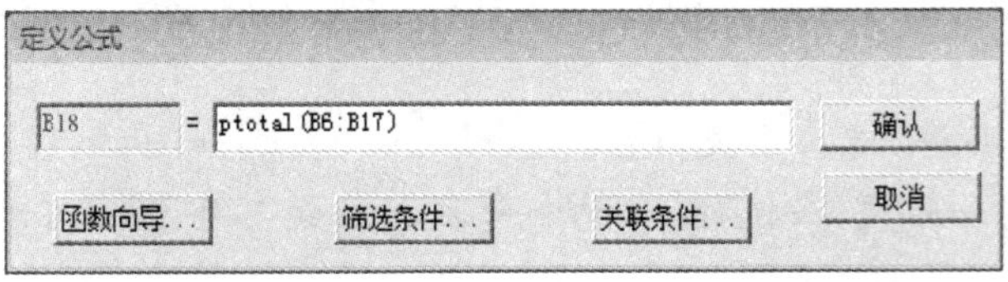

图 4-144 编辑公式

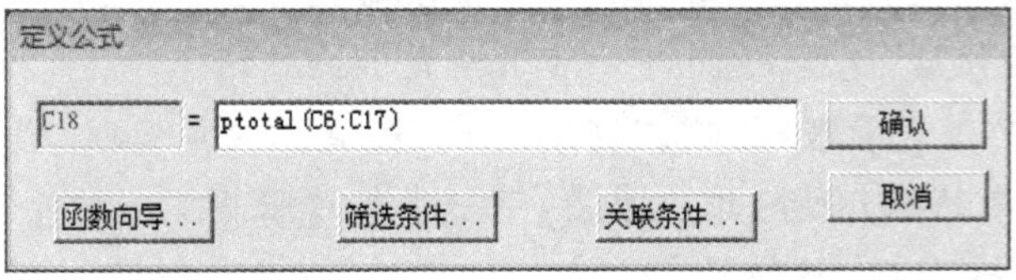

图 4-145 编辑公式

(4) 删除“固定资产清理”,修改“固定资产”期末余额定义公式：QM("1601",月,,,年,,)－QM("1602",月,,,年,,)－QM("1603",月,,,年,,)－QM("1606",月,,,年,,)。

修改“固定资产”年初余额公式定义：QC("1601",全年,,,年,,)－QC("1602",全年,, 年,,)－QC("1603",全年,,,年,,)－QM("1606",月,,,年,,),如图 4-146 所示。

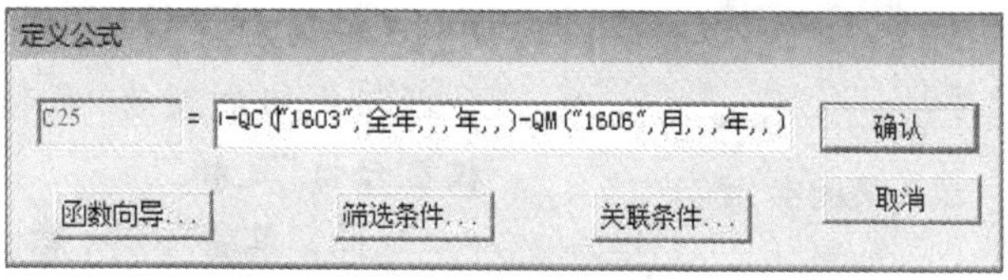

图 4-146　编辑公式

(5) “非流动资产合计”期末余额与年初余额为“可供出售金融资产”项目至“其他非流动资产”项目的金额合计。编辑公式如图 4-147 所示。

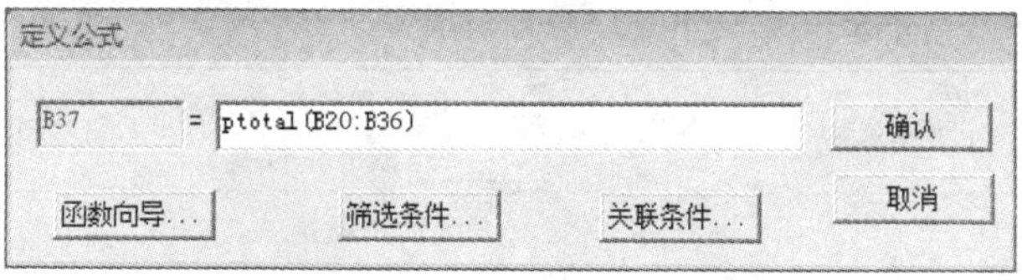

图 4-147　编辑公式

(6) “资产总计”期末余额与年初余额为“流动资产合计”与“非流动资产合计”之和。编辑公式如图 4-148 所示。

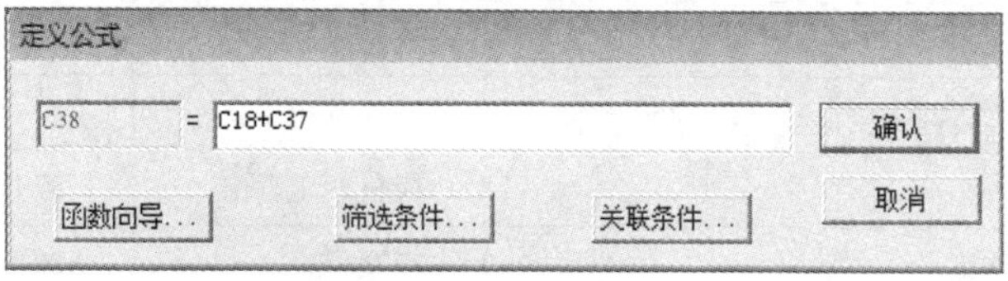

图 4-148　编辑公式

(7) “流动负债合计”公式期末余额与年初余额为“短期借款”项目至“其他流动负债”项目的金额合计。

(8) “非流动负债合计”公式期末余额与年初余额为“长期借款”项目至“其他非流动负债”项目的金额合计。

(9) “未分配利润”期末余额定义公式：QM("4104",月,,,年,,),如图 4-149 所示,年初余额：QC("4104",全年,,,年,,)＋QC("4103",全年,,,年,,)。

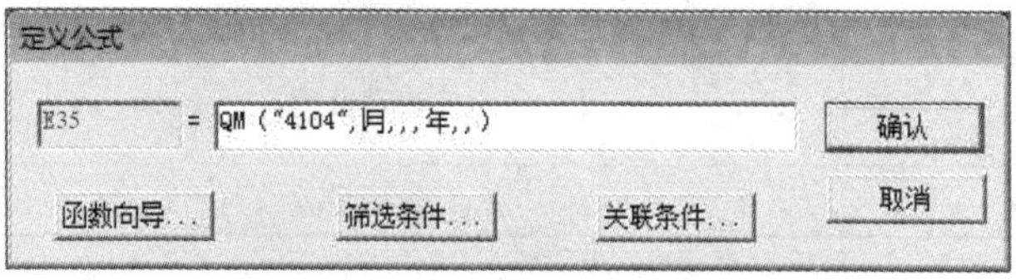

图 4-149　编辑公式

(10)“负债合计”期末余额与年初余额为“流动负债合计”与“非流动负债合计”之和。

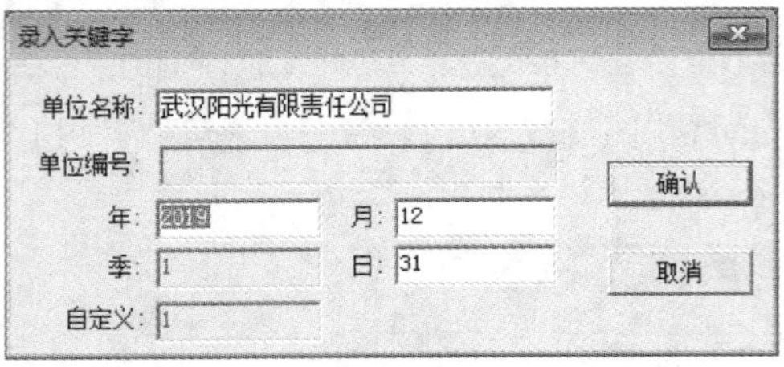

图 4-150 “录入关键字”窗口

(11)“所有者权益合计”修改期末余额与年初余额为“实收资本”+“资本公积”—“库存股”+“盈余公积”+“未分配利润”。

(12)“负债和所有者权益合计”期末余额与年初余额为“负债合计”与“所有者权益合计”之和。

(13)单击下方[格式]按钮,选择[关键字]命令,录入相关信息,如图 4-150 所示。选择[文件]→[另存为]命令,输入名称“资产负债表.rep”,单击[保存]按钮。结果如表 4-76 所示。

表 4-76 资产负债表

会企 01 表

单位名称:武汉阳光有限责任公司　　2019 年 12 月 31 日　　单位:元

资　　产	期末余额	年初余额	负债和所有者权益(或股东权益)	期末余额	年初余额
流动资产:			流动负债:		
货币资金	4 012 287.58	4 791 200.00	短期借款	600 000.00	100 000.00
交易性金融资产			交易性金融负债		
衍生金融资产			衍生金融负债		
应收票据	3 408 080.00	2 712 000.00	应付票据	439 570.00	169 500.00
应收账款	1 630 307.50	1 699 343.00	应付账款	678 102.00	84 750.00
预付款项	250 000.00	250 000.00	预收款项		200 000.00
应收利息			应付职工薪酬	57 521.85	
应收股利			应交税费	520 145.23	282 235.00
其他应收款	800.00		应付利息		
存货	1 481 924.43	2 283 500.00	应付股利		
一年内到期的非流动资产			其他应付款	29 028.00	
其他流动资产			一年内到期的非流动负债		
流动资产合计	10 783 399.51	11 736 043.00	其他流动负债		
非流动资产:			流动负债合计	2 324 367.08	836 485.00
可供出售金融资产			非流动负债:		
持有至到期投资			长期借款		

（续表）

资　　产	期末余额	年初余额	负债和所有者权益（或股东权益）	期末余额	年初余额
长期应收款			应付债券		
长期股权投资			长期应付款		
投资性房地产			专项应付款		
固定资产	4 967 546.80	1 577 679.46	预计负债		
在建工程		250 000.00	递延所得税负债		
工程物资			其他非流动负债		
生产性生物资产			非流动负债合计		
			负债合计	2 324 367.08	836 485.00
油气资产			所有者权益（或股东权益）：		
无形资产			实收资本（或股本）	7 000 000.00	7 000 000.00
开发支出			资本公积		
商誉			减：库存股		
长期待摊费用			盈余公积	266 864.55	266 864.55
递延所得税资产			未分配利润	6 159 714.68	5 460 372.91
其他非流动资产			所有者权益（或股东权益）合计	13 426 579.23	12 727 237.46
非流动资产合计	4 967 546.80	1 827 679.46			
资产总计	15 750 946.31	13 563 722.46	负债和所有者权益（或股东权益）总计	15 750 946.31	13 563 722.46

2. 编制利润表

（1）选择[文件]→[新建]命令，在弹出的对话框中选择“一般企业（2007年新会计准则）”下的“利润表”，单击[确认]按钮。单击上方[数据]按钮，选择[关键字]→[设置]命令，依次设置单位名称、年月，如图4-151所示。

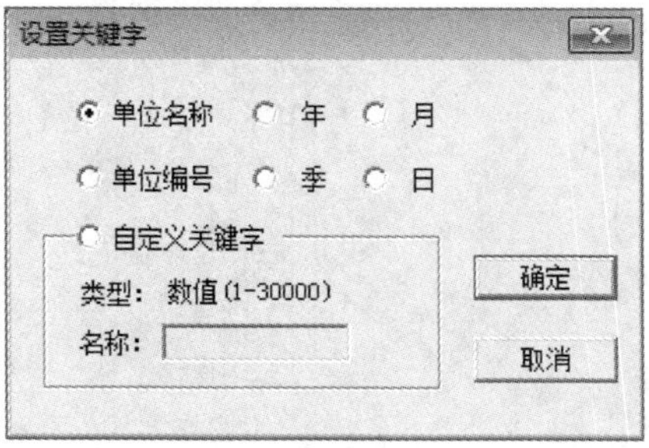

图4-151　设置关键字

（2）新增“研发费用”“财务费用”“利息费用”“利息收入”“资产处置损益”“信用减值损

失”,如表 4-77 所示。

表 4-77　　利　润　表

会企 02 表

单位名称：　　　　年　月　　　　单位：元

项　　目	本期金额	上期金额
一、营业收入	2 881 450.00	
减：营业成本	1 694 573.00	
税金及附加	420.52	
销售费用	34 643.58	
管理费用	113 278.71	
研发费用		
财务费用	15 643.00	
其中：利息费用	1 018.00	
利息收入		
资产减值损失		
资产处置收益	1 400.00	
信用减值损失	69 035.50	

(3) 公式设置：单击 B12 单元格，单击[数据][编辑公式][单元公式][函数向导][用友财务函数]按钮；选中“发生(FS)”，单击[下一步][参照]按钮，选中科目“660301”，方向为“借”，单击[确定][确定]按钮，如图 4-152、图 4-153 所示。

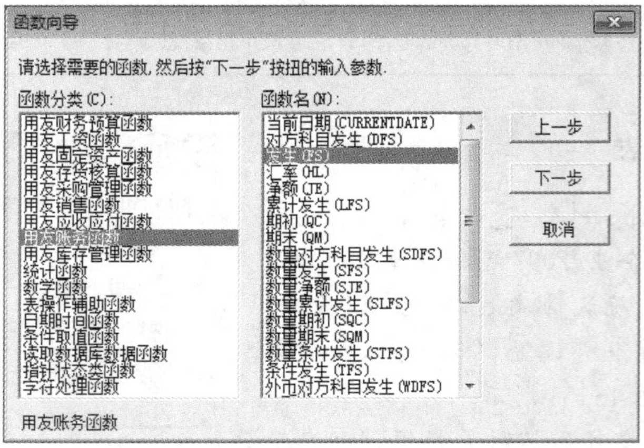

图 4-152　选中函数

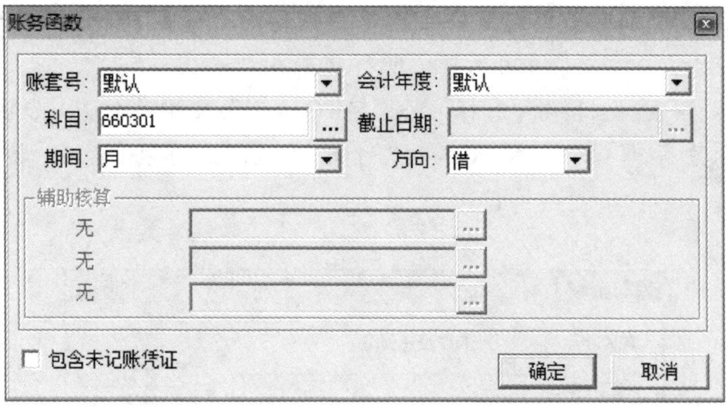

图 4-153　编辑公式

(4) 单击 B12 单元格,单击[数据][编辑公式][单元公式][函数向导][用友财务函数]按钮;选中“发生(FS)”,单击[下一步][参照]按钮,选中科目“660304”,方向为“贷”,单击[确定][确定]按钮,如图 4-154 所示。

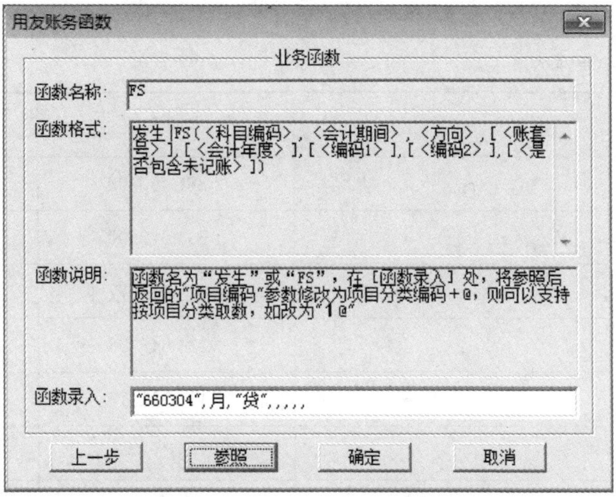

图 4-154　编辑公式

(5) 设置“资产处置收益”和“信用减值损失”的公式。

(6)“营业利润”本期金额定义公式为:营业收入—营业成本—税金及附加—销售费用—管理费用—研发费用—财务费用—资产减值损失—资产处置收益—信用减值损失,如图 4-155 所示。

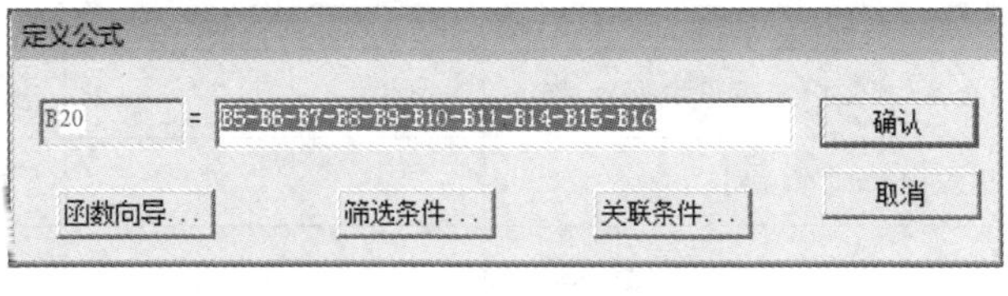

图 4-155　编辑公式

(7)“利润总额”本期金额定义公式为：营业利润＋营业外收入－营业外支出；“净利润”本期金额定义公式为：利润总额－所得税费用。

(8)单击下方[格式]按钮，选择[关键字]命令，录入相关信息，如图4-156所示。选择[文件]→[另存为]命令，输入名称“利润表.rep”。单击[保存]按钮。结果如表4-78所示。

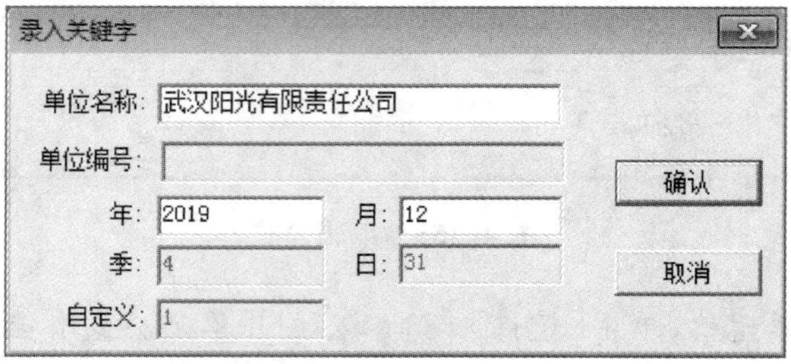

图4-156　录入关键字

表4-78　　　　**利　润　表**

会企02表

单位名称：武汉阳光有限责任公司　　　　2019年　　　　单位：元

项　　目	本期金额	上期金额
一、营业收入	2 881 450.00	
减：营业成本	1 694 573.00	
税金及附加	411.77	
销售费用	34 643.58	
管理费用	113 191.15	
研发费用		
财务费用	15 643.00	
其中：利息费用	1 018.00	
利息收入		
资产减值损失		
资产处置收益	1 400.00	
信用减值损失	69 035.50	
加：公允价值变动收益(损失以“－”号填列)		
投资收益(损失以“－”号填列)		
其中：对联营企业和合营企业的投资收益		

（续表）

项　　目	本期金额	上期金额
二、营业利润（亏损以“－”号填列）	952 252.00	
加：营业外收入		
减：营业外支出	20 000.00	
其中：非流动资产处置损失		
三、利润总额（亏损总额以“－”号填列）	932 552.00	
减：所得税费用	233 138.00	
四、净利润（净亏损以“－”号填列）	699 414.00	
五、每股收益：		
（一）基本每股收益		
（二）稀释每股收益		

任务 4.4　编制银行存款余额调节表

12 月 31 日，根据银行对账单（见表 2-3），以“03 洪梅”的身份编制银行存款余额调节表（见表 2-4）。

【实训指导】

（1）以“03 洪梅”的身份进入系统，选择[现金]→[现金管理]→[日记账]→[银行日记账]命令，查看“银行日记账”月初余额并核对与“对账单”余额是否一致，单击[退出]按钮。

（2）选择[现金]→[设置]→[银行期初录入]命令，单击[确定]按钮，分别录入“单位日记账”“银行对账单”的调整前余额，如图 4-157 所示。

（3）选择[现金银行]→[银行对账单录入]命令，修改月份到“2019.12”，单击[确定][增加]按钮，按照“对账单”录入发生额（录入金额方向与对账单方向相反），录入完成后如图 4-158 所示。

（4）选择[现金银行]→[银行对账]命令，修改月份到“2019.12”，单击[确定]按钮，利用“自动对账”与“手动对账”勾选已两清的金额，如图 4-159 所示。

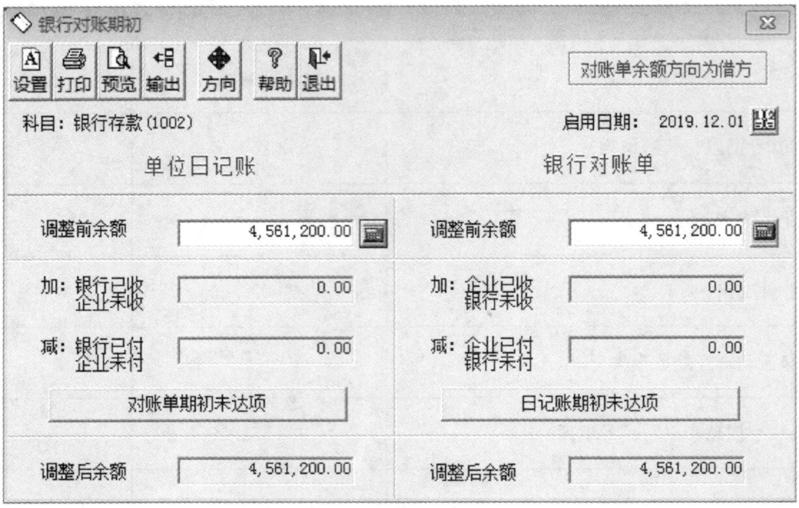

图 4-157 “银行对账期初”窗口

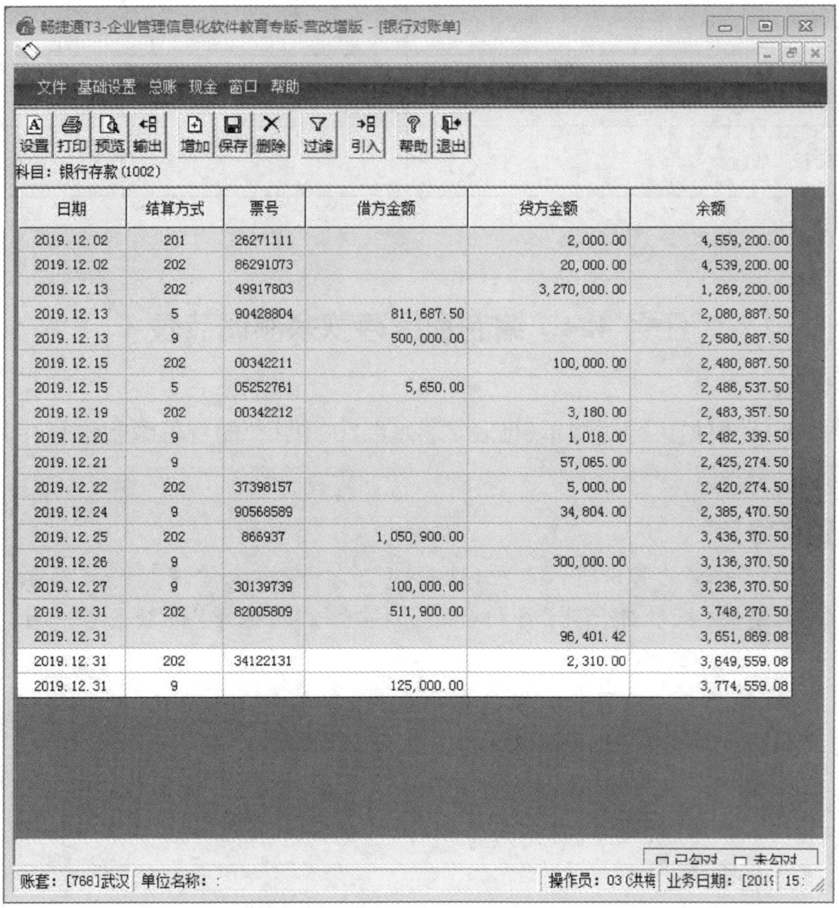

日期	结算方式	票号	借方金额	贷方金额	余额
2019.12.02	201	26271111		2,000.00	4,559,200.00
2019.12.02	202	86291073		20,000.00	4,539,200.00
2019.12.13	202	49917803		3,270,000.00	1,269,200.00
2019.12.13	5	90428804	811,687.50		2,080,887.50
2019.12.13	9		500,000.00		2,580,887.50
2019.12.15	202	00342211		100,000.00	2,480,887.50
2019.12.15	5	05252761	5,650.00		2,486,537.50
2019.12.19	202	00342212		3,180.00	2,483,357.50
2019.12.20	9			1,018.00	2,482,339.50
2019.12.21	9			57,065.00	2,425,274.50
2019.12.22	202	37398157		5,000.00	2,420,274.50
2019.12.24	9	90568589		34,804.00	2,385,470.50
2019.12.25	202	866937	1,050,900.00		3,436,370.50
2019.12.26	9			300,000.00	3,136,370.50
2019.12.27	9	30139739	100,000.00		3,236,370.50
2019.12.31	202	82005809	511,900.00		3,748,270.50
2019.12.31				96,401.42	3,651,869.08
2019.12.31	202	34122131		2,310.00	3,649,559.08
2019.12.31	9		125,000.00		3,774,559.08

图 4-158 “银行对账单”窗口

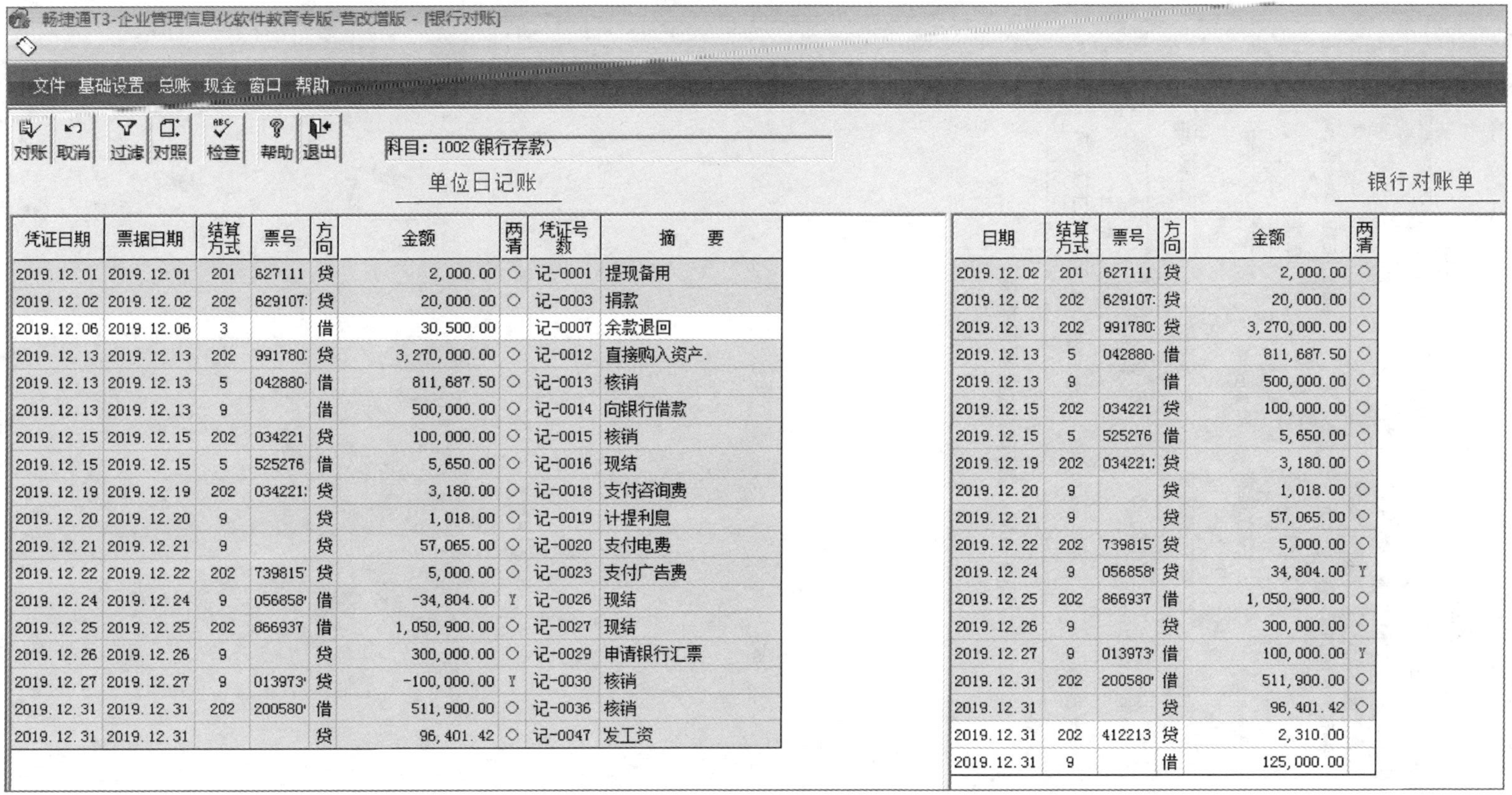

畅捷通T3-企业管理信息化软件教育专版-营改增版 - [银行对账]

文件 基础设置 总账 现金 窗口 帮助

对账 取消 过滤 对照 检查 帮助 退出

科目：1002 (银行存款)

单位日记账

凭证日期	票据日期	结算方式	票号	方向	金额	两清	凭证号数	摘要
2019.12.01	2019.12.01	201	627111	贷	2,000.00	○	记-0001	提现备用
2019.12.02	2019.12.02	202	629107:	贷	20,000.00	○	记-0003	捐款
2019.12.06	2019.12.06	3		借	30,500.00		记-0007	余款退回
2019.12.13	2019.12.13	202	991780:	贷	3,270,000.00	○	记-0012	直接购入资产.
2019.12.13	2019.12.13	5	042880·	借	811,687.50	○	记-0013	核销
2019.12.13	2019.12.13	9		借	500,000.00	○	记-0014	向银行借款
2019.12.15	2019.12.15	202	034221	贷	100,000.00	○	记-0015	核销
2019.12.15	2019.12.15	5	525276	借	5,650.00	○	记-0016	现结
2019.12.19	2019.12.19	202	034221:	贷	3,180.00	○	记-0018	支付咨询费
2019.12.20	2019.12.20	9		贷	1,018.00	○	记-0019	计提利息
2019.12.21	2019.12.21	9		贷	57,065.00	○	记-0020	支付电费
2019.12.22	2019.12.22	202	739815'	贷	5,000.00	○	记-0023	支付广告费
2019.12.24	2019.12.24	9	056858'	借	-34,804.00	Y	记-0026	现结
2019.12.25	2019.12.25	202	866937	借	1,050,900.00	○	记-0027	现结
2019.12.26	2019.12.26	9		贷	300,000.00	○	记-0029	申请银行汇票
2019.12.27	2019.12.27	9	013973'	贷	-100,000.00	Y	记-0030	核销
2019.12.31	2019.12.31	202	200580'	借	511,900.00	○	记-0036	核销
2019.12.31	2019.12.31			贷	96,401.42	○	记-0047	发工资

银行对账单

日期	结算方式	票号	方向	金额	两清
2019.12.02	201	627111	贷	2,000.00	○
2019.12.02	202	629107:	贷	20,000.00	○
2019.12.13	202	991780:	贷	3,270,000.00	○
2019.12.13	5	042880·	借	811,687.50	○
2019.12.13	9		借	500,000.00	○
2019.12.15	202	034221	贷	100,000.00	○
2019.12.15	5	525276	借	5,650.00	○
2019.12.19	202	034221:	贷	3,180.00	○
2019.12.20	9		贷	1,018.00	○
2019.12.21	9		贷	57,065.00	○
2019.12.22	202	739815'	贷	5,000.00	○
2019.12.24	9	056858'	贷	34,804.00	Y
2019.12.25	202	866937	借	1,050,900.00	○
2019.12.26	9		贷	300,000.00	○
2019.12.27	9	013973'	借	100,000.00	Y
2019.12.31	202	200580'	借	511,900.00	○
2019.12.31			贷	96,401.42	○
2019.12.31	202	412213	贷	2,310.00	
2019.12.31	9		借	125,000.00	

图 4-159 “银行对账”窗口

(5) 选择[现金银行]→[余额调节表]命令,单击[查看]按钮,调整后余额如图4-160所示。

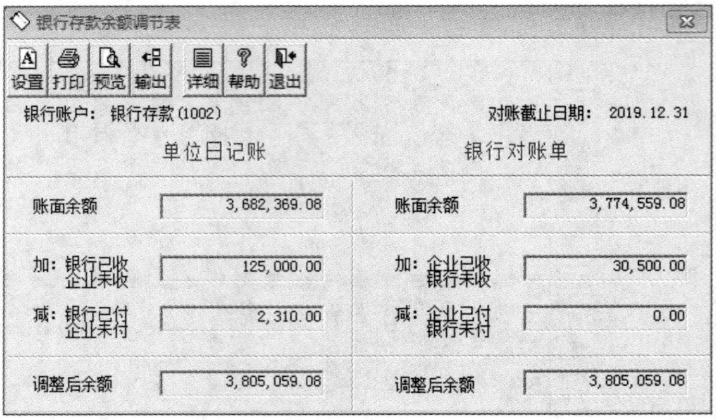

图 4-160 银行存款余额调节表

附录　发生额及余额表、科目汇总表

武汉阳光有限责任公司12月末发生额及余额表　　　　单位：元

科目编码	科目名称	期初借方	期初贷方	本期发生借方	本期发生贷方	期末借方	期末贷方
1001	库存现金	30 000.00	0.00	4 000.00	4 081.50	29 918.50	0.00
1002	银行存款	4 561 200.00	0.00	2 875 833.50	3 754 664.42	3 682 369.08	0.00
1012	其他货币资金	200 000.00	0.00	300 000.00	200 000.00	300 000.00	0.00
1121	应收票据	2 712 000.00	0.00	696 080.00	0.00	3 408 080.00	0.00
1122	应收账款	1 708 108.00	0.00	1 538 212.50	1 607 820.50	1 638 500.00	0.00
1123	预付账款	250 000.00	0.00	0.00	0.00	250 000.00	0.00
1221	其他应收款	0.00	0.00	2 800.00	2 000.00	800.00	0.00
1231	坏账准备	0.00	8 765.00	69 608.00	69 035.50	0.00	8 192.50
1402	在途物资	0.00	0.00	569 675.23	569 675.23	0.00	0.00
1403	原材料	381 500.00	0.00	789 675.23	723 258.00	447 917.23	0.00
1405	库存商品	1 866 000.00	0.00	639 940.00	1 691 965.00	813 975.00	0.00
1411	周转材料	36 000.00	0.00	0.00	0.00	36 000.00	0.00
1601	固定资产	1 704 000.00	0.00	3 400 000.00	5 000.00	5 099 000.00	0.00
1602	累计折旧	0.00	126 320.54	1 600.00	6 732.66	0.00	131 453.20
1604	在建工程	250 000.00	0.00	0.00	250 000.00	0.00	0.00
1606	固定资产清理	0.00	0.00	3 400.00	3 400.00	0.00	0.00
1901	待处理财产损溢	0.00	0.00	2 542.50	2 542.50	0.00	0.00
资产小计		13 698 808.00	135 085.54	10 893 366.96	8 890 175.31	15 706 559.81	139 645.70
2001	短期借款	0.00	100 000.00	0.00	500 000.00	0.00	600 000.00
2201	应付票据	0.00	169 500.00	0.00	270 070.00	0.00	439 570.00
2202	应付账款	0.00	84 750.00	50 500.00	643 852.00	0.00	678 102.00
2203	预收账款	0.00	200 000.00	0.00	−200 000.00	0.00	0.00
2211	应付职工薪酬	0.00	0.00	125 600.00	183 121.85	0.00	57 521.85
2221	应交税费	0.00	282 235.00	749 762.00	987 600.00	0.00	520 073.00
2241	其他应付款	0.00	0.00	0.00	29 028.00	0.00	29 028.00
负债小计		0.00	836 485.00	925 862.00	2 413 671.85	0.00	2 324 294.85
4001	实收资本	0.00	7 000 000.00	0.00	0.00	0.00	7 000 000.00
4101	盈余公积	0.00	266 864.55	0.00	0.00	0.00	266 864.55
4103	本年利润	0.00	350 000.00	3 231 450.00	2 881 450.00	0.00	0.00
4104	利润分配	0.00	5 110 372.91	0.00	1 049 341.77	0.00	6 159 786.91
权益小计		0.00	12 727 237.46	3 231 450.00	3 930 791.77	0.00	13 426 651.46
5001	生产成本	0.00	0.00	1 463 912.20	1 279 880.00	184 032.20	0.00
5101	制造费用	0.00	0.00	53 571.40	53 571.40	0.00	0.00
成本小计		0.00	0.00	1 517 483.60	1 333 451.40	184 032.20	0.00
6001	主营业务收入	0.00	0.00	2 876 450.00	2 876 450.00	0.00	0.00
6051	其他业务收入	0.00	0.00	5 000.00	5 000.00	0.00	0.00
6401	主营业务成本	0.00	0.00	1 691 965.00	1 691 965.00	0.00	0.00
6402	其他业务成本	0.00	0.00	2 608.00	2 608.00	0.00	0.00
6403	税金及附加	0.00	0.00	411.77	411.77	0.00	0.00
6601	销售费用	0.00	0.00	34 643.58	34 643.58	0.00	0.00
6602	管理费用	0.00	0.00	113 191.15	113 191.15	0.00	0.00
6603	财务费用	0.00	0.00	15 643.00	15 643.00	0.00	0.00
6605	资产处置损益	0.00	0.00	1 400.00	1 400.00	0.00	0.00
6702	信用减值损失	0.00	0.00	69 035.50	69 035.50	0.00	0.00
6711	营业外支出	0.00	0.00	20 000.00	20 000.00	0.00	0.00
6801	所得税费用	0.00	0.00	233 138.00	233 138.00	0.00	0.00
损益小计		0.00	0.00	5 063 486.00	5 063 486.00	0.00	0.00
合计		13 698 808.00	13 698 808.00	21 631 648.56	21 631 648.56	15 890 592.01	15 890 592.01

武汉阳光有限责任公司 12 月末科目汇总表　　单位：元

科目编码	科目名称	金额合计借方	金额合计贷方
1001	库存现金	4 000	4 081.5
1002	银行存款	2 875 833.5	3 754 664.42
1012	其他货币资金	300 000	200 000
1121	应收票据	696 080	0
1122	应收账款	1 538 212.5	1 607 820.5
1123	预付账款	0	0
1221	其他应收款	2 800	2 000
1231	坏账准备	69 608	69 035.5
1402	在途物资	569 675.23	569 675.23
1403	原材料	789 675.23	723 258
1405	库存商品	639 940	1 691 965
1601	固定资产	3 400 000	5 000
1602	累计折旧	1 600	6 732.66
1604	在建工程	0	250 000
1606	固定资产清理	3 400	3 400
1901	待处理财产损溢	2 542.5	2 542.5
资产小计		10 893 366.96	8 890 175.31
2001	短期借款	0	500 000
2201	应付票据	0	270 070
2202	应付账款	50 500	643 852
2203	预收账款	0	−200 000
2211	应付职工薪酬	125 600	183 121.85
2221	应交税费	749 762	987 600
2241	其他应付款	0	29 028
负债小计		925 862	2 413 671.85
4103	本年利润	3 231 450	2 881 450
4104	利润分配	0	1 049 414
权益小计		3 231 450	3 930 864
5001	生产成本	1 463 912.2	1 279 880
5101	制造费用	53 571.4	53 571.4
成本小计		1 517 483.6	1 333 451.4
6001	主营业务收入	2 876 450	2 876 450
6051	其他业务收入	5 000	5 000
6401	主营业务成本	1 691 965	1 691 965
6402	其他业务成本	2 608	2 608

（续表）

科目编码	科目名称	金额合计借方	金额合计贷方
6403	税金及附加	411.77	411.77
6601	销售费用	34 643.58	34 643.58
6602	管理费用	113 191.15	113 191.15
6603	财务费用	15 643	15 643
6605	资产处置损益	1 400	1 400
6702	信用减值损失	69 035.5	69 035.5
6711	营业外支出	20 000	20 000
6801	所得税费用	233 138	233 138
损益小计		5 063 486	5 063 486
合计		21 631 648.56	21 631 648.56